重庆工商大学商科国际化特色项目资助
重庆工商大学学术专著出版基金资助

应因资本输出的税收政策与制度改革研究

汤凤林　著

中国财经出版传媒集团
中国财政经济出版社

图书在版编目（CIP）数据

应因资本输出的税收政策与制度改革研究 / 汤凤林著. -- 北京：中国财政经济出版社，2021.5
ISBN 978-7-5223-0496-0

Ⅰ.①应… Ⅱ.①汤… Ⅲ.①资本输出－税收政策－研究－中国 ②资本输出－税收改革－研究－中国 Ⅳ.①F812.422

中国版本图书馆 CIP 数据核字（2021）第 068134 号

责任编辑：胡　博　　　　责任印制：刘春年
封面设计：孙俪铭　　　　责任校对：张　凡

中国财政经济出版社 出版
URL：http：//www.cfeph.cn
E-mail：cfeph@cfeph.cn

社址：北京市海淀区阜成路甲 28 号　邮政编码：100142
营销中心电话：010-88191522
天猫网店：中国财政经济出版社旗舰店
网址：https：//zgczjjcbs.tmall.com
北京财经印刷厂印刷　各地新华书店经销
成品尺寸：170mm×240mm　16 开　14 印张　223 000 字
2021 年 5 月第 1 版　2021 年 5 月北京第 1 次印刷
定价：68.00 元
ISBN 978-7-5223-0496-0
（图书出现印装问题，本社负责调换，电话：010-88190548）
本社质量投诉电话：010-88190744
打击盗版举报热线：010-88191661　QQ：2242791300

前言

改革开放以来中国经济的持续高速增长带来了资本的快速积累，部分行业过剩的资本需要进入国际市场寻求更高的资源配置效率。2015 年我国对外直接投资流量实现历史性突破，首次位列全球第二，并实现资本净输出。我国已从资本输入国转为资本净输出国。我国过去以吸引外资为主要目标的税收优惠政策与制度设计已经不适应市场需求，资本净输出的到来呼吁中国国际税收政策与制度的变革。现有研究对影响资本输出的税收和非税因素、对外直接投资理论等进行了研究，但缺乏更深入的税收因素的实证分析，也没有提出一套完整的资本跨境流动的税收政策与制度体系建议。本书基于资本输出的课税理论和中国税收政策与制度现状，从实证的角度分析了税率、税收协定（包括税收协定签订、常设机构、预提税限定税率、税收抵免和税收饶让等）等方面对我国对外直接投资的影响，在借鉴美国、日本等国家促进资本输出的税收政策经验的基础上，提出了未来我国国际税收政策与制度改革的建议。

本书通过“理论架构—实证分析—对策建议”的系统研究设计，采取定性与定量相结合、规范与实证相结合的方法，系统全面地研究了应因资本输出的税收政策与制度改革。本书的研究内容主要包括：（1）理论部分，主要是基于资本输出和资本输出课税的理论，分析资本输出条件下的税制优化，具体包括开放经济下的税收的原则、跨境资本流动的最优所得课税理论、数字经济下跨境所得征税的挑战以及国家间税收的竞争与协调。（2）分析我国资本输出和税收政策与制度现状，评估我国国际税收政策与制度资本输出效应。（3）基于国际经验借鉴和理论实证分析结论，提出我国国际税收政策与制度改革的政策建议。

研究表明：（1）税收是影响资本输出的重要因素，税收政策是政府用来调控对外投资的重要手段；税收的资本输出中性要求我国减少税收饶让，资本输入中性要求我国对内外资企业实行统一的优惠税制。（2）消除国际重复征税仍然是一国国际税收政策与制度改革努力的重要方向，个人所得税与企业所得税一体化是减除重复征税的有效手段。（3）地域管辖权正显示其独特的优势，成为未来构建具有国际竞争力税制的有益方向。（4）未来要构建具有国际竞争力的税制，要加强税收征管合作、税收管辖权的协调和税收情报交换的国际合作，特别是与避税港之间的税收协调，来维护我国的税收权益；还要积极参与数字经济国际税收规则的制定，共同面对新经济带来的挑战。（5）BTT 对 OFDI 具有时滞的促进效应，BTT 促进了低收入国家、"一带一路"沿线国家、高税负东道国、常设机构时间认定标准更长的东道国以及实行股息预提税国家的 OFDI。（6）未来我国要建立资本输出战略政策支持体系，建立目标明确、多层次的税收优惠体系，建立对外投资企业全方位税务管理服务系统；应用区块链技术优化跨国税源监控管理。要进一步完善税收抵免和亏损结转弥补制度，拓展税收协定签订面，修订完善税收协定内容；降低企业所得税税率，统一股息免税制，降低企业税负；修订国内法的相关规定，维护经济数字化过程中国际税收权益，加强国际税收合作，加强国家间税收协调，完善金融、产业、贸易等政策，助力提升"走出去"企业和国家的国际竞争力。

本书对我国资本输出的税收政策与制度改革的理论与实证分析的学术价值体现在：一是本书关于资本输出及其影响因素的分析，国际税收政策与制度对资本输出影响的机制分析，资本课税、资本输出课税理论和资本输出条件下税制优化理论的分析，丰富和发展了资本输出分析的理论。二是将税收政策与制度改革置于资本输出的时代背景下，对税收影响资本输出的机理进行分析，对资本输出条件下税制优化进行理论分析，对税收政策与制度对对外直接投资的影响进行实证研究，提出资本输出时代的税收政策与制度改革建议，拓展了传统税收政策与制度改革研究的分析框架。该研究的应用价值体现在：一是研究开放经济下的税收的原则、跨境资本流动的最优所得课税理论、国际税收的理论新基础以及国家间税收政策协调，为资本输出背景下的所得税制优化设计提供科学依据。二是分析我国的资本输出现状、与资本输出有关的税收政策与制度现状，了解现行税收政策与制度存在的问题，对税收协定签订、常设机构、预提税和税收抵免政策对中国对外直接投资

（OFDI）的影响进行实证分析，为跨境所得税税收政策与制度的改革提供决策基础。三是对美国和日本的对外投资阶段、主要特点进行梳理，对其与对外直接投资有关的税收政策与制度安排进行分析评价，为我国对外直接投资的税收政策与制度设计提供有益参考。

目 录

1 导论

1.1 选题背景和研究意义

1.1.1 选题背景

1.1.1.1 内在动因

（1）改革开放以来中国经济的持续高速增长带来了资本的快速积累。改革开放40多年以来，我国经济的发展创造了“中国奇迹”：从1979年人均收入只有当时撒哈拉以南非洲国家平均水平的1/3，到2010年取代日本，成为世界第二大经济体。40多年来年均GDP增长率约为14.62%[①]，增长速度非常快。世界银行预测，中国可能在2030年成为世界最大的经济体。经济的快速增长为我国积累了大量资本，1978—2014年我国资本存量以1952年的价格计算，增长了47.5倍，年均增长率为11.38%[②]，接近GDP的增长速度。

（2）部分行业过剩的资本需要进入国际市场寻求更高的资源配置效率。经济的快速增长为各行业发展提供了外部环境，但各行业很难实现均衡发展，从而积累的资本存量也相差很大，那些资本积累过快的行业产生了严重的资本过剩的问题。1985—2014年中国的文教、工美、体育、娱乐用品制造业资

---

① 经国家统计局数据整理得出。

② 王华. 中国GDP数据修订与资本存量估算：1952—2015［J］. 经济科学，2017（6）：16－30.

本存量增长不到6倍，但电力、热力生产和供应增长了27倍，黑色金融冶炼和压延加工业增长了16倍[①]。这种产业的不均衡发展可能是由于某些行业位于产业链前端，属于经济的先行产业，能获得优先发展机会，如能源产业；或者由于信息不对称，经济上行时期先行产业被过度看好而大力发展，一旦经济进入萧条时期，这些行业就会出现严重的产能过剩；也有可能是由于某些行业企业规模大，发展起来对GDP的贡献很大，在以GDP为导向的经济发展模式下会获得地方政府额外支持，尤其是在经济不景气阶段，政府启动刺激内需计划，N个万亿元投资计划后，这些行业的过度发展一般会带来资本过剩的问题。在我国，这些行业主要集中在钢铁、水泥、煤化工、多晶硅、电解铝乃至风电设备等领域。除了新常态下供给侧结构性改革外，消除剩余资本的一个重要途径就是依托"一带一路"倡议，走向国外发展，以实现更高的资源配置效率。

（3）资本净输出的到来呼吁中国国际税收政策与制度的变革。改革开放以来，我国很长一段时间内一直处于劳动力有剩余、资本短缺的状态，吸引外资来中国成了税收政策设计的重要目的；然而，随着我国经济的发展，人口红利越来越少，资本也不再是紧缺要素，甚至越来越多的企业（尤其是资本过剩行业）开始走出去，寻求海外更大的市场、更好的技术、更低廉的劳动成本和更丰富的自然资源等，从而实现更高的资源配置效率。2015年我国对外直接投资流量实现历史性突破，首次位列全球第二，并实现资本净输出[②]，我国已从资本输入国转为资本净输出国。经济基础决定上层建筑，这意味着过去以吸引外资为主要目的的税收政策与制度，已经不再适应资本输出大国新形势要求。如改革开放初期，我国为了吸引外资，对外资实行"超国民待遇"的税收政策。尽管这一政策在新《企业所得税法》颁布时已经取消，改为以产业为主的优惠政策，但是，我国现行税制中仍有许多为吸引外资而制定的政策，如税收协定中主要是要求他国的饶让，而我国较少实行饶让，没有体现对企业"走出去"的鼓励。因此，资本输出的大量增长需要相应的税收政策与制度进行变革。

---

① 余泳泽，刘凤娟，张少辉. 中国工业分行业资本存量测算：1985—2014［J］. 产业经济评论，2017（6）：5－15.

② 国家税务总局，http://www.chinatax.gov.cn/chinatax/n810219/n810724/c2853451/content.html。

1.1.1.2 外部环境

（1）国际政治环境。新兴经济体与发达经济体在全球治理中的角色正面临深刻的变革。日新月异的科技帮助经济打破国界的围墙，全球经济一体化程度加深；比较优势使各国在全球化过程中受益，却受益不均，各国经济增长的不平衡带来了国家之间经济实力与地位的变化，最终促使世界朝向多极化发展。经济基础的变化呼唤上层建筑的变革，旧有经济格局下制定的国际政治经济规则无法适应新形势的需求，以中国为代表的新兴经济体欲在新国际经济政治秩序和规则的制定中谋求更多的话语权和影响力，新兴经济体与发达经济体在全球治理中的角色正面临深刻的变革。G20 和金砖国家这两个平台，在构建全球治理（尤其是全球税收治理）体系中发挥了重要作用。因为经济全球化，各国为了获取核心利益最大化，需要让渡其部分经济主权，对其贸易、金融、投资和财税等政策在国家间进行协调，其中财税主权与国家权力核心关系最密切，最难让渡。2016 年 G20 杭州峰会提出要建立一个全球公平和现代化的国际税收体系。G20 委托 OECD 研究并制定了《BEPS 行动计划》，在 G20 圣彼得堡峰会上得到各国领导人背书，这是全球政治领袖给予税收规则变革有力的政治支持①。另外，OECD 倡导并推动了 CRS，强化了国家间税收合作，提高了税收透明度，打击了利用跨境金融账户的逃避税行为。金砖国家在推动全球经济治理改革进程中，就重大国际和地区问题共同发声，大大提升了新兴经济体和发展中国家的影响力②。

（2）国际经济环境。全球经济增长速度放缓，各国纷纷开始盯紧国外税源。计算机技术和互联网科技的快速发展将地球变为“地球村”，信息传输成本更低、速度更快，跨国企业的对外贸易和投资变得更容易，全球经济比以往任何时候都联系更紧密，各国经济从跨国贸易与投资的比较优势中获得长足发展。然而，自 2008 年金融危机以来全球经济增长乏力，发达经济体如美国、欧盟国家、日本等增长速度放缓，积极财政政策的实施需要财力支持。受债务承载空间的限制，各国开始对内减税刺激经济，对外缩紧口

① 郝昭成. 百年重塑国际税收新体系［J］. 国际税收，2016（11）：37－44.

② 邓力平，陈斌，王智烜. 当前国际经济政治与国际税收关系的七个问题［J］. 国际税收，2017（3）：6－11.

袋，加大对跨国企业投资行为的征税力度，想要征得属于本国的那一份。如果各国不顾他国情况争夺国际税源，则会导致双重征税，跨国企业会因为税负太重而减少经济活动，导致税源减少，进而从根本上影响各国的税收利益，因此，尽可能地减除双重征税是国际社会一直以来努力的方向。各国除了对跨国企业当期投资收益加大征税力度，还对企业利用国家间制度差异转移到避税地的利润进行补税。无论是居住国还是东道国，都需要相互合作，需要更多的信息来反避税，于是就出现了税收征管合作、BEPS 和 CRS 等。

资本的争夺成了新一轮税源争夺的前沿阵地。除了对直接税源的争夺，在经济紧缩的大环境下，部分国家还发起了对资本的争夺，因为资本是形成税源的重要生产要素，拥有更多的资本意味着拥有更大的经济增长潜力和更多的税源。如美国率先实行新一轮减税政策和属地税制，受其影响世界各国纷纷下调所得税率。虽然理论上所得税率竞争会使税率降到零，但受财力限制，各国不可能把所得税率下调到零的水平，除非它本身就是一个避税地，或者一国可能选择对符合特定条件的资本不征所得税。所得税率降到哪个水平对世界各国最优无从知晓，所幸大部分国家已经意识到国家间不仅有税收竞争，还可以进行税收合作，各国开展税收征管合作、税收情报交换和联合起来反避税是近些年国际税收领域新事物。

1.1.2 研究意义

1.1.2.1 理论意义

（1）本书关于资本输出及其影响因素的分析，国际税收政策与制度对资本输出影响的机制分析，资本课税、资本输出课税理论和资本输出条件下税制优化理论的分析，可丰富和发展资本输出分析的理论。

（2）将税收政策与制度改革置于资本输出的背景下，对税收影响资本输出的机理进行分析，对资本输出条件下税制优化进行理论分析，对税收政策与制度对对外直接投资的影响进行实证研究，提出资本输出的税收政策与制度改革建议，拓展了传统税收政策与制度改革研究的分析框架。

1.1.2.2 实践意义

（1）研究开放经济下的税收的原则、跨境资本流动的最优所得课税理论、国际税收的理论新基础以及国家间税收政策协调，为资本输出背景下的所得税制优化设计提供科学依据。

（2）分析我国的资本输出现状，与资本输出有关的税收政策与制度现状，了解现行税收政策与制度存在的问题，对税收协定签订、常设机构、预提税和税收抵免政策对中国对外直接投资（OFDI）的影响进行实证分析，为跨境所得税税收政策与制度的改革提供决策基础。

（3）对美国和日本的对外投资阶段、主要特点进行梳理，对其与对外直接投资有关的税收政策与制度安排进行分析评价，为我国对外直接投资的税收政策与制度设计提供了有益参考。

1.2 国内外研究现状

1.2.1 国内研究现状

党的十七大提出坚持对外开放的基本国策，把“引进来”和“走出去”更好地结合起来，预示我国“引进来”和“走出去”的双向开放向纵深发展，国内学术界也开始关注对外投资和税收关系的研究。过去我国一直以吸引外资为主，对外投资规模较小，进入21世纪后对外投资开始迅猛增长，2015年对外直接投资超过外商直接投资，正式开启资本输出，大大晚于西方经济发达国家。国内关于资本输出与税收政策制度相关问题的研究也是在西方相关理论研究的基础上，结合我国实际情况和现实需要进行的。总的来看，国内研究主要集中于资本输出的相关理论、资本输出的税收政策制度现状与存在的问题以及相关的政策建议方面。主要观点如下。

1.2.1.1 资本输出理论研究

国内关于资本输出理论的最早研究是1982年李琮的一篇文章，他基于马克思列宁主义资本输出的基本原理，论述了过剩资本是资本输出的基础，获取更多的利润是资本输出动因[①]。马克思的资本输出理论过分强调剥削性和压迫性，不适应当今的经济发展，资本输出在经济全球化的背景下，对发展中国家来说既是机遇也是挑战[②]。我国资本输出开启较晚，目前已有的研究主要集中在资本输出的表现形式、资本输出特征、资本输出与商品输出的关系、资本输出的影响因素以及资本输出的影响上。

（1）资本输出的表现形式。已有研究将资本输出的表现形式划分为国际直接投资和国际间接投资[③④]。国际直接投资指一国的资本所有者在国外进行的，以获取持续利润或稀缺生产要素为目的，通过参与企业管理并取得某种程度的控制权的资本投资，并伴随着经营能力、技术知识等资源组合的跨国转移[⑤]，其表现形式有资本所有者在国外投资直接兴办工厂、开采矿山、修建基础设施、经营其他企业，或与当地政府和私人合营各种企业[⑥]。国际间接投资是指一国投资者不直接参与国外所投资的企业的经营管理，而是通过证券、信贷等形式获取投资收益的国际投资活动[⑦]。

（2）资本输出的特征。已有研究以第二次世界大战前后为时间节点将资本输出的特征分为两个时期。第二次世界大战前资本输出最主要的特征是高度集中的垄断，典型方式是商品输出，并且具有腐朽性和强制性[⑧]，资本输出的实质是新殖民主义的“经济镣铐”[⑨]。第二次世界大战后资本输出的特点是资本输出数量剧增，发达国家向发展中国家的资本输出主要采取“援助方式”，发达国家相互之间的投资额度增大，国家资本输出快于私人资本输出的增长[⑩]。

---

① 李琮．关于当代资本输出的若干理论问题［J］．北京大学学报（哲学社会科学版），1982（1）：3－11．

② 宋川川．经济全球化背景下对马克思资本输出理论评析［J］．改革与开放，2010（20）：82．

③ 郭飞．马克思、列宁的资本输出理论与当代国际投资［J］．马克思主义研究，2007（6）：31－37．

④ 王羽涵．中国对外直接投资的结构、驱动因素与宏观影响因子研究［D］．北京：北京交通大学，2016．

⑤ 高薇．国际直接投资理论的演变及其对中国的启示［D］．长春：吉林大学，2011．

⑥ 刘盘根．我国对外直接投资的发展趋势分析［J］．特区经济，2010（6）：261－262．

⑦ 马全军．我国对外直接投资的国家风险及其防范［J］．决策借鉴，1996（6）：12－13．

⑧ 陈健，陈收．资本结构理论的发展［J］．金融经济，2006（1）：80－82．

⑨ 李雪阳．对西方两类资本输出观的批判性考察——兼析列宁资本输出理论的当代适用性［J］．经济纵横，2018（4）：31－40．

⑩ 谷平，曹媛媛．关于资本输出的若干问题的分析研究［J］．东方企业文化，2012（2）：135．

(3) 资本输出与商品输出的关系。已有研究表明资本输出对商品输出起了促进作用[①]。我国是世界上第一大出口国，欧美各国基于自身利益经常设置贸易壁垒限制我国商品输出，而资本输出可以帮助商品出口绕开贸易壁垒，缓解贸易战争，间接实现商品输出。范爱军基于32个国家和地区的数据进行实证研究，结果表明资本输出的确能有效地推动商品输出增长，这种现象叫"海冲作用"[②]。

(4) 资本输出的影响因素。已有研究将影响资本输出的因素归结为两国经济规模、人均国民收入、双边贸易量、国家间的地理距离、企业生产率、东道国制度、政治风险以及基础设施等。

程惠芳、阮翔（2004）纳入引力模型进行实证分析，证明了投资国与东道国的经济规模总和、人均国民收入水平及双边贸易量与两国间的国际直接投资流量正相关，投资国与东道国的经济规模和经济水平越相似，两国之间的国际直接投资流量越大；投资国与东道国的距离与国际直接流量和区位分布呈显著负相关，地理位置是影响国际直接投资流向和分布的重要因素[③]。陈高、刘锋（2020）建立双重差分模型，研究了中国对外直接投资和对外出口的替代效应，结果发现，我国对外投资在整体上对出口有替代效应，这一效应在收入水平高的国家更为明显[④]。

蒋冠宏（2015）研究发现企业生产率越高越有可能对外投资，且在投资时越有可能进行技术研发类投资，而不是市场寻求型投资。关于哪些企业和企业怎样投资才会有更高的生产率，蒋冠宏的研究结论如下：对外投资的国有企业并不比其他企业生产率更高，投向高收入国家的生产率并不比投向中低收入国家的生产率更高，在东道国投向越多的企业其生产率不一定越高[⑤]。

关于制度因素对跨国投资的影响。制度因素分为正式制度（如法律、法

---

① 易丹丹，陆雅琴．中国资本输出研究［J］．企业导报，2010（10）：6-7.

② 范爱军，王辉．资本输出对商品输出的"海冲作用"［J］．国际商务（对外经济贸易大学学报），2010（3）：52-56.

③ 程惠芳，阮翔．用引力模型分析中国对外直接投资的区位选择［J］．世界经济，2004，27（11）：23-30.

④ 陈高，刘锋，胡迎东．"一带一路"倡议下中国对外投资的出口效应影响研究［J］．统计与决策，2020（8）：152-155.

⑤ 蒋冠宏．制度差异、文化距离与中国企业对外直接投资风险［J］．世界经济研究，2015（8）：37-47.

规）和非正式制度（如道德观念、文化认同感和社会普遍认可的传统习俗等），周经、张利敏（2014）研究了制度因素对跨国企业海外投资建立方式和股权比例安排的影响[①]。就对外投资建立方式的影响而言，正式制度距离与中国跨国企业选择新建投资模式的概率正相关，而非正式制度距离对其选择何种建立方式没有显著影响；就对外投资股权比例安排的影响而言，正式制度距离越远，中国跨国企业海外投资选择合资方式的概率越大，且二者的相关性显著，而非正式制度距离对其影响不显著。邵宇佳、卫平东等（2020）研究表明，中国的对外直接投资受到投资动机的驱使，但制度距离在中国对外直接投资中发挥着负向调节作用，进而削弱投资动机的驱动力[②]。

姚凯、张萍（2012）运用模型将162个国家的政治风险按照严重程度分成三类，运用定量分析的方法揭示了政治风险影响力大、辐射面广、破坏力强，严重影响我国海外投资的安全和利益，进而影响海外投资决策[③]。姜建刚、张建红（2019）均从东道国政治角度入手，分别分析了政治风险、腐败、政治制度和政党换届与中国对外直接投资的关系，其结论认为政治风险高、腐败严重、政治制度差、政党换届频繁的东道国对我国对外直接投资的吸引力显著较小[④]。潘素昆、杨雅琳（2020）选取“一带一路”沿线46个国家的对外直接投资面板数据，检验沿线国家基础设施对中国对外直接投资区位选择的影响，发现“一带一路”沿线国家基础设施是影响中国对外直接投资区位选择的重要因素[⑤]。东道国外商投资壁垒同样也会限制母国的资本输出，东道国外商投资壁垒的减少对母国OFDI呈现出显著的促进作用[⑥]。

（5）资本输出的影响。资本输出的影响可分为正面影响和负面影响。

---

① 周经，张利敏．跨国企业对外投资模式选择的策略性分析［J］．石家庄经济学院学报，2014，37（6）：84－90.

② 邵宇佳，卫平东，何珊珊，等．投资动机、制度调节与OFDI逆向技术溢出对中国对外投资区位选择的影响［J］．国际经济合作，2020（3）：73－87.

③ 姚凯，张萍．中国企业对外投资的政治风险及量化评估模型［J］．经济理论与经济管理，2012（5）：103－111.

④ 姜建刚，张建红．东道国政党换届对中国对外直接投资的影响研究［J］．世界经济研究，2019（8）：118－133.

⑤ 潘素昆，杨雅琳．“一带一路”国家基础设施和中国对外直接投资区位选择［J］．统计与决策，2020，1－6.

⑥ 郭卫军，黄繁华．东道国外商投资壁垒与中国对外直接投资［J］．世界经济研究，2020（5）：85－97.

从已有研究来看，资本输出的正面影响体现在以下方面：国际直接投资初期，资本输出国外汇收入积累速度较快，使输出国获得大量财富，经济实力大为增强，不仅为劳动雇佣提供基础，而且有助于现代技术的应用①；资本输出为外汇储备寻找出路，可减少外汇储备过高带来的负面影响，缓解出口受阻长期存在的贸易摩擦以及满足日益扩大的能源需求，保证能源安全②；对外直接投资的高利润带动国内利率上涨从而吸引更多的国内储蓄③。并且对外直接投资能够促进资源的合理配置，缓解企业的资本错配和劳动力错配④。

资本输出的负面影响体现在：资本输出会给国内金融、经济带来较大的风险，甚至是危机。资本输出会导致食利阶层的出现，而且大量资本投向国外而使国内投资减少，从而造成本国经济发展的停滞和缓慢⑤。资本的流出会对国内货币供应量产生直接影响和继发性影响，可能加大本国和国际金融市场的振幅，从而加大货币政策执行的难度；资本输出对经济欠发达的国家来说有很大的风险，可能影响本国的货币传导机制，减少实际流通中的货币供应量，使本国经济萎缩或收缩，从而影响本国经济的正常发展⑥。于永达（2000）指出当前国际间接投资的过分膨胀，潜伏着巨大的金融风险；并且这种风险性随发达国家、新兴市场经济国家、发展中国家金融市场机制的完善而逐级递增⑦。戴蒙德和戴维格（Diamond，Dybvig，1983）提出了金融恐慌模型，认为金融恐慌与羊群效应会加强国际资本流动逆转的突发性和灾难性，是货币危机产生和加深的重要原因，这一点已经被1994年墨西哥金融危机和1997年亚洲金融危机所验证⑧。亚洲金融危机后，克鲁格曼（Krugman，

---

① 朱富强．马克思经济学制度研究的基本路线——从本质到现象的五层次分析及其阐释［J］．人文杂志，2016（12）：42－50.

② 马智伟，张巍，杨景．新形势下中国资本输出的重要意义及措施［J］．经济导刊，2009（10）：73－74.

③ 黄宇峰．试论FDI对资本输入国和资本输出国经济的影响［J］．西南民族学院学报（哲学社会科学版），2001，22（10）：115－116，178.

④ 白俊红，刘宇英．对外直接投资能否改善中国的资源错配［J］．中国工业经济，2018（1）：60－78.

⑤ 王建军．当前宏观经济形势及财政政策分析［J］．内蒙古科技与经济，2002（2）：33－34.

⑥ 史锦华，谢运，管莉莉．国际资本流动风险及有效监管［J］．财经科学，2008（3）：23－29.

⑦ 于永达．国际间接投资超前发展论析［J］．世界经济，2000，23（6）：57－61.

⑧ Diamond－Philip－H Dybvig. Bank Runs，Deposit Insurance，and Liquidity［J］．Journal of Political Economy，1983，91（3）：401－419.

1998）提出了道德风险模型，认为金融机构的道德风险是危机爆发的原因；东南亚国家的货币危机只是国内金融危机的表现方式，金融危机起源于这些国家金融资产的泡沫化，使其金融资产价格经历了一个急剧盘升和跌落的过程，一旦泡沫崩溃，当所导致的巨额不良资产使金融机构自身和政府难以承受时，国际资本就会迅速逆转，大规模流出，从而使金融资产价格进一步下跌，最终导致固定汇率制度和联系汇率制度的彻底崩溃，进一步引发全面的金融危机。资本输出后投资者也会面临许多外面的风险①。

还有研究涉及了资本输出可能面临的风险。毕吉耀等（2015）指出我国资本对外输出的风险点主要集中在经济增长风险、市场波动风险、营商环境风险、地缘政治风险、民族宗教风险、社会习俗风险，建议加强资本对外输出保护的顶层设计，构建资本对外输出风险预警与管理机制②。

1.2.1.2 资本输出税收环境的现状研究

（1）税收环境是企业在境外投资决策考虑的一个重要因素。在现代全球市场化经济体制环境下，企业是对外直接投资的主体，而影响企业对外直接投资的进程和决策的因素众多，如企业的起步时间和规模、投资目标、竞争优势、投资方式、投资主体、政府作用、税收环境等③，其中税收环境是非常重要的一个方面（Dunning，1996），因为税收成本是全球跨国企业中仅次于原材料、人力资源的第三大成本。税收成本的高低直接影响企业的国际竞争力，是企业“走出去”决策考虑的重要因素④。

（2）国际双重征税是企业跨国投资面临的主要问题。由于各国税收管辖权和税收制度的差异，针对跨国投资的国际税收双重征税的问题非常突出，成为跨国企业进行对外投资面临的最主要的问题，也是当代国际税法研究力图解决的核心问题之一⑤。

（3）国际上解决国际双重征税的办法有多种：抵免政策、税收优惠政策等。美国是实行税收抵免政策最早的国家，实行不分国别的综合限额抵免法，

---

① Paul Krugman. Fire - Sale FDI ［J］. Nber Chapters，2000，27（2）：163 - 202.

② 毕吉耀，唐寅. 资本输出的风险点［J］. 中国金融，2015（4）：81 - 83.

③ 张蕴如. 中国与美、日对外直接投资的国际比较［J］. 上海统计，2002（9）：24 - 26.

④ 对外投资税收政策研究课题组. 对外投资税收服务与管理的国际借鉴［J］. 国际税收，2016（3）：6 - 12.

⑤ 王伟. 中国企业对外直接投资（ODI）的税收环境研究［D］. 成都：西南财经大学，2009.

该政策鼓励了美国企业重视股权及其收益，促进了美国企业进行海外股权投资。美国在税收政策上坚持税收中性的原则，在市场起基础性资源配置作用的前提下，有效地发挥税收的调节作用，使市场机制和税收机制达到最优结合。美国构建的一整套税收服务体系为企业进行海外投资提供了制度保障①。法国对企业境外投资长期奉行保护和扶持的政策，对其海外子公司的股息免税以消除国际双重征税，并且法国公司在得到政府允许后，可抵免国外投资所得已缴纳的预提税②。韩国政府提出了“外汇政策五年政策计划”并制定了专门优惠措施。新加坡早在1988年就率先提出了境外投资亏损注销和免除某些境外投资收入、红利和管理金收益的税收等类似的税收优惠政策③。

（4）我国的对外投资税收政策、存在的问题及对策。我国现行的对外投资税收政策主要包括税收抵免、税收饶让、亏损弥补、税收的间接抵免和签订国际税收协定④。

与发达国家成熟的税收政策相比，我国的涉外税收政策还存在很多问题，已明显不符合我国现在经济发展要求。这些问题集中体现在以下几个方面：①涉外税收政策调整滞后。我国的对外开放正由“引进来”为主转向“引进来”和“走出去”并重，而相应的涉外税收政策未能及时调整⑤。②涉外税收政策导向不明。税收政策在对外投资的产业、地区以及投资方式上没有在宏观上给出合理的引导，对外投资税收政策尚未形成体系⑥⑦。③涉外优惠政策形式单一，范围较窄。从税收优惠的方式看，主要是减免税，没有采用海外投资准备金等间接税收优惠，且覆盖范围过窄，主要限于境外带料加工装配业务，加工贸易投资多为促进出口类型⑧。④境外所得数额确认和计算可

---

① 广东省国际税收研究会课题组，黄炎光，钟文锋，等．完善资本输出中的税收支持政策［J］．涉外税务，2010（12）：13－17．

② 李敏．美国、法国、日本鼓励对外投资的税收政策比较［J］．涉外税务，2006（5）：42－45．

③ 刘耘．论开放环境下我国境外投资的税收政策选择［J］．财政研究，2008（8）：51－53．

④ 陈灿銮，邢锋．鼓励企业资本输出的税收对策借鉴研究［J］．亚太经济，2005（6）：95－97，94．

⑤ 张京萍，李敏．对外投资税收政策的国际比较［J］．税务研究，2006（4）：87－91．

⑥ 刘耘．论开放环境下我国境外投资的税收政策选择［J］．财政研究，2008（8）：51－53．

⑦ 马衍伟．鼓励对外投资的税收政策建议［J］．涉外税务，2007（6）：33－36．

⑧ 对外投资税收政策研究课题组．对外投资税收服务与管理的国际借鉴［J］．国际税收，2016（3）：6－12．

操作性弱。我国税法目前对于一些特殊的企业境外所得，比如金融衍生品损益、境外捐赠所得、境外直销所得等的确认与计算没有做出具体的规定；另外，由于税务管理的不规范，信息采集不完整，税务机关难以准确掌握境外投资企业的涉税信息资料，加之企业境外抵扣凭证不合规，税务机关难以按照我国税法对其进行调整，导致外资企业境外所得的计算准确性差[①]。⑤税收监控难，税收征管难。跨国投资者将其从来源国汇出的所得长期保存在无税或低税的国际避税地，然后再流向全球，最终还可能以免税的形式汇回居住国，从而逃避管辖，导致税收监控越来越难。税收征管难体现在收入和支出的标准、不同国家税收管辖权的收入和利润难以确定，对金融交易全球化活动中的关联企业的转让定价如何进行征税[②]等。

学者们提出了如下对策和建议：一是采用资本输出中性与非中性相结合的税制模式。坚持采用抵免法来消除企业境外投资所得的国际重复征税，即采用资本输出中性原则以增强税制的公平性、防止资本外流和保障国家税收权益，在此基础上对企业进行境外投资给予多种有利于减轻其税收负担的政策倾斜和优惠[③]。二是明确税收优惠的产业和区域。在对外直接投资的税收激励方面，采取海外投资风险准备金、境外所得延期纳税、境外投资亏损处理等多种形式的税收激励工具，对税收优惠的产业和区域进行明确[④]；根据比较优势与产业结构调整的方向确定对外直接投资的产业税收优惠政策[⑤]。三是明确外国来源所得的确认，调整境内外所得差异。境外所得的含义应予以明确；企业的境外所得要依照我国税法规定摊计成本、费用及损失，确定境外所得，据以计算应纳税额和扣除限额，而不能完全以企业在境外取得的纳税资料、纳税凭证所列支的成本、费用计算[⑥⑦]。四是建立规范的对外直接投资税收征管基础制度体系，包括对外直接投资中境外企业的户籍管理制度、

---

① 袁光华. 促进我国对外直接投资的税收政策研究［D］. 昆明：云南财经大学，2016.

② 尹音频，张昆明. 国际间接投资课税的挑战与国际协调研究［J］. 国际商务（对外经济贸易大学学报），2003（1）：61－64.

③ 刘耘. 论开放环境下我国境外投资的税收政策选择［J］. 财政研究，2008（8）：51－53.

④ 沈小平，邓远军. 新《企业所得税法》下完善对外投资合作中的税收问题研究［J］. 税务研究，2009（2）：36－41.

⑤ 马衍伟. 鼓励对外投资的税收政策建议［J］. 涉外税务，2007（6）：33－36.

⑥ 魏志梅. 中国企业对外投资合作的税收政策研究［J］. 涉外税务，2007（6）：27－33.

⑦ 常世旺，韩仁月. 公众主导还是国家主导：1952－2006年中国财政支出增长影响因素研究［J］. 经济评论，2008（6）：9－15.

税源监控制度、纳税申报制度等，明确对外直接投资税收管理的操作规程[①]。

1.2.1.3 “一带一路”国际税收问题研究

2013 年习近平主席提出“一带一路”倡议以来，我国企业“走出去”的步伐迅速加快，“一带一路”沿线国家正成为中国对外直接投资重要目的地，“一带一路”倡议能够提升企业的投资水平[②]，降低企业的融资约束[③]，加快企业的产业升级，并能通过对外直接投资提升企业的创新能力[④]。“一带一路”沿线国家的国际税收问题正成为研究者们关注的重要内容，国内相关研究成果主要集中在“一带一路”国家的对外投资现状、“一带一路”国家间税收政策与制度存在的问题、国家间的税收协调、对策四个方面。

(1)“一带一路”国家的对外投资现状。我国与“一带一路”沿线国家的经贸关系正在逐渐加强，对“一带一路”沿线国家的投资呈现规模快速扩张、形式多样、内涵不断丰富的发展态势[⑤]。从对外直接投资的总量来看，2013 年中国对“一带一路”沿线 64 个国家和地区的直接投资存量高达 720 亿美元，占中国对外直接投资总存量的 11% 左右[⑥]。2014 年中国承接“一带一路”沿线国家服务外包合同金额和执行金额分别达到 125 亿美元和 98.4 亿元[⑦]。2015 年中国对“一带一路”沿线国家直接投资额为 148 亿美元，比上年增长 18.2%[⑧]。吕越等（2019）研究指出，“一带一路”倡议使得中国企业对外绿地投资项目数提升了 32%[⑨]。Du and Zhang（2017）研究发现，中

---

① 尹音频，张昆明. 国际间接投资课税的挑战与国际协调研究 [J]. 国际商务（对外经济贸易大学学报），2003（1）：61-64.

② 陈胜蓝，刘晓玲. 公司投资如何响应“一带一路”倡议？——基于准自然实验的经验研究 [J]. 财经研究，2018，44（4）：20-33.

③ 徐思，何晓怡，钟凯. “一带一路”倡议与中国企业融资约束 [J]. 中国工业经济，2019（7）：155-173.

④ 王桂军，卢潇潇. “一带一路”倡议与中国企业升级 [J]. 中国工业经济，2019（3）：43-61.

⑤ 毕吉耀，唐寅. 资本输出的风险点 [J]. 中国金融，2015（4）：81-83.

⑥ 郑蕾，刘志高. 中国对“一带一路”沿线直接投资空间格局 [J]. 地理科学进展，2015，34（5）：563-570.

⑦ 杨志勇. 实施“一带一路”战略的财税政策研究 [J]. 税务研究，2015（6）：16-21.

⑧ 金亚萍. 国际税收协调助推“一带一路”战略实施 [J]. 国际税收，2016（10）：69-72.

⑨ 吕越，陆毅，吴嵩博，等. “一带一路”倡议的对外投资促进效应——基于 2005—2016 年中国企业绿地投资的双重差分检验 [J]. 经济研究，2019，54（9）：187-202.

国对外直接投资在“一带一路”倡议提出后显著增加，其中对“一带一路”沿线国家和地区的投资更是大幅增长①。从对外直接投资的区域分布来看，对东南亚地区的投资规模最大②，2013 年中国对东南亚地区直接投资 72.7 亿美元，2014 年承接东南亚国家的服务外包执行金额高达 53.8 亿美元，同比增长 58.3%③；对中亚地区的投资增速最快，2003—2013 年，中国对中亚地区的直接投资流量年均增速高达 69%；对中东欧的投资最少，截至 2013 年仅 16 亿美元。从对外直接投资领域来看，主要集中于批发零售贸易、运输和物流、金融保险和酒店餐饮等④。

（2）“一带一路”国家间税收政策与制度存在的问题。

①税收征管服务滞后。第一，税收信息储备不足。“一带一路”沿线不是我国传统的对外投资的热点区域，我国对“一带一路”区域国家税收制度储备匮乏，研究较少。第二，税收征管服务基础薄弱。税务机关对沿线国家的税收知识宣传力度不够，国际税收方面的征管制度落后，人才缺失⑤。②税收制度不够完善。我国现行的税收抵免制度存在如下不足：一是当我国投资者投资多个国家时，税率不同导致抵免限额不能调剂使用，增加了我国居民的税收负担；二是较高的控股比例和较少的层级限定，对企业“走出去”形成了一种约束；三是境外投资带来的亏损无法抵减境内所得或其他境外所得，在某种程度上抑制境外投资行为；四是饶让制度的缺失，既削减了境外税收优惠效力，也影响了企业在境外争取税收优惠的积极性；五是“一带一路”沿线多为发展中国家，税收法制不健全，“走出去”企业因无法取得合规的境外纳税凭证，存在无法抵免我国税收的风险⑥。

（3）“一带一路”国家间的税收协调。“一带一路”沿线国家在税收制度、营销环境、民族宗教、社会习俗以及地缘位置⑦方面都存在很大差异，

---

① Julan Du, Zhang Yifei. Does One Belt One Road initiative promote Chinese overseas direct investment? [J]. China Economic Review, 2017, S1043951X－S17300743X.

②④ 郑蕾，刘志高. 中国对“一带一路”沿线直接投资空间格局［J］. 地理科学进展，2015，34（5）：563－570.

③ 杨志勇. 实施“一带一路”战略的财税政策研究［J］. 税务研究，2015（6）：16－21.

⑤ 曾文革，白玉. 论“一带一路”战略下我国对外投资的税收制度安排［J］. 江西社会科学，2017，37（5）：13－24.

⑥ 对外投资税收政策研究课题组. 对外投资税收服务与管理的国际借鉴［J］. 国际税收，2016（3）：6－12.

⑦ 毕吉耀，唐寅. 资本输出的风险点［J］. 中国金融，2015（4）：81－83.

需要国家间的税收协调。

关于税收协调的挑战。“一带一路”沿线各国之间经济发展水平差异较大，国际贸易的经济依存度较高，但是大多数国家的进出口总量并不高，远低于我国的对外贸易规模；我国与沿线国家的双边税收协定签订时间较早，已经不能适应当今国际税收形式发生的诸多变化；“一带一路”沿线国家公司所得税整体名义税负并不高，“一路”沿线国家的公司所得税税率平均水平相对高于“一带”沿线国家。未来我国与“一带一路”沿线国家的税收协调会在以下几个方面遇到挑战：减税趋势下的国际所得税利益分配协调，电子商务背景下的国际增值税征管协调，税基侵蚀与利润转移（BEPS）行动计划下的“一带一路”国际税收协调①。

关于税收协调的作用或效果。赵洲、张丽（2018）通过建立数量关系模型，从“一带一路”跨境融资的利息所得的角度分析了税收协调安排的效果。他认为现有的协调分配安排难以充分实现税收利益在国家间的公平分享，同时，来源地免税待遇安排仅仅免除了跨境利息所得在来源地国的税负，并没有免除其在居民国的税负，来源地免税待遇安排的扩展可能造成中国与“一带一路”沿线国家在税收利益分配上的失衡②。而金亚萍（2016）认为国际税收协调对“一带一路”战略起助推作用，因为国际税收协调可避免因各国税制差异产生的负面效应，加快与“一带一路”沿线国家谈签税收协定的进程，增强中国“走出去”企业跨国税收争议的解决力度，是解决国与国之间因经贸往来产生税收摩擦的最佳方式③。

李香菊、王雄飞（2017）从区域经济合作与发展的视角研究了“一带一路”国际税收协调问题，指出在“一带一路”战略背景下我国在发展区域经济的同时也面临着严峻的国际税收问题，如税收环境复杂、利益冲突激烈，税收信息不对称、走出去企业风险加大，新型国际避税问题愈演愈烈等。针对以上的问题，提出应尽快建立符合开放、创新型经济发展要求的税收征管合作机制，因地制宜地开展国际税收协调，合理分配税收利益，降低企业

---

① 王文静，赖泓宇．助力“一带一路”战略实施的国际税收建议［J］．经济研究参考，2016（42）：19－20．

② 赵洲，张丽．论“一带一路”跨境利息所得的税收协调［J］．国际税收，2018（1）：51－57．

③ 金亚萍．国际税收协调助推“一带一路”战略实施［J］．国际税收，2016，（10）：69－72．

“走出去”的税收风险[①]。

（4）对策与建议。

①优化税收服务。尽快加强“一带一路”沿线税收政策调研，收集沿线国家的相关税收法律规定、税收优惠政策以及双边税收协定签署状况[②]；建立“一带一路”投资企业专门的数据库，定期对其进行分析，主动提供税收服务[③]。

②优化税收抵免制度。在投资者和国家利益之间选择一个均衡点，将分国综合抵免和分国分项抵免纳入改善范围[④]。

③组建专业人才队伍。加强业务培训，放宽职工的教育培训费列支标准[⑤]，加强领军人才的培养，建立一支高素质的“走出去”服务管理队伍，为纳税人提供更加优质的专业化服务[⑥]。

1.2.1.4 国内研究现状小结

国内学者在资本输出领域的研究与国外学者相比较晚，对基础理论的研究也相对缺乏，早年对资本输出领域的研究主要是基于马克思列宁主义的资本输出原理，研究具有一定的局限性且以理论研究为主。近年来国内学者对资本输出这一领域关注度持续增加，目前关于这一领域的研究已经非常广泛，研究方式也从理论分析转向实证分析。

关于资本输出的研究，可以概括为以下几方面的内容：资本输出的表现形式、特征、与商品输出的关系、带来的影响以及影响资本输出的因素等。资本输出的表现形式有国际直接投资和国际间接投资。不同的阶段，资本输出呈现出不同的特征，第二次世界大战前资本输出以垄断为主要特征，第二次世界大战后发达国家向发展中国家的资本输出主要采取“援助方式”，以

---

① 李香菊，王雄飞．促进“一带一路”区域经济合作与发展的国际税收协调政策建议［J］．经济研究参考，2017（36）：43－44.

② 漆彤．“一带一路”战略的国际税法思考［J］．税务研究，2015（6）：31－35.

③ 曾文革，白玉．论“一带一路”战略下我国对外投资的税收制度安排［J］．江西社会科学，2017，37（5）：13－24.

④ 杨志勇．实施“一带一路”战略的财税政策研究［J］．税务研究，2015（6）：16－21.

⑤ 陈展，徐海荣，兰永红，等．税收服务“一带一路”战略的有关问题探析［J］．税务研究，2016（3）：34－37.

⑥ 对外投资税收政策研究课题组．对外投资税收服务与管理的国际借鉴［J］．国际税收，2016（3）：6－12.

达到全球共同发展的目的。资本输出的影响有正面负面之分：正面影响表现为国际直接投资初期，资本输出国外汇收入积累速度较快，使输出国获得大量财富，经济实力大为增强，不仅为劳动雇佣提供基础，还有助于现代技术的应用；负面影响体现为资本输出会给国内金融、经济带来较大的风险，甚至是危机。根据已有研究，影响资本输出的因素主要有：两国经济规模、人均国民收入、双边贸易量、国家间的地理距离、企业生产率、东道国制度、政治风险以及基础设施等。

关于资本输出税收环境现状的研究，国内学者普遍认为税收是影响我国对外直接投资的重要因素，因为税收成本是全球跨国企业成本中仅次于原材料、人力资源的第三大成本。税收成本的高低直接影响企业的国际竞争力，是企业“走出去”决策考虑的重要因素。企业“走出去”开展国际投资面临的最主要问题就是国际双重征税，为了消除国际重复征税，许多国家制定了对应抵免政策、税收优惠政策等。现阶段，我国的涉外税收政策还存在很多问题，如涉外税收政策调整滞后，涉外税收政策导向不明，涉外优惠政策形式单一、范围较窄，境外所得数额确认和计算可操作性弱，税收监控难、税收征管难。未来需要进一步完善相应税收政策，促进对外直接投资。

近年来，随着我国“走出去”步伐的加快和“一带一路”倡议的提出，越来越多的国内学者对我国在“一带一路”沿线国家的对外直接投资进行了研究。我国对沿线国家的投资规模逐渐扩大，但投资区域分布不均，投资主要集中于批发零售贸易、运输和物流、金融保险和酒店餐饮等领域。关于“一带一路”国际税收问题的研究认为，我国还存在税收征管服务滞后、税收制度不够完善等方面的不足。另外，由于沿线国家在税收制度、营销环境、民族宗教、社会习俗以及地缘位置方面存在很大差异，有必要在沿线国家间开展税收协调。未来要优化税收服务、优化税收抵免制度、组建专业人才队伍，为纳税人提供更加优质的专业化服务等。

1.2.2 国外研究现状

1.2.2.1 西方对外直接投资理论

（1）垄断优势论。跨国公司拥有垄断优势能促进其对外投资。Hymer

(1960)[①]、Kindleberger[②]（1969）和 Dunning（1993）[③] 等认为，对外投资产生的根本原因是市场具有不完全性，且垄断优势是跨国企业在对外输出的过程中获利的基本条件。换句话说，一个企业对外投资的原因是它具有东道国企业没有的垄断优势，可以在国际竞争中赚取更多的利润。Hymer（1976）认为，对外直接投资涉及较高的成本以及跨国公司在海外投资所面临的固有风险，如因文化和语言差异导致的信息不对称以及东道国政府给予的优惠待遇不同而产生的成本差异[④]。跨国公司必须拥有垄断优势（如创新产品、管理技能、专利等）用来抵消劣势（Dunning，1993）。后来的许多学者在 Hymer（1960）提出的原理基础上不断优化和发展其理论。Caves（1971）提出了产品差异化理论，认为知识资产优势（技术优势、资金优势、组织管理优势、原材料优势）是产品产生差异的主要原因，产品差异使对外直接投资流量大大增加[⑤]。Knickerbocker（1973）在 Hymer（1960）的基础上研究了外国直接投资与企业间的寡头竞争的关系，认为某些市场竞争者对于对外直接投资的反应反映了全球市场中公司之间的战略竞争[⑥]。换句话说，企业会模仿市场上的其他竞争者，以免其他竞争者获得战略优势。

（2）产品周期理论。对外投资的投资的区位选择随着产品的周期变化而变化。美国经济学家 Vernon（1966）认为企业之间的竞争会影响他们降低生产成本从而失去市场竞争力。他通过实证研究分析了战后美国对欧洲大量对外直接投资的原因，并提出产品周期理论[⑦]，认为产品生命周期分为产品增长、产品成熟、产品衰退三个阶段。他发现，只要产品沿着生命周期的曲线

---

① Hymer，H S. The international operation of national firms：a study of direct foreign investment［M］. Cambridge，MA：MIT Press，1960：29 - 125.

② Kindleberger，C. P. The Theory of Direct Investment. In：Kindleberger，C.，Ed.，American Business Abroad，Yale University Press，New Haven. 1969：303 - 320.

③ John - H Dunning，Lundan Sarianna - M. Multinational Enterprises and the Global Economy，Second Edition［J］. Books，2008.

④ Hymer，H S. The international operation of national firms：a study of direct foreign investment［M］. Cambridge，MA：MIT Press，1960：29 - 125.

⑤ Caves，R. E. International Corporations：The Industrial Economics of Foreign Investments. Economics，1971，38：1 - 27.

⑥ F T，Knickerbocker. Oligopolistic Reaction and the Multinational Enterprise［M］. Cambridge：Harvard University Press，1973：98 - 147.

⑦ Vernon Raymond. International Investment and International Trade in the Product Cycle*［J］. The Quarterly Journal of Economics，1966（2）：2.

（增长、成熟和衰退）行进，企业就会选择直接投资产品于某个地方作为出口的替代品，当对外直接投资减少时，企业会减少在劳动力和创新技术方面的需求。Hill（2007）认为，在增长阶段，公司投资于市场正在增长且可以吸收当地产品的其他发达国家；而在成熟和衰退阶段，由于市场饱和且产品创新性较差，生产转移到发展中国家，从而降低生产成本①。

（3）内部化理论。内部化理论为企业对外直接投资提供动因。内部化是指企业内部建立市场的过程，以企业的内部市场代替外部市场，从而解决由于外部市场不完善而导致的中间产品（如原材料、半成品、技术和知识等）低效率交易的局面。内部化理论最早由 Buckley 和 Casson（1976）提出，他们认为企业对外直接投资的动因是交易成本（如来自市场上的信息资源和谈判成本）高于内部化成本；同时，他们认为在知识市场上，内部化的趋势非常明显。知识是公司内部的一种公共产品，它可以在几个公司部门中使用而不需支付额外费用，并且很容易从一个国家转移到另一个国家②。

（4）制度理论。跨国公司的对外直接投资受到东道国的制度影响，良好的制度环境能促进对外直接投资。部分外国学者认为应该从制度的角度解释政治变量对外国直接投资的影响。制度理论表明，企业在一个复杂的、不确定的、有时有对抗性的环境中运作时，公司的决策将取决于对其产生影响的制度力量，尤其是法规和激励机制③。公司采用的策略及其在国际市场上的表现在很大程度上取决于制度，即“游戏规则”④。外国投资可以被视为一种“游戏”，其参与者是跨国公司、东道国政府；也可以看作是政府之间为吸引外国直接投资的一场竞争⑤。

---

① Ronald - Paul Hill, Ainscough Thomas, Shank Todd, et al. Corporate Social Responsibility and Socially Responsible Investing: A Global Perspective [J]. Journal of Business Ethics, 2007, 70 (2): 165 - 174.

② P - J Buckley, Casson M - C. The Future of the Multinational Enterprise [M]. London: Homes and Meier Press, 1976: 326 - 398.

③ Christian Leuz, Lins Karl - V, Warnock Francis - E. Do Foreigners Invest Less in Poorly Governed Firms? (Reprinted from The Review of Financial Studies, vol 22, pg 3245 - 3285, 2009) [J]. Review of Financial Studies, 2010, 23 (3): 3245 - 3285.

④ Jian Peng, Lawrence Allan, Koo Tony. Customer knowledge management in international project: a case study [J]. Journal of Technology Management in China, 2009, 4 (2): 145 - 157.

⑤ Isabel Faeth. Determinants Of Foreign Direct Investment - A Tale Of Nine Theoretical Models [J]. Journal of Economic Surveys, 2009, 23.

（5）投资与贸易关系的理论。西方学者将对外直接投资与对外贸易的关系归结为两类：替代与补充。在贸易壁垒的背景下替代论为西方资本输出寻找到出路，补充论则是在完善替代论假设的基础上提出的更合理的理论模型。

①替代论。替代论认为，对外直接投资是出现贸易壁垒时对贸易的一种替代。西方经济学者 R. A. Mundell 于 1957 年提出了投资与贸易替代论，该理论最初是为了解决贸易壁垒问题，因为对外贸易容易受到国家贸易保护主义的影响，对外直接投资是绕开贸易壁垒实现资本输出的一种有效形式[①]。Mundell 通过构建两产品两要素的基本国际贸易模型，分析了对外贸易与对外直接投资的两种极端情况。该理论可以概括为以下三点：1）如果两个国家的生产函数完全相同，那么对外贸易与对外直接投资可以相互替代。因此，投资与贸易替代理论仅适用于经济发展水平相当的两个国家，难以对其他组合的国际直接投资行为做出科学解释。2）对外直接投资是否存在，取决于对外贸易是否处于自由的竞争市场，若对外贸易完全自由，那么对外直接投资的基础——获取利润不存在，也就不会发生对外直接投资。3）在对外直接投资和对外贸易可以相互替代的关系下，具有相对比较优势的商品将会从投资国流向东道国，具有相对比较劣势的商品将会从东道国流向投资国，即具有逆贸易的性质和减少国家贸易的趋向。

②补充论。与上述替代理论相反，20 世纪 70 年代中期，D. D. Purvis（1972）与 K. Kojima（1981）等人提出了贸易补充论。此理论的提出经过了两个阶段：首先，在 D. D. Purbis 放松 Mundell 模型假设条件（即生产函数差异化）的情况下，对外直接投资与对外贸易是以定额比例来完成的，并非相互替代关系。然后，K. Kojima 引入了宏观经济因素，用劳动和经营资源来代替赫克歇尔—俄林模型中的两种要素（资本、劳动），进一步将技术等知识性资产纳入到资本中，同时假设能够实现其总体转移。在此基础上，他提出“劳动与经营资源产异性的存在导致了比较成本的差异，进而导致利润率差异性”的传导机制，从而证明了利用相对成本和利润率来衡量对外贸易和对外投资的合理性。

（6）国际生产折衷理论。Dunning（1977）提出国际生产折衷理论，他

① Mundell. International Trade with Factor Mobility [J]. American Economic Review, 1957, 47: 321 - 335.

将传统的资源转让、商品贸易以及国际直接投资理论合并为国际经济活动，形成了一整套分析对外经济关系的综合理论，并提出了著名的 OLI（Ownership Advantage、Location Advantage、Internalization Advantage）分析范式，所有权优势、区位优势、内部化优势的不同组合决定了跨国企业选择从事不同的国际活动：企业若仅拥有所有权优势，则选择技术授权；企业若具有所有权优势和内部化优势，则选择出口；企业若同时具备三种优势，会选择国际直接投资①。Dunning 进一步解释了三个优势对企业对外直接投资的重要性。首先，公司拥有开拓性技术、专有生产流程、专利和管理技能等所有权优势是非常重要的，因为这些因素在未来可以给企业带来利润。其次，当企业进行对外直接投资选择投资区位时，以下因素对企业就非常重要：税收协定、生产和运输成本、市场规模和风险防范等②。最后，内部化操作可以减少国际市场的不完善（如国际资源分配不平衡），从而减少与复制技术风险相关的交易成本（Dunning 和 Lundan，2008）。

1.2.2.2 影响对外直接投资的因素

影响一国对外直接投资的因素有许多，本书根据研究需要分为税收因素和非税因素。税收是一个国家对投资者产生区位吸引力的重要因素③，如相对税负的高低、是否签有税收协定和税收政策等都对投资区位选择有重要影响；同时还总结了其他非税收因素对对外直接投资的影响，如母国的人力资本投入、东道国的劳动力成本、东道国的基础设施建设、东道国的制度因素和地理集群程度等。

（1）税收负担。税收对对外直接投资的区位选择有重要影响。Devereuxd 和 Freeman（1995）研究了税收与对外直接投资区位选择之间的关系，发现税收对总投资投在国内与国外的比例的影响并不大，但是税收对对外直接投资在不同国家之间的分配起着决定性作用。也有学者用税率和税后收益率来

---

① John－H Dunning. Trade, Location of Economic Activity and the MNE: A Search for an Eclectic Approach [J]. International Allocation of Economic Activity, 1977.

② John－H Dunning, Lundan Sarianna－M. Multinational Enterprises and the Global Economy, Second Edition [J]. Books, 2008.

③ Ruud－A De Mooij, Ederveen Sjef. Taxation and Foreign Direct Investment: A Synthesis of Empirical Research [J]. International Tax & Public Finance, 2003, 10 (6): 673－693.

衡量税负高低，研究了它们对对外直接投资带来的影响[①]。

对外直接投资与东道国的税率负相关。Jorgenson（1963）通过研究企业的投资行为提出了新古典投资理论模型，认为资本投资的总量会随着一国名义税率的提高而呈下降趋势，因为东道国政府提高名义税率会使得投资者的投资成本增加，从而降低投资者的投资[②]。De Mooij 和 Ederveen（2003）[③] 认为对外投资规模的变化量和企业母公司所在国税率的变化量呈反向关系。据经济合作与发展组织（OECD）2008 年对跨境资本流动的研究，针对资本的税率每上升 1 个百分点，资本流量会减少 0—5%（OECD，2008）。Salvador Barrios 和 Harry Huizinga（2012）的研究也得到了类似结论，即实行税收抵免优惠政策国家的对外直接投资量与税率大致呈负相关的关系，税率每增加 1 个百分点会使对外投资量减少 1.002%[④]。Bond 和 Samuelson（1986）、Hubert 和 Pain（2002）得出的结论是，财政激励、较低的关税和企业税率对吸引外国直接投资有积极影响[⑤⑥]。Yue Wang 和 Gong Liang Tang（2019）以平均有效税率作为衡量国际税收体系竞争力的指标，以检验其对中国对外直接投资区位选择的影响，结论表明东道国较低的平均有效税率有利于对外直接投资的流入。

对外直接投资与税后收益率正相关。Hartman（1984）利用美国 1965—1979 年的相关数据，发现母国对外投资的税后收益率是母国对外投资决策的一个重要影响因素[⑦]。Boskin 和 Gale（1987）用收益率序列数据，对有效税率的估算进行改进，对 Hartman1984 年的回归方程做了新的估计，将样本扩

---

① Michael Devereux，Freeman Harold. The impact of tax on foreign direct investment：Empirical evidence and the implications for tax integration schemes [J]. International Tax & Public Finance，1995，2 (1)：85 -106.

② Dw Jorgenson，Jorgenson D. Capital theory and investment behaviour [J]. 1963.

③ Ruud - A De Mooij，Ederveen Sjef. Taxation and Foreign Direct Investment：A Synthesis of Empirical Research [J]. International Tax & Public Finance，2003，10 (6)：673 -693.

④ Salvador Barrios，Huizinga Harry，Laeven Luc，et al. International taxation and multinational firm location decisions [J]. Journal of Public Economics，2012，96 (11 -12)：946 -958.

⑤ Florence Hubert，Pain Nigel. Fiscal Incentives，European Integration and the Location of Foreign Direct Investment [J]. Manchester School，2002，70.

⑥ Bond，Eric W & Samuelson，Larry. Tax Holidays as Signals [J]. American Economic Review，American Economic Association，vol. 1986，76 (4)，820 -826.

⑦ David - G Hartman. TAX POLICY AND FOREIGN DIRECT INVESTMENT IN THE UNITED STATES [J]. National Tax Journal，1984，37 (4)：475 -487.

展到 1984 年，并且以各种替代性的解释变量和函数形式进行分析，结果显示税后收益率每增加 1 个百分点（相当于总的有效税率降低 10 个百分点）会导致对外直接投资（用对外直接投资与国民生产总值之比来表示）增长 0.4 个百分点①。

（2）税收协定。根据现有文献的研究结果，总体上来说，签订税收协定可促进对外直接投资，但小部分学者提出了相反的观点，认为签订税收协定会导致对外直接投资减少。双边税收协定是两国税收责任定义的共同协议，协定中关于税收权的转让或预扣税率的确定，是避免企业双重征税的最重要方式。Dagan（2000）认为税收协定主要是为了重新分配税收（从穷国到富国），或降低行政成本（通过税收协定减少政府管理成本，合理归属利润）。Dagan 的结论是，在一定程度上单边税收协定比双边税收协定更好，因为单边税收协定更低价、更灵活②。税收协定会在一定程度上促进对外直接投资，税收协定事先向国际投资者保证如何对他们的海外利润征税，而这可能会吸引外国直接投资③。Céline Azémar 和 Dhammika Dharmapala（2019）通过对 2002—2012 年 113 个发展中国家和转型经济体中的 23 个经合组织国家的双边 FDI 存量进行实证研究，发现税收协定中的税收饶让条款与对外直接投资之间呈 97% 的正相关④。Alejandro Esteller – Moré（2019）认为东道国的税收对外国直接投资的流入影响很大，但仅对非经合组织国家有效。他将非经合组织国家的外资企业所得税率提高 10 个百分点，这会使东道国对外直接投资流入减少 1.9—3.4 个百分点，但对经合组织国家无效，他认为税收协定的作用可以解释这种异质性⑤。反过来，对外直接投资也会对税收协定产生重要影响。Weiss（2013）研究发现对外直接投资的快速增长促使双边税收协定数量大幅度增加。随着投资流量的增加，投资纠纷会更频繁地发生，东道国的不

---

① David – G Hartman. TAX POLICY AND FOREIGN DIRECT INVESTMENT IN THE UNITED STATES [J]. National Tax Journal, 1984, 37 (4): 475 – 487.

② Nir Dagan, Volij Oscar. Formation of Nations in a Welfare – State Minded World [J]. 2000, 2 (2): 157 – 181.

③ Davies, Ronald B. Tax Treaties and Foreign Direct Investment: Potential versus Performance [J]. International Tax & Public Finance, 2004, 11 (6): 775 – 802.

④ Celine Azemar, Dharmapala Dhammika. Tax sparing agreements, territorial tax reforms, and foreign direct investment [J]. Journal of public economics, 2019, 169 (JAN.): 89 – 108.

⑤ Alejandro Esteller – Moré, Leonzio Rizzo, Riccardo Secomandi. The heterogenous impact of taxation on FDI: A note on Djankov et al. (2010). 2020: 186 – 225.

稳定环境也会对企业的对外直接投资造成不利影响，签订双边税收协定可以从根本上解决这些不利因素，税收协定为企业的海外投资提供了法律保障，从而促进了对外直接投资①。Tajika 和 Hotei（2009）研究了双边税收协定对日本企业对外直接投资规模的影响，结论是，短期内签订双边条约对日本企业的对外投资产生了负面影响，而长期来看日本企业的对外直接投资规模会增加，并且日本企业会更倾向于对签订了双边税收协定的国家进行投资②。

部分研究得出税收协定会抑制对外直接投资的截然不同的结论。Peter Egger（2006）③ 运用 DID 模型进行分析的结果是，双边税收协定对对外直接投资存量产生了重大的负面影响。他认为，双边税收协定的主要目标是消除对跨境活动的双重征税以及防止避税和逃税。从消除双重征税来看，税收协定可以促进国际生产和投资活动，而避税限制可能对国际投资产生负面影响。税收协定在消除双重征税时主要是减少母国税收，母国能用于基础设施建设的资金会因此减少，进而使跨国公司在母国的建设成本增加，最终会降低其国际竞争力，跨国公司不得不减少对外直接投资。

（3）税收政策。税收政策也会在一定程度上影响企业的对外直接投资，它主要是通过减少或取消双重征税、实行优惠等方式降低企业的投资成本来促进对外直接投资的。Jun（1994）研究发现，东道国和母国的税收政策在一定程度上会影响一国企业的对外直接投资，税收政策有助于解决重复征税的问题。母国政府通过适当的优惠政策减免投资企业的海外应税所得额，但优惠政策的减免力度与企业投资地点、投资规模以及投资方式有关。如果企业在东道国的投资规模和方式一定，母国税收制度会从根本上决定企业海外投资的实际效益。Role（1993）运用调查分析法研究了美国企业对外投资对税收政策的敏感程度，得出的结论是，税收优惠政策对成立时间不同的企业有不同的影响：成立时间短的企业，更倾向于投资到有使其营业成本降低的税收优惠政策的国家或地区；成立时间长的企业，更偏向于投资到有使税后利润增加的税收优惠政策的国家或地区。James Ike Ugwu（2018）使用 1999—

① Amy Farah Weiss. From Traditional to Client - Based Nonprofit Management Course Design: Reflections on a Recent Course Conversion. 2013, 19 (4): 729 - 747.

② Eiji Tajika, Masaki Hotei Hiroyuki Yashio & Yuichi Hasegawa Takashi Ohshio & Shinp. January 2009, 181: 305 - 369.

③ Peter Egger, Winner Hannes. How Corruption Influences Foreign Direct Investment: A Panel Data Study [J]. Economic Development and Cultural Change, 2006, 54 (2): 459 - 486.

2015 年流入尼日利亚、加纳和南非的外国直接投资面板数据进行实证研究，结果表明税收优惠与外国直接投资之间存在正相关关系，这意味着企业所得税税率降低得越多、其他税收优惠措施增加得越多，流入这些国家的外国直接投资就越多[①]。然而 Hsu、Lee 和 Leon - Gonzalez 等人（2019）通过使用 1998—2008 年中国省级对外直接投资的面板数据进行实证研究，发现市场规模和地理位置对外国直接投资流入中国有重大影响，但税收优惠政策不是影响外国直接投资流入中国的决定因素，这也是为什么中国在 2008 年通过税收改革终止了对外国直接投资（FDI）的税收优惠政策[②]。Michael J. Boskin 和 William G. Gale（1987）认为国内税收政策对于国际投资选址的影响主要从两个方向分析，即母国公司税收政策对在母国投资的影响和母国税收政策对外国收入来源的影响。一是税收政策会改变国内外的相对回报率，企业家投资会逐渐向收益率高的地方转移，对于一个企业来说这主要取决于国内外投资间的替代性；二是国内外投资作为生产相同商品或者共同服务一种市场时其存在一定的替代关系，投资选址之间也会存在一些替代性[③]。此外，正如 Hartman（1981）所讨论的，如果企业存在财务限制，外国和国内业务之间将会有明显的替代关系。这为国内税收政策通过其对相对收益率的影响来影响对国内的直接投资和对外直接投资提供了很好的理论依据。

（4）其他非税收因素。现有文献对影响对外投资的非税因素进行了广泛研究，这些因素包括但不限于以下因素：母国的人力资本投入、东道国的劳动力成本、东道国的基础设施建设、东道国的制度因素和地理集群程度等。①母国的人力资本投入。Brooks（2010）等认为人力资本的投入与对外直接投资呈正相关的关系，在成熟的劳动密集型行业中，增加劳动力教育投入会促进生产力提高和技术创新，进而促进对外直接投资[④]。Cleeve（2008）认为一个国家的经济金融环境稳定可以为该国带来更多的对外直接投资，高或波

① James Ike Ugwu. Tax incentives and foreign direct investment (FDI): Implication for export promotion innigeria, Ghana and South Africa, Post IFRS Adoption. 2018, 6 (9): 31 - 52.

② Hsu, Lee, Leon - Gonzalez, et al. Tax incentives and foreign direct investment in China. 2019, 26 (9): 777 - 780.

③ Michael J. Boskin, William G. Gale. New Results on the effects of tax policy on the international location of investment. University of Chicago Press. 1987: 201 - 222.

④ BROOKS B. HULL, Brandy B. Hull, JODY LIPFORD. FREE RIDING, MARKET STRUCTURE, AND CHURCH MEMBER DONATIONS IN SOUTH CAROLINA. 2010, 52 (2): 172 - 187.

动的通货膨胀率是经济不稳定的迹象，可能成为外国直接投资的障碍。②东道国的劳动力成本[①]。Dunning 和 Lundan（2008）发现，更低的工人工资水平可通过降低生产成本来吸引外商直接投资。然而 Botrić 和 Škuflić（2006）提出相反的结论，即工人工资水平越高越能吸引外商直接投资，这可能是对外直接投资的部门分布所致，如投资者更愿意把资本投入到工资水平更高的东南亚服务业行业，而不是工资水平低的其他地区，因为服务业在该东南亚地区的吸引力远大于其他地区。③东道国基础设施建设[②]。Vijayakumar（2010）认为对外直接投资受到东道国的基础设施建设的影响，东道国如果拥有高质量的基础设施，就能吸引更多的对外直接投资。有一部分学者通过数据进行实证分析得到两者之间存在正相关的关系[③④⑤]。也有人提出基础设施的建设与对外直接投资没有必然的关系[⑥]。Botrić 和 Škuflić（2006）得出结论，基础设施建设与对外直接投资是负相关的。④东道国的制度因素。20 世纪 90 年代以来，制度因素开始作解释国家间发展差异的主要因素受到外国学者的持续关注，Globerman&Shapiro（2002）的研究表明，吸引外国直接投资的国家往往是那些拥有良好制度的国家[⑦]；Bénassy – Quéré 等（2007）认为，腐败程度高、政治不稳定，制度质量薄弱的国家会对外国直接投资产生负面影响[⑧]。John P. Tuman 和 Hafthor Erlingsson（2020）通过中国在墨西哥 31 个州市的对外直接投资数据进行 OLS 回归，发现市场规模、教育以及州政府内

① Emmanuel Cleeve. How Effective Are Fiscal Incentives to Attract FDI to Sub – Saharan Africa? [J]. The Journal of Developing Areas, 2008, 42 (1): 135 – 153.

② Valerija Botric, Suncana Slijepcevic. Economic growth in South – eastern Europe: the role of the banking sector [J]. Post – Communist Economies, 2008, 20 (2): 96 – 156.

③ Vijayakumar, A. Effect of Financial Performance on Share Prices in the Indian Corporate Sector: An Empirical Study [J]. Management & Labour Studies, 2010, 35 (3): 369 – 381.

④ Romita, Biswas. Determinants of Foreign Direct Investment [J]. Review of Development Economics, 2002.

⑤ Mhlanga, N., Blalock, et al. Understanding foreign direct investment in the southern African development community: an analysis based on project – level data [J]. AGRICULTURAL ECONOMICS – AMSTERDAM –, 2010.

⑥ Emmanuel Cleeve. How Effective Are Fiscal Incentives to Attract FDI to Sub – Saharan Africa? [J]. The Journal of Developing Areas, 2008, 42 (1): 135 – 153.

⑦ Steven Globerman, Shapiro Daniel. Global Foreign Direct Investment Flows: The Role of Governance Infrastructure [J]. World Development, 2002, 30 (11): 1899 – 1919.

⑧ Bénassy – Quéré, et al., Institutional determinants of foreign direct investment, The World Economy, 2007, 30 (5): 63 – 92.

党派控制对中国对外直接投资区位选择和投资规模都产生了影响[①]。然而 Ahsan Kibria 和 Reza Oladi 等人（2020）通过对 34 个 SSA 国家组成的 1972—2013 年面板数据进行分析，发现外国直接投资流入的增加降低了熟练劳动密集型、燃料资源丰富的撒哈拉以南非洲国家遭受暴力侵害的风险。但是，对于那些非熟练劳动密集型、非燃料、矿石和其他矿产资源丰富的国家来说，暴力的可能性会增加外国直接投资的流入[②]。⑤地理集群程度。Gary A. S. Cook（2012）[③] 通过对 3011 个企业 2003—2005 年的对外直接投资量进行实证分析，结论支持了 Porter（1990）的观点，即地理集群程度越高的企业在对外直接投资上能够获得更大的优势；地理集群程度越高，比如信息技术企业和相关厂商、相关机构等在美国硅谷越聚集，相关企业获得的资源基础就越多，就越有可能参与对外直接投资的经济行为，以此来增强企业的国际化能力。

另外，Amadú Ly 等（2018）运用引力模型对 224 个国家和或地区的 2000—2012 年的面板数据，分析了对外直接投资与语言、技术差异、地理距离以及信息流动之间的关系，得出以下几个结论：对外直接投资与语言相似程度呈正相关，与技术差异程度呈负相关，与地理距离呈负相关，但是信息的流动减少了地理距离对对外直接投资的负面影响[④]。Yibo Bi 和 Zhiyi Ren（2020）采用了三种距离概念，即地理距离、文化距离和经济距离，建立引力模型并运用 2000—2012 年的省外商直接投资数据进行估算来建立三种距离与对外直接投资之间的关系，结论表明地理距离和文化距离对外国直接投资流量具有显著的负面影响，而经济距离则具有显著的正面影响[⑤]。

---

① John - P Tuman, Erlingsson Hafthor. The Determinants of Chinese Foreign Direct Investment Flows in Mexican States, 2004—2014 [J]. Latin American Policy, 2020, 11 (1).

② Ahsan Kibria, Oladi Reza, Akhundjanov Sherzod - B. FDI and Civil Violence in Sub㏒aharan Africa [J]. World Economy, 2019 (1).

③ Gary - A - S Cook, Pandit Naresh - R, L F Hans, et al. Geographic clustering and outward foreign direct investment [J]. International Business Review, 2012, 21 (6): 1112 - 1121.

④ Amadu Ly, Esperanca Jose, Davcik Nebojsa - S. What drives foreign direct investment: The role of language, geographical distance, information flows and technological similarity [J]. Journal of Business Research, 2018, 88 (jul.): 111 - 122.

⑤ Yibo Bi, Ren Zhiyi, Bao Kun. Does distance matter in foreign direct investment sub - national location choice? Evidence from China [J]. Frontiers of Business Research in China, 2020, 14 (1): 12.

1.2.2.3 国外研究现状小结

目前国外学者对对外直接投资的研究已经比较成熟，已形成一套系统完整的对外直接投资理论，包括垄断优势理论、产品周期理论、内部化理论、制度理论、投资与贸易关系的理论、国际生产折衷理论。这些经典的对外直接投资理论为后来的研究者们对对外直接投资的研究提供了理论基础。

影响对外直接投资的因素可分为税收因素和非税收因素两大类。其中，税收因素是影响对外直接投资的关键因素，税收因素的影响主要来自税收负担、税收协定和税收政策三个方面。国外学者对税收负担影响对外直接投资的研究结论基本一致，即税收负担会减少母国对东道国的对外直接投资，税率与对外直接投资之间呈负相关。关于税收协定与对外直接投资之间的关系研究的文献得出了截然不同的结论，签订税收协定可以通过减少或取消双重征税、实行优惠等方式降低企业投资成本，从而促进对外直接投资，也可能会因为税收协定中的避税限制对国际投资产生负面影响。税收政策中的税收优惠政策能够很好地吸引对外直接投资，其中税收饶让制度能够更好地解决双重征税问题，促进对外直接投资。

关于对外直接投资的非税收影响因素的研究非常广泛，包括母国的人力资本投入、东道国的劳动力成本、东道国的基础设施建设、东道国的制度因素和地理集群程度等。已有文献普遍认为，母国人力资本的投入、东道国基础建设、东道国制度、地理集群程度与对外直接投资呈正相关的关系；东道国劳动力成本与对外直接投资呈负相关的关系；东道国基础建设与对外直接投资的关系不确定，有正相关、无必然联系以及负相关三种结论。

1.3 基本框架和研究方法

1.3.1 基本框架

本书的基本框架包括理论、实证和对策三个部分。具体概括为：

(1) 资本输出、资本课税与税制优化的理论分析。根据资本输出和资本输出课税的理论基础，分析资本输出条件下的税制优化，具体包括开放经济下的税收的原则、跨境资本流动的最优所得课税理论、数字经济下跨境所得征税的挑战、国家间税收的竞争与协调。

（2）我国的资本输出和税收政策与制度现状分析。具体包括我国的资本输出现状、与资本输出有关的税收政策与制度现状、现行税收政策与制度存在的问题。

（3）我国国际税收政策与制度资本输出效应的实证分析。利用 2003—2017 年数据，采用多期双重差分法，来分析税收协定签订、常设机构、预提税和税收抵免政策对中国对外直接投资（OFDI）的影响，对未来 BTT 的修订、重签、新签和相关政策制定提供经验证据。

（4）资本输出税收政策改革与制度安排的国际经验借鉴。对美国和日本对外投资的四个阶段、主要特点进行梳理，对其与对外直接投资有关的税收政策与制度安排进行分析，对数字经济下各国和国际组织应对挑战的实践进行了总结，在此基础上提出我国对外直接投资的税收政策与制度设计的经验借鉴。

（5）我国资本输出税收政策与制度改革的建议。主要从未来国际税收政策改革和制度优化的思路和具体建议两个层面进行分析。在税收政策改革和制度优化的思路方面，分析改革面临的机遇和可能遇到的挑战，提出改革要达成的目标以及需要哪些政策的协调。从建立资本输出战略政策支持体系，目标明确、多层次的税收优惠体系，全方位税务管理服务系统和应用区块链技术等方面提出税收政策改革的具体建议；从完善税收抵免和亏损结转弥补制度、修订完善税收协定、降低企业所得税税率、修订国内税法的相关规定、加强国家间税收协调与合作、完善金融贸易等其他政策等方面提出了税制优化的具体建议。

1.3.2 研究方法

（1）文献研究法。研究资本输出课税理论、最优所得税理论、有害税收竞争理论、数字经济、国家间税收竞争与协调理论等，奠定本书的理论基础，并重点解读了跨境资本流动的所得课税模式选择和国际税收竞争博弈下的税收管辖权。查阅了现行中国国际税收政策与制度的相关文献、政策文本等，对这些资料进行梳理分析，寻找研究的突破点和重难点。

(2) 双重差分法。影响对外直接投资的因素有许多，理论分析框架下的解释变量选择不免产生变量的遗漏和变量的选择性偏差问题，采用双重差分法能够有效剔除 BTT 签订国和非 BTT 签订国在不同年份的时间趋势以及 OFDI 在初始水平上的差异；采用双重差分法分析 BTT 的签订和主要内容对中国 OFDI 所带来的影响，为未来我国税收协定的签订、修订建议提供经验证据支持。

(3) 比较分析法。对比美国、日本对外投资的四个阶段、主要特点和相关的税收政策与制度，对比国际组织、主要国家应对数字经济的税收实践，梳理、归纳出我国对外投资现阶段的相关税收政策改革与制度安排的可借鉴之处。

1.4 主要观点、创新与不足之处

1.4.1 主要观点

(1) 随着 40 年来经济的持续快速增长，过去我国以吸引外资为主的税收政策与制度已经无法适应资本净输出的要求，中国的国际税收政策与制度急需改革。

(2) 税收是影响资本输出的重要因素，税收政策是政府用来调控对外投资的重要手段，对跨境资本流动保持税收中性意味着资本输出中性和资本输入中性。资本输出中性要求确保对跨国纳税人的国外所得和国内所得征相同的税，推迟课税、税收饶让和抵免限额都不利于资本输出中性原则的实现。资本输入中性要求对一国市场上的资本无论是来自国内投资者还是国外投资者都课征相同的税：对于资本输入国的政策含义是不对外国投资者提供税收优惠，也不进行税收歧视；对于资本输出国的政策含义是实行来源地税收管辖权，对投资者的外国收入提供税收豁免。税收的资本输出中性要求我国减少税收饶让，资本输入中性要求我国对内外资企业实行统一的优惠税制。

(3) 消除国际重复征税未来仍然是一国国际税收政策与制度改革努力的

重要方向，个人所得税与企业所得税一体化是减除重复征税的有效手段。如果一国政府消除所得的重复征税是为了吸引投资，那么在公司层次上消除的效果会比在股东层次上消除更好，因为在公司层次上消除会降低所有在本国投资的公司的资本成本，而在股东层次上消除不会降低外国投资者所有公司的资本成本。

（4）居民税收管辖权不利于吸引跨国公司总部，不利于提高本国公司在国际市场上的竞争力，限额抵免法也提高了税务行政成本和纳税遵从成本。地域管辖权正显示其独特的优势，成为未来构建具有国际竞争力税制的有益方向。

（5）经济全球化发展使得国家间税收竞争不可避免，但有害税收竞争于己于人都没有好处。未来要构建具有国际竞争力的税制，要加强税收征管合作、税收管辖权的协调和税收情报交换的国际合作，特别是与避税港之间的税收协调，来维护我国的税收权益；还要积极参与数字经济国际税收规则的制定，共同迎接新经济带来的挑战。

（6）当前我国税收政策存在着缺少顶层设计、不够系统化、税收管理与服务水平不高等问题；税收制度存在着境外所得确认与计算不合理、境外中资控股居民企业认定标准不明确、境外所得税抵免制度滞后和企业所得税税率相对较高等问题。

（7）用双重差分法对我国2003—2017年的数据进行BTT的OFDI效应实证研究表明：签订双边税收协定，能在一段时间以后促进对外直接投资，能促进对低收入国家的投资，抑制对高收入国家的投资，显著促进对“一带一路”沿线国家的投资，促进对高税负东道国的投资；从税收协定主要条款来看，常设机构认定的时间标准越长，签订税收协定越能促进对税负较高水平国家的直接投资；存在股息预提税的间接抵免的，双边税收协定能促进对外直接投资。

（8）当前我国正处在资本输入输出流量都比较大，且资本输出高于资本输入的阶段。可以借鉴美国的关税优惠制度，减少跨国公司向本国母公司返销商品的实际应纳税额，可促进向劳动力成本低的发展中国家的对外投资；可以借鉴日本的海外投资风险准备金制度，为本国企业对外投资提供资金保障，降低境外投资风险；借鉴印度的做法，引入“显著经济存在”的联结度判定规则；借鉴英国的做法，对来自我国的无形资产和用户创造价值对应的利润征收一定比例所得税；借鉴英国对利润转移征收25%的税；借鉴德国引入特许权使用费壁垒规则，集团有效税率低于25%的特许权使用费不允许做税前扣除。这样可以更好地维护数字经济下我国的国际税收权益。

（9）在税收政策上我国要建立资本输出战略政策支持体系，明确政策导向；建立目标明确、多层次的税收优惠体系，推动本国对外直接投资的良性发展；建立对外投资企业全方位税务管理服务系统，加强税务机关能力，优化纳税服务，提升“走出去”企业的市场活力；应用区块链技术优化跨国税源监控管理。在税制的优化中，要进一步完善税收抵免和亏损结转弥补制度，降低对外投资企业的税收负担；拓展税收协定签订面，修订完善税收协定内容；降低企业所得税税率，统一股息免税制，降低企业税负，促进对外投资；修订国内法的相关规定，维护经济数字化过程中国际税收权益；理性面对国际税收竞争，加强国家间税收协调；加强国际税收合作，加强国际税务人才培养，助力企业“走出去”战略的实现。另外，还要完善金融、产业、贸易政策等其他政策，与税收政策协同起来，助力提升“走出去”企业和国家的国际竞争力。

1.4.2 创新

本书的特色和创新主要体现在学术观点和研究方法上：

（1）研究视角。本书以资本净输出为背景，从所得税优化的角度比较系统地分析了我国国际税收政策与制度的改革。

（2）研究方法。将双重差分法引入双边税收协定的签订和主要内容对我国对外直接投资影响的实证分析，可以解决传统理论分析框架下的解释变量选择可能会产生的变量遗漏和选择性偏差问题。

（3）学术观点。

①税收政策是政府用来调控对外投资的重要手段。税收中性要求国际税收政策和制度不应改变跨国投资者效率的经济行为，或不给跨境投资行为带来额外负担。税收调控原则是对税收中性原则的进一步发展，它将税收中性的含义引申为，税收不但要尽量避免经济活动主体因纳税承受额外负担，还扩展到使各种经济活动所产生的不良影响降到最低。现阶段我国企业在“走出去”战略背景下投资发展较快，但投资时间较短，管理经验较欠缺，应对

风险的能力较弱，还需要政府政策的支持。因此，未来我国要在尽可能保持税收中性的基础上，为企业“走出去”投资提供税收支持。

②除了签订双边税收协定会对一国对外直接投资的规模、地域分布产生影响之外，双边税收协定具体条款规定的差异也会对一国对外直接投资产生影响，如常设机构认定的时间标准长短，消极投资所得的预提税限定税率高低，股息预提税是否可以间接抵免以及是否实行税收饶让等。

1.4.3 不足之处

本书的不足之处在于：

（1）本书只是对跨境资本流动的所得税优化，以中国为研究对象，对中国的国际税收政策与制度改革进行了初步探索。中国国际税收政策与制度内容很多，资本输出不仅仅涉及跨境所得税的问题，实物资本输出也关系到商品税问题，投资和贸易替代关系的存在也要求研究在考虑跨境所得税的同时考虑跨境商品税问题。但受篇幅所限，本书仅仅集中研究了我国跨境所得税税收政策与制度的优化。

（2）本书仅仅是对个别税收政策的 OFDI 效应进行了宏观层面的实证分析。税收政策与制度的内容有许多方面，我国税收政策与制度的改革对资本输出（如 OFDI）的影响可以分为税收管辖权选择、税收抵免政策的确立、企业所得税税率变化、反避税措施（特别纳税调整）、双边税收协定的签订和修改、多边税收协定等多方面来进行实证分析。由于样本数据的限制（仅能获得 2003 年以来的数据）以及时间限制，本书仅以税收协定的签订及主要内容为核心解释变量，结合税率水平，对双边税收协定的宏观 OFDI 效应进行实证分析。随着相关数据基础的加强，未来可以继续对其他政策，如企业所得税税率变化、反避税措施的实施、多边税收协定等政策效应进行进一步研究，还可以从微观层面对税收政策对跨国企业的 OFDI 规模、投资方式、投资区域选择等进行实证分析，从而更好地了解宏观税收政策的微观效应基础。

2

资本输出、资本课税与税制优化的理论分析

2.1 资本输出

2.1.1 资本输出概述

2.1.1.1 资本输出的概念

资本输出是指一国或地区的过剩资本为了获取更多的经济利益（如利润或利息）在国外进行的投资或贷款。

2.1.1.2 资本输出的形式

资本输出的基本形式有借贷资本输出和生产资本输出。借贷资本输出指输出国政府、银行或企业将货币资本贷给输入国的政府、企业或银行，借贷资本输出属于间接投资行为。生产资本输出是指输出国政府或企业去国外直接从事生产经营活动，如开办工厂、兴办银行、开采矿山等，生产资本输出属于直接投资。早期资本主义自由竞争时期资本输出较少，主要是商品输出；进入垄断资本主义阶段，尤其是第二次世界大战后经济全球化发展，资本输出速度加快，生产资本输出（即对外直接投资）逐渐成为各国间资本输出的主要形式[①]，跨国公司逐渐成为资本输出的主要工具。本书主要关注资本输

① 徐滇庆，耿健. 中国的资本输出［J］. 中国投资，2000（11）：35－37.

出中的对外直接投资。

2.1.1.3 资本输出的影响

对资本输出国来说，资本输出使其获得原材料、劳动力、市场和税收好处等，获得更多的利润回报，从而会大大增强其经济实力；同时也会或多或少地带动输出国商品输出，以及增强对世界其他国家的经济影响力。当然过度地资本输出会削弱国内投资，造成本国经济发展缓慢，19 世纪末 20 世纪初英、法两个国家经济的缓慢发展就是明证。

对资本输入国来说，资本输入会给其带来资金支持、先进技术和管理经验，推动其经济进步；但也可能会阻碍或破坏本国民族产业的发展，使其形成畸形的经济结构和脆弱的生态环境，最终影响输入国经济发展和社会进步。

从世界范围来看，资本输出虽然可以加强世界各国之间的联系，推动资本与生产的国际化，促进世界经济的发展；但也可能会加剧国家间的矛盾，强化国家间的经济发展不平衡。

2.1.2 资本输出的影响因素

一国资本的输出规模受国家间政治、经济和技术等许多因素的影响。

2.1.2.1 政治因素

居住国和东道国的政治因素都会对一国对外直接投资产生影响。从居住国来看，尽管对于跨国企业来说，对外投资以获取经济利益最大化是其根本目标，但不排除短期内其对外投资是服务于国家战略安排的，不符合济利益最大化目标；但从长期来看，这种损失会在其他领域得到弥补。英、美历史上的强权政治都曾带来对外直接投资规模的扩张，这在一定程度上说明一国政治战略对资本输出的影响。Robert Gilpin① 认为，对外投资的规模与国家推行的强权政治有密切关系；强权政治和世界和平环境是为第二次世界大战后美国跨国企业的对外直接投资提供了政治条件和安全的环境。长期以来，中

① Gilpin Robert. Power and the Multinational Corporation：The Political Economy of Foreign Direct Investment [M]. New York：basic Books，inc，Publishers，1975：113.

国的国有经济在对外直接投资主体中占有很大比重，在“一带一路”国家扮演着主要投资者的角色；大型国有企业的国家背景，导致其对外投资的规模、方向等受国资委监管，在对外投资时国企更有可能超脱于短期经济利益目标，而把国家的战略目标放在首位。当然，一国的政治社会是否稳定是跨国企业决定是否在该国投资的前提。

从东道国来看，对外国投资产生影响的政治因素主要有政局是否稳定、国力是否强盛、法规是否齐全、政策是否透明、社会是否安定以及居民生活水平如何等。一个政局稳定、法规完善、政策透明和社会安定的国家对外国投资具有更强的吸引力；而一国综合国力、经济发展水平以及居民生活水平对外国投资的影响则可能是不明确的，它们可能与其他因素交叠在一起产生影响，更发达、综合水平更高的国家也许有更先进的技术和更丰富的管理经验。这对于那些科技型企业来说具有更大的吸引力，而对于那些实物资本品过剩、技术水平适中的企业来说，去相对落后国家的投资是更明智的选择。

2.1.2.2 经济因素

（1）宏观经济政策。除了微观主体自身的经济利益外，一国的宏观经济政策也是影响资本输出的重要因素，如政府规制、货币政策、国际税收政策等。

①政府规制。在市场经济条件下，政府主要通过制定法规和政策来实现对市场主体的调控和监管。政府规制就是政府部门根据一定的法律规章制度来对市场投资主体进行监管。市场经济是以市场配置资源为主的经济模式，这并不意味着政府不可以在市场经济中发挥作用；政府在市场经济中的一个重要作用就是监管市场主体的行为，而手段主要是行政立法和行政裁决等。不管一国市场经济有多发达，都存在政府规制，我国也不例外。我国对外投资主体的身份由过去的国有投资公司放开到所有经济类型的企业；对外投资项目由国务院授权批准，到简化行政审批程序，再到改审批制为核准制，进一步放松到一般性对外直接投资完全由企业自主决策；投资国家或地区从只能是中国的港澳地区和苏联、东欧国家，到除涉及敏感国家和地区、敏感行业的项目外的所有地区。

②货币政策。一国货币政策如汇率、外汇管制等对资本输出尤其是短期

内的资本输出会产生重要影响。汇率波动会使一国相对劳动成本发生变化，如果东道国的货币贬值，就会使其相对于投资国有劳动成本的优势，从而吸引投资国的投资。因此，对外直接投资往往由货币坚挺国家投向货币相对贬值国家[①]。Goldberg L. S. 和 Klein M. W. 关于日本对东南亚国家、美国对拉美国家对外直接投资的研究就证实了汇率对对外直接投资的这种影响[②]。除汇率的高低外，汇率波动也会给对外直接投资带来收益的不确定性，从而影响投资主体的选择。由于投资者风险偏好不同，汇率对不同投资者带来的影响是不一样的。Goldberg L. S. 和 Kolstad C. D. [③] 用 1978—1991 年的月度数据，得出汇率波动对美国、加拿大、英国和日本的投资有促进作用的结论。汇率波动为跨国公司把生产转移到低汇率国家创造了机会，给跨国公司提供了改变对外直接投资规模或子公司规模的时机选择[④]。一般来说，发达国家资金充裕，鼓励资本输出，除非出现严重的国际收支逆差等特殊情况，才会采取一些外汇管制的措施，如限定银行的最高对外贷款额度、限制对外投资的国别与行业、对境外投资征利息平衡税等。而发展中国家因为资金还不够充裕，鼓励资本输出的政策较少，一般会通过外汇管制稳定汇率，并制定了许多限制资本出境的措施。我国从过去外资流入为主到如今的资本净输出，对待资本输出的外汇政策在悄悄发生改变。

③国际税收政策。税收政策是激励对外直接投资的另一个重要政策，税收政策主要是通过影响税后投资净收益来影响对外直接投资的。投资国政府一般通过制定一些特殊的优惠政策，如低税或免税政策、延期纳税和亏损弥补等手段来鼓励对外投资，并且通过与东道国签订双边税收协定来确保税收抵免的有效实现，从而消除双重征税问题。当然也有通过在双边税收协定中约定较低的预提税限定税率，来协调跨境投资所得的税收权益在国家间的分配问题。

---

① R. Z. , Aliber. A Theory of Direct Foreign Investment, in C. P. Kindlebergered, the International Corporation: Symposium, Chapter I. Cambridge [M]. MA: MIT, press, 1970.

② Goldberg L S, M W Klein. Foreign Direct Investment, Trade and Real Exchange Rate Linkages in Southeast Asia and Latin America [J]. NBER Working, 1997, Paper, 6344.

③ Goldberg L S, Kolstad C D. Foreign Direct Investment, Exchange Rat Variability and Demand Uncertainty [J]. International Economic Review, 1995, Vol. 36, 4: 855 - 870.

④ Sung Hongmo, Lapan Harvey E. Strategic Foreign Direct Investment and Exchange - rate Uncertainty [J]. International Economic Review, 2000, Vol41, 2: 411 - 423.

假设在东道国投资的企业所得税率为 t_s，利润从东道国汇回母国东道国要征收税率为 w_s 的预提所得税。若母国不对汇回利润征税，也就是说母国采用豁免法，则利润分回时实际有效税率为 $1-(1-t_s)(1-w_s)=t_s+w_s-t_s\cdot w_s$；若母国对汇回利润征 t_p 税率的税，为避免东道国和母国同时对这笔所得征税，母国一般都会采取税收抵免法或扣除法来消除重复征税问题。母国实行抵免法中的全额抵免制，就意味着东道国税率高于母国税率时，母国要对东道国进行税收补贴，实践中一般较少采用。采用限额抵免法（我国就是如此）时，最高抵免限额是依据母国税法计算出来的应纳税额，如果东道国税负低于母国，东道国所交税可以全部在母国得到抵免；如果东道国税负高于母国，则抵免限额是依母国税法计算出的应纳税额，即实际有效税率是 $\max(t_p, t_s+w_s-t_s\cdot w_s)$。如果母国采用扣除法（即国外所交之税当作费用在母国计税时扣除）来消除重复征税，则汇回利润所承担的国际实际税率为 $1-(1-t_s)(1-w_s)(1-t_p)$。

（2）国家间经济联系。国与国在经济方面的联系主要体现在贸易与投资往来上，从历史的角度来看，国家间投资出现在贸易往来之后，贸易的出现源于出口国商品的需求，投资的出现源于对东道国的资源与原材料、劳动力、生产技术和市场等的需求，对贸易壁垒政策的规避。国家间的投资与贸易首先是互补关系，更廉价的原材料、更低的劳动力成本、更大的市场会促进出口规模的扩大；而对外直接投资达到一定水平后，“就地生产，就地销售”的结果势必减少贸易往来，投资与贸易之间逐渐转变为替代关系。

（3）微观经济主体的经济利益目标。从微观角度来看，资本的逐利本性决定了跨国企业对外投资的最终目的是追求经济利益；经济因素在一国对外直接投资过程中起非常重要的作用，它既是跨国企业对外直接投资的起点与动因，也是跨国企业对外直接投资追求的最终目标。随着各国经济的发展和产业升级，具有不同自然资源、人力资本的国家在国际上具有不同的比较优势，从而在经济全球化过程中扮演着不同的国际分工角色。资本输出实际上就是一国资本在国际市场上寻找投资机会的过程，为了寻求更大规模的市场、更好的自然资源、更低的劳动成本和更有效率的组织形式，跨国企业进行对外直接投资，不断地通过规模经济实行横向并购，通过协同效应实现纵向并购，通过多元化经营实现混合兼并，通过杠杆融资实现对潜在价值低估企业的并购，在全球化和信息技术革命浪潮中实现市场内部化并购①。我国经济经历了30多年的高速增长，不断升级的产业结构和不断积累的物质财富产生了资本输出的内在冲动。

2.1.2.3 技术因素

技术在对外直接投资方面的影响内化到企业的经济利益追求中，如发达国家的企业有技术优势，通过对外直接投资将技术在东道国转化为生产力以获取经济利益，而发展中国家企业为了获得更好的技术，到发达国家投资研发生产。因此，技术促进对外直接投资，并且这种影响可以并入经济因素中，在企业对经济利益目标的追求的影响中进行分析。

2.2 资本输出课税的理论基础

2.2.1 资本课税

资本课税并不仅仅是指把资本作为课税对象来课税，更重要的是把个人或企业将资本进行投资后产生的所得作为课税对象来征税②。从世界各国的资本课税实践来看，对公司的资本课税首先是对公司课征公司所得税，然后对股东取得的股息及资本利得征收个人所得税；对非公司组织形式（如合伙制）的资本课税，大多是直接就其生产经营所得直接征收个人所得税。因此，资本课税主要涉及公司和个人两个层次的所得税。而在这两个层次对资本课税会带来重复征税问题。

公司所得税包括对公司资本的课税和对经济租的课税两部分。公司所得税是对公司取得的利润课征的税，公司利润又包括公司投入资本的生产要素

---

① 王羽涵．中国对外直接投资的结构、驱动因素与宏观影响因子研究［D］．北京：北京交通大学，2016.

② 我国税制架构下，涉及对资本的课税有：对资本经营者（企业）取得的利润征收企业所得税，对资本所有者取得的股息红利征收个人所得税，对车、船、不动产征收的财产税，对以实收资本与资本公积之和为计税依据征收的资金账簿印花税等。鉴于我国还没有多少财产税，并且财产税不易流通，更别说跨境流动，而印花税占比非常小，因此，本书选择对资本所得课税。企业所得税和个人所得税是资本课税的主要研究对象。

价格以及由于特定区位优势、垄断等因素而产生的超额利润（即经济租）。前者是对资本的机会成本或要素价格（如股息）的课税，即公司资本税，后者是对经济租的课税。一般来说，股息是不允许从公司的应纳税所得额中扣除的，公司资本税是公司所得税的主体。对公司资本的课税会使资本流向非公司部门，进而影响企业是采用公司制还是非公司制组织形式；对股息课税而债务利息费用可以在税前扣除则会影响企业筹资方式的选择，从而改变企业有效率的经济行为，产生超额经济负担。对经济租征税，是对总收入减去生产要素价格后的“纯利润”或者说对除资本正常利润之外的超额利润征税。这种超额利润是由特殊的生产要素如自然资源的使用、生产中的垄断地位等带来的，对它征税并不会产生经济活动的扭曲效应，税收由企业所有者负担，税负也不会转移。可见，对经济租的课税比对公司资本的课税更有效率。

公司所得税与个人所得税同时征收会带来对公司资本税的重复征税问题。公司所得税最终都是由公司所有者负担的，而对公司征完所得税后还要对股东从公司分配到的股息及转让股权取得的资本得利征收个人所得税，这就意味着对相同的所得进行了重复征税。然而现实中企业所得税和个人所得税仍然普遍同时存在，理论界的研究为此提供了诸多理由：公司作为独立的法人实体，应该与自然人一样承担纳税义务；公司从公共服务和设施中获益，需要为此做出补偿；公司所得税可以防止股东不分配公司利润而逃避纳税义务；公司所得税是对经济租进行特别课税的需要；公司所得税可以作为政府税收政策目标的有效工具；等等。不过，这些理由都不如“开征公司所得税是出于税收征管效率提升的需要”来得充分，公司的数量远比股东个人的数量少，公司所得远比股东所得更集中，征收公司所得税远比征收个人所得税的成本低，这也是世界各国普遍保留企业所得税的最直接的理由。因此，从便利征管的角度来看，公司所得税是对个人所得税的某种替代，是个税征税环节的前置，而不是它之外的额外税收负担。如果一国同时采用个人所得税和企业所得税，可以采取一些措施来减除两税同征对正常资本回报带来的经济性重复征税问题。由于对纯利润的征税经济扭曲少，理想的税制就是消除对资本正常回报的重复征税，同时对纯利润以100%的税率征税①。

---

① 黄焱. 国际税收竞争与最优资本课税研究［M］. 北京：中国税务出版社，2009：124，126－128，130－131，141－143，105，107，109－110，113，111，116.

2.2.2 资本输出课税

东道国对跨境资本的征税如同国内资本征税一样，主要涉及东道国和母国征收公司所得税和个人所得税，以及如何避免重复征税的问题，只是开放经济条件下两个国家间消除重复征税时要考虑的问题更复杂。

资本输出国对跨国投资的征税是在东道国征收所得税的基础上进行的。对于资本输入国政府来说，企业在生产经营过程中享受了政府提供的基础设施、公共安全、产权保护和法律制度等公共产品和服务，因此，政府有理由对企业征收企业所得税。当然，公司法人并非真正意义上的“人”，取得公司收入的人是自然人（公司的股东），应由股东对公司享受到的公共产品与服务进行补偿，此时输入国会征收个人所得税[①]，并且把已征收的企业所得税视为个人所得税的预征税，在计算个人所得税时对企业所得税进行扣除[②]。而资本输出国是对其居民纳税人（包括居民企业和个人）从国外分回的利润再征一道企业所得税或个人所得税。考虑到重复征税问题，需要对国外分回的利润进行一定程度或全部的免除。但是由于东道国已经征了一道企业所得税和个人所得税，要做到对所得的不重复征税和不扭曲投资者决策行为，相当不易[③]。因此，母国在利润汇回来时再征一道企业所得税或个人所得税，最终消除重复征税和超额负担，实现全球范围内的最优资本税，是一件非常困难的事。

2.2.3 税收管辖权

东道国和母国都对跨国投资所得进行征税必定带来重复征税问题，鉴于跨国投资对相关国家双方都有经济利益和税收好处，重复征税直到跨国投资

① 由于开放经济中有部分股东是外国居民，对外国居民（而非本国选民）征税，这在政治上对于资本输入国的政策制定者来说更有吸引力。

② 除正常的公司利润外，东道国还可以选择对经济租征税。在国际税收竞争环境中，即使是资本自由流动，并对税收具有完全弹性，东道国仍然有机会征到特定区位地租。参见黄焱．国际税收竞争与最优资本课税研究［M］．北京：中国税务出版社，2009，130．

③ 如果东道国减除双重征税的目的是吸引投资，则选择公司层次上的减除比股东层次上的减除更有效，因为这样可以降低在本国投资的所有公司的资本成本。

减少到零的做法并不可取，所以需要东道国和母国提出自己对跨国投资所得征税的依据所在，然后据此进行协调以避免国际双重征税。各国在跨国投资所得方面的征税依据就是其税收管辖权。

税收管辖权作为一国政府在征税方面的主权，主要用于确定一国政府有权决定对哪些人征税、征哪些税以及征多少税等方面。受国家政治权力范围限制，一国只能对自己管辖范围内的所得或收益征税，或者只能对自己国家的居民或公民征税，因此各国在确定本国的税收管辖权必定遵循一定的原则：属地原则和属人原则。属地原则是指一国有权对来自其领土内的一切所得征税，而不论取得这些所得的是本国人还是外国人；属人原则是指一国有权对其居民或公民的一切所得征税，而不论这些所得是来自国内还是国外。根据属人原则和属地原则，所得税的税收管辖权分为三种：地域管辖权、居民管辖权和公民管辖权。地域管辖权是指一国要对来源于本国境内的所得行使征税权；居民管辖权是指一国要对本国税法中规定的居民（包括自然人和法人）取得的所得行使征税权；公民管辖权是指一国要对拥有本国国籍的公民所取得的所得行使征税权①。

税收管辖权是一国主权在税收领域的体现，每个国家依据自己的国情去选择税收管辖权类型的结果是，可能在同一笔跨国所得征税问题上出现税收管辖权的交叉、重叠甚至空白。如 A 国行使居民管辖权，B 国行使地域管辖权，A 国居民在 B 国的跨境投资所得既要被 B 国征税，汇回到 A 国时还要被 A 国征税，从而导致重复征税的问题；又如 A 国行使地域管辖权，B 国行使居民管辖权，A 国居民在 B 国的跨境投资所得 B 国不征税，汇回到 A 国时 A 国也不征税，从而导致没有国家对这笔所得征税的问题。从世界各国的税收管辖权的选择来看，发展中国家以及国际避税地多选择单一的地域税收管辖权，以对吸收的外资产生于本国的利润征税或者吸引外商来本地建立机构进行跨国经营而不用在本国缴纳企业所得税；世界上大多数国家既有资本输入又有资本输出，实行地域管辖权和居民管辖权并行的做法，从而对外国居民来源于的本国所得和本国居民来源于国外的所得都征税。美国和利比亚等国家除实行地域管辖权和居民管辖权外，还实行公民管辖权，对其在国外居住的公民也行使征税权。众多国家复杂的税收管辖权交叠既有可能形成对跨国所得的

① 朱青．国际税收［M］．北京：中国人民大学出版社，2016：25－28．

重复征税，也可能导致都不征税，从而带来国际税收协调和国际避税问题。

2.3 资本输出条件下税收政策与制度优化的理论分析

2.3.1 开放经济条件下资本课税的原则

在经济全球化背景下，一国依据何种税收原则来对跨国投资所得征税会直接影响其税制的国际竞争力，是开放经济条件下税制优化必须首先考虑的一个问题。

2.3.1.1 税收中性

税收中性原则最早源自亚当·斯密的《国富论》，他不主张政府干预经济，认为政府税收应遵循平等、确定、便利和经济四原则，税收的唯一职能是征集收入，不要试图去调节经济、改变私人经济的资源配置，从而反映出亚当·斯密的税收中性原思想。在国际税收领域，关于跨国所得应如何课税才能有效地促进资源配置，传统经济理论所主张的税收中性原则，是指国际税收政策和制度不应改变跨国投资者有效率的经济行为，如企业投资国别或地区、组织形式等的选择；理论和实践的发展还将税收中性的含义引申为，税收不但要尽量避免经济活动主体因纳税遭受额外负担，还扩展到税收使各种经济活动所发生的不良影响降到最低，也就是说，一国国际税收政策或制度的设计最好能起调控跨国投资行为的作用。具体来说，国际税收领域的税收中性原则又可分为三种福利分析标准：资本输出中性、资本输入中性和国家中性。其中，资本输出中性和资本输入中性是以全球福利最大化为目标的世界经济效率原则，国家中性是以母国福利最大化为目标的国家经济效率原则。

（1）资本输出中性。资本输出中性是指一国对其居民来自国外投资所得的征税，既不鼓励也不阻止其居民的国外投资行为，如不影响其投资地区或国别的选择，从而使资本在世界范围内得到有效配置①。也就是说，在不考

① 秦艳艳. 关于国际税收中性原则的探讨［J］. 内蒙古科技与经济，2009（3）：28－30.

虑税收影响的情况下，投资者要实现全球收入最大化，就必须调整其各国的投资额度，最终使其在每一个国家投资的税前边际收益率相等；考虑税收后，母国实行资本输出中性原则，这意味着母国居民在其他任何国家的投资所得均与国内投资所得一样适应统一的税率，这样投资者在各国投资的税后边际收益率也是相等的，从而实现全球收益最大。

资本输出国对其居民来自世界其他国家的投资所得征税意味着该国行使的是居民税收管辖权，由于所得来源国（东道国）也会对所得征税，资本输出国对来自各国的投资所得征统一的税率意味着需要采用抵免法消除双重征税。如果东道国所得税率低于或等于本国税率，对外投资企业的国外所得按本国税率计税，然后以扣除东道国已纳所得税的余额纳税，就能如愿实现资本输出的税收中性原则。然而，如果东道国所得税率高于本国税率，对外投资企业在东道国所缴纳的税会高于按本国税率计算出来的应纳税。如果资本输出国只按本国税率计算出的应纳税额抵扣，东道国投资的税负就会高于本国投资税负，税收就无法保持中性。如果资本输出国对东道国所交税额全部抵扣，这意味着本国用自己国家的税收利益贴补东道国的税收，显然不会有国家愿意这么做，现实中一般采用限额抵免法来保护本国税收利益。可见，资本输出中性的实现是有条件的，当东道国所得税率高于本国税率时，限额抵免法无法实现资本输出的税收中性原则。

（2）资本输入中性。资本输入中性是指一国对其国内市场上的资本，无论是来自国内还是国外的投资者，均给予相同的税收待遇，使所有投资者在公平的税收基础上开展竞争，从而使资本输入国的资源得到最优配置。例如，现实中一国往往对外国企业的股息、红利、特许权使用费征预提税，对本国企业的相同项目也征相同的预提税。资本输入中性有利于来自不同国家的资本在同一市场上展开公平竞争。

一国要对来自本国市场上的境内外投资者的所得征相同税率的税意味着该国实行的是地域管辖权，对来自其范围内的各种所得征税，对投资者来自境外的所得不征税，从而避免对跨国所得的双重征税，确保本国市场上的投资享有公平税负。对于资本输出一方来说，因为其境外投资所得已经在东道国缴纳预提税，输出国可以通过税收抵免方式，使对外投资企业最终承担的税负与东道国当地的税负等同。

（3）国家中性。国家中性是指站在资本输出国的立场来看，资本无论投资在国内还是国外，母国收回的资本总额（包括母国投资者的报酬和母国政府的税收）是相等的[①]。国家中性原则主张对本国居民取得的全球所得征税，且只对其缴纳的外国税收进行税前扣除。这就只能减轻，并不能完全消除对跨国收入的重复征税。由于国家中性原则不是资源是否在国际范围分配合理，而仅仅是关注资本输出国自身的世界经济利益最大化，为了提高本国福利，对外国投资所得进行惩罚性征税，必定会限制跨国经济活动，最终可能是损害而不是提高本国福利，因此，现实中很少有国家采用。

资本输出中性要求确保对跨国纳税人的国外所得和国内所得征相同的税，资本输出中性原则要求一国实行居民管辖权，对其居民来自国外的所得已在东道国纳的税进行抵免。当东道国税率较低时可以完全实现东道国所缴税的抵免，从而实现资本输出中性；当东道国税率较高时，限额抵免会使东道国所缴税得不到全额抵免，因此就无法实现税收的资本输出中性。另外，推迟课税和税收饶让也不利于资本输出中性原则的实现。资本输入中性要求对一国市场上的资本，无论是来自国内投资者还是国外投资者，课相同的税。其对于资本输入国的政策含义是不对外国投资者提供税收优惠，也不进行税收歧视；对于资本输出国的政策含义是实行来源地税收管辖权，对投资者的外国收入提供税收豁免。

2.3.1.2 税收调控

税收调控强调税收政策对经济主体的行为产生一定的影响或引导作用，也就是说，税收政策作为国家调控经济的一个重要政策工具，可以运用到影响居民纳税人的对外投资决策上。税收的调控功能最早源自主张国家干预的凯恩斯理论及其后来的凯恩斯学派，由于市场不完全、信息不对称或存在外部性等问题，市场不能有效率地配置资源，政府可以运用税收手段来纠正市场缺陷。具体到国际投资上，企业自然是站在自身利益最大的目标角度来进行跨国投资决策的。然而，企业跨国投资的利益最大目标与一国（无论是资本输出国还是输入国）福利最大化目标并不一致，这就需要一国政府运用政策手段（包括税收政策）对企业跨国投资行为进行调控。

对资本输出国来说，资本输出有利于本国资源在世界范围内实现有效配

---

① 袁光华. 促进我国对外直接投资的税收政策研究［D］. 昆明：云南财经大学，2016.

置，获得更高的利润回报，提升本国经济实力等。然而，资本输出国尤其是发展中国家企业对外投资时间并不长，经验积累较少，在对外投资过程中必然会面临市场不完全、信息不对称或外部性等问题。资本输出国通过运用税收政策鼓励企业走出去，增强对外投资企业国际竞争力，这也是符合税收效率原则的。

对资本输入国来说，外来投资只会根据其自身利益需要进行投资决策，不会将东道国的需求置于决策考虑的范围内，因此，东道国有必要利用税收政策（如税收优惠政策）引导外来资本进入有利于本国经济社会发展的行业、产业和地区，以实现本国社会福利最大化。

2.3.1.3 税收原则的应用

税收中性主张政府征税不扭曲微观主体原本有效率的经济行为，或者不给其造成税收以外的负担，以及尽可能地消除经济行为的负外部性，使经济运行效率最大化。税收调控是政府运用税收手段对微观主体的经济行为进行引导以实现效率最大化目标。可见，税收中性是税收调控的基础，税收调控是在传统税收中性基础上的进一步发展。税收中性原则诞生于自由竞争的市场经济，主张由市场配置资源。西方发达国家市场经济运行时间久，税收中性原则在政策设计中体现得更加明显。如美国没有税收饶让做法，以确保资本输出中性；实行来源地税收管辖权，有助于资本输入中性原则的实现。我国实行的也是市场经济，税收中性原则是基本要求，我国对外资的区域性优惠政策取消，实行内外资统一的产业性优惠政策，符合资本输入中性的要求；对居民企业海外利润无论汇回与否，只要分配就必须在我国纳税，符合资本输出中性的要求；而税收饶让鼓励了对外投资，却形成了对国内投资的歧视，不符合资本输出中性的要求，也不利于维护我国应有的税收权益；限额抵免对税率较低的东道国投资来说可以实现资本输出中性，但阻碍了税率较高的东道国资本输出中性的实现。

税收调控是市场活动出现外部不经济时政府利用税收手段进行的调节控制；税收调控不是对税收中性的否定，而是建立在税收中性的基础上。税收调控意味着，对于市场有效率的经济行为，税收不应对其产生负面影响；对于市场无效率的外部行为，税收应尽量消除这种负外部性。许多发达国家都有制定税收政策调控跨境资本输出输入的经历，我国曾经也制定了一系列区域性税收优惠政策来吸引外资流入，但这些区域性优惠政策的实施也带来了内外资企业的不公平、假外资和税收流失等问题，新《企业所得税法》将区域性税收优惠政策改为产业性税收优惠政策，针对跨境逃避税制定了一系列反避税规则，这些政策对解决调控企业的外部不经济带来的效率损失和不公平问题产生了一定作用。近年来中国企业的海外投资发展较快，但投资时间较短，管理经验较为欠缺，应对风险的能力较弱，去发达国家投资没有比较优势。虽然去第三世界国家和地区投资有相对优势，但仍然无法改变处于产业链后端产品生命周期后期的相对落后阶段。我国企业对外投资是在响应国家“走出去”战略背景下发展起来的，属于发展战略型投资，企业的对外投资活动离不开政府政策的支持①，尤其是税收政策的支持，税收调控非常必要。

税收政策是国家宏观调控的重要手段，税收政策的变化会改变国家与企业、企业与企业之间的利益分配。如果其他条件不变，税负越轻，资本回报率也就越高，从而税收政策可对国际投资起重要的调节与引导作用。然而，市场经济中对资源配置起决定性作用的毕竟是市场，税收对于企业的国际投资决策只能是助力，而不是代替市场起作用。因为投资回报很低甚至为负数，即使把对外投资的相关业务税负降到零，企业也不愿意投资。税收只是相关投资和贸易业务的催化剂，只是影响对外投资决策的一个重要因素，不是基本的决定力量②。

总之，尽管税收中性原则是税收政策设计的基本依据，但由于对外投资活动中市场失灵等问题的存在，以及我国对外投资的国家发展战略型投资的特点，税收应该并合理发挥对跨境投资的调控作用。

2.3.2　资本跨境流动的最优所得课税理论

2.3.2.1　资本输出与资本课税模式的优化

（1）资本所得重复征税的消除方法。理论上公司所得税与个人所得税的一体化是完全消除资本正常回报重复征税的重要方法。所得税的完全一体化

① 袁光华．促进我国对外直接投资的税收政策研究［D］．昆明：云南财经大学，2016.

② 杨志勇．税收合理发力助推“一带一路”倡议落实［J］．国际税收，2017（5）：19－22.

是指把公司视为一个通道或导管，对公司采用与合伙企业相同的税收措施，不论公司所得是否分配，均视为股东收入征收个人所得税。这种所得税的完全一体化虽然可以完全消除对所得的重复征税，但是忽略了对纯利润课税的需要，也会产生一些税收征管方面的困难。因此，尽管所得税的完全一体化在一些国家被讨论过，但并没有大范围实践过，只有美国的国内收入法允许符合特定条件（如没有外国人持股，股东数目在限制范围内等）的小公司采用。

公司所得税与个人所得税的部分一体化是消除资本所得经济性重复征税的次优选择。实践中有在股东层次上和在公司层次上全部或部分减除重复征税两类做法①。在股东层次上减除重复征税的具体方法有四种：一是归属制，即允许个人股东从其股息应缴的个人所得税额中扣除公司对该部分股息已缴纳的全部或部分公司所得税额。二是股息免税制，即允许股东从其总收入中将其获得的股息的全部或一部分扣除，从而免征个人所得税。三是对股息减低个人所得税率，即允许个人取得的股息按较低的比例税率缴税，而不纳入综合所得中统一按累进税率计税。四是综合经营所得税制，即不允许利息和股息在公司所得税环节进行税前扣除，但允许它们在个人所得税环节从个人总收入中排除，不用缴纳个人所得税。在公司层次上减除重复征税的具体方法有两种：一是股息扣除制，即允许将支付给股东的股息全部或部分在公司所得税税前扣除，股东就其取得的股息缴纳个人所得税。二是分税率制，即对公司课征所得税时，对作为股息分配的利润采取低税率课征，对公司的留存收益按高税率课征。上述各种方法在减除对所得经济性重复征税的程度，以及减少或消除对企业经济活动决策干扰方面的作用范围和实际效果不尽相同，具体采用哪种方法需要根据客观情况进行权衡取舍；同时，税制简便易于操作也是应该考虑的因素。

（2）资本输出对所得税一体化的影响。以上主要考虑的是封闭经济下一国如何实现对资本的最优课税。随着全球化发展，各国经济已经有了很大程度的融合，世界范围内的跨国投资流量增长迅速、存量巨大，一国如何实现对输出资本的最优课税应提上日程。

开放经济条件下，资本输出给所得税一体化的方式带来挑战，主要表现

① 黄焱．国际税收竞争与最优资本课税研究［M］．北京：中国税务出版社，2009：126－128．

在两个方面：一是东道国政府对外国股东课税的需要。资本输出会让东道国的外国股东增多，东道国会认为有必要通过对外国股东征收公司所得税来补偿其消费本国公共产品所需要的资金，所以东道国会开征公司所得税。从政治角度来看，对外国居民课税于政策制定者而言也是一种更好的选择。政府对税收输出的政治偏好与一国政府为获得国际竞争力面临的减税竞争压力之间会相互作用，让现实中的税收政策更加复杂。二是资本输出会对东道国的所得税一体化激励产生不同的影响。如小国所有潜在投资者中本国的投资者寥寥无几，本国的个人所得税的影响力相对不重要，本国对于公司股权资本所得的重复征税以及对公司分配利润和留存收益的差别税收待遇可能会产生相对较小的扭曲。但这不适用于无法进入国际资本市场的小公司，本国对于股权资本所得的重复征税仍然会产生较大的扭曲。总体来看，资本输出以及外国居民股东的增加对于单个国家，尤其是小国的个人所得税政策的影响力变弱，政府实施所得税一体化，改进税收政策的激励也相对较弱，不如采取降低本国公司所得税率来吸引外来资本的方式有效。然而，对于潜在投资者主要是本国居民的经济体（即大国）来说则不会如此，因此，为吸引资本流入，东道国是大国的政府更有动力消除重复征税，降低资本成本[①]。

从各类所得税一体化方式来看，如果一国政府消除所得的重复征税是为了吸引投资，那么在公司层次上消除的效果会比在股东层次上消除更好，因为在公司层次上消除会降低所有在本国投资的公司的资本成本，而在股东层次上消除不会降低外国投资者所有公司的资本成本。

2.3.2.2 国际税收竞争博弈下税收管辖权选择

税收管辖权作为国家主权的一部分，是一国根据自己的国情来选择适合自己的税收管辖权类型。随着经济社会的发展，一国具备的内部条件和面临的外部环境都会发生变化，从而适合本国的税收管辖权类型也会随之发生变化。

理论上，来源地税收管辖权会导致资本外流，不应被小国开放经济体选用。根据 Diamond 和 Mirrlees[②] 的研究，在资本自由流动、不存在纯利润的情

① 黄焱. 国际税收竞争与最优资本课税研究［M］. 北京：中国税务出版社，2009：130－131.

② Peter－A－Diamond－And Mirrlees. Optimal Taxation and Public Production I：Production Efficiency［J］. The American Economic Review，1971，61（1）：8－27.

况下，小国开放经济不应该对资本所得实行来源地征税，因为此时资本供给是完全弹性的，征税会导致资本外流，本国福利下降。因此，对大多数的小国开放经济来说，应该选择居民税收管辖权。然而，实践中小国开放经济体并没有放弃对资本所得实行来源地税收管辖权，各国要么同时行使来源地与居民税收管辖权，要么单一行使来源地税收管辖权，尤其是新加坡和我国的香港。

对此，Gordon（1990）的解释是，由于各国间签订了避免双重征税协定，各国之间的税收竞争博弈并不会达到“竞争到底”的纳什均衡，而是斯坦克尔博格均衡。国家间签订避免双重征税协定，且通过采用抵免法消除双重征税，这样资本输入国就会采用与输出国相同的税率来对资本所得征税，在不影响资本流动的前提下获得最大的税收收入；资本输出国将税率提高，资本输入国可以采取跟随策略提高税率，以获得更多税收利益；均衡税率尽管会低于资本输出国最想设定的税率，但仍然会以正的税率存在。另外，Diamond 和 Mirrlees 的结论是建立在不存在纯利润的假设基础之上，但现实中自然资源的利用、规模经济和产业集聚效应等因素都会产生与特定区位相联系的纯利润，而东道国对这种特定区位租的课税不会引起资本的外流①。

来源地税收管辖权的存在还由于居民税收管辖权的以下不足：居民税收管辖权不利于吸引跨国公司总部，不利于提高本国公司在国际市场上的竞争力，与其相关的限额抵免法等增加了税制的复杂性，提高了税务行政成本和纳税遵从成本。

基于以上种种理由，在过去一直行使居民税收管辖权的国家，来源地税收管辖权正在显示其独特的优势，成为未来构建具有国际竞争力税制的有益方向。

2.3.3 数字经济下跨境所得征税的挑战

2.3.3.1 数字经济概念

“数字经济”一词最早追溯到 1962 年马克卢提出“知识产业”，1977 年

① 黄焱. 国际税收竞争与最优资本课税研究［M］. 北京：中国税务出版社，2009：141－143.

波拉特提出“信息产业”，1996 年 OECD 提出“知识型经济”，1996 年《数字经济时代》一书中正式提出“数字经济”概念①。2016 年 G20 杭州峰会发布《G20 数字经济发展与合作倡议》，“数字经济是指以使用数字化的知识和信息作为关键生产要素、以现代信息网络作为重要载体、以信息通信技术的有效使用作为效率提升和经济结构优化的重要推动力的一系列经济活动”。而 BEPS 第 1 项行动计划认为，“数字经济是信息和通信技术（ICT）所带来的转型过程产物。ICT 的革新使得技术更为低廉的同时，也使其变得更具有影响力以及更为标准化，并在经济的各个领域不断优化商业流程和鼓励创新”。因此，数字经济是以数字化的信息和知识编码为基础，以数字化资源为核心生产要素，以现代互联网为主要载体，通过信息通信技术和实体经济等其他领域紧密结合，重构经济发展模式和国家管理模式的新兴经济形态。在现实中，经济数字化的商业模式一般可以分为电商类、搜索类、社交类、互联网金融类和共享类等，其具体形式有电子商务（如 B2B、B2C、C2C）、应用软件商店、在线广告、云计算、在线支付服务、高频交易、参与式网络平台等。

2.3.3.2 数字经济与税收相关的主要特征

与税收有关的数字经济特征主要有流动性、依赖数据性、多变性、多层面商业模式的拓展和垄断或寡头垄断倾向等。流动性是指在数字经济时代，数字经济所高度依赖的无形资产、用户以及业务功能都具有可移动性，因此企业经营活动的开展不再固定于某一特殊的位置，而是可以根据各方面需要进行灵活选择。数据依赖性是指随着计算能力存储容量的提高以及数据存储费用的降低，数字经济对数据的依赖大大提高，企业根据用户、市场运营等的相关数据来改进和创新其产品。多变性是指由于市场准入门槛越来越低、技术发展速度加快以及产品更新换代速度不断加快，企业需要不断改变自身的经营模式以适应市场变化，实现持续发展。网络效应是指用户的交流更加便捷和密切，信息传播速度加快，用户的决定可能会对其他用户获得的利益产生直接影响。多层面商业模式的拓展，是指数字经济中，多组不同的群体

① 广西壮族自治区国际税收研究会．数字经济下跨境征税的思考［A］．数字经济影响全球税收征管体系问题论文集［C］．50．

通过一定中间平台相互作用，每个群体的决定将通过正面或负面的外部效应影响另一组用户的产出。比如，越多的软件开发商为一个运营平台开发软件，则该运营平台对于最终用户而言越有价值；而越多的软件购买者使用该运营平台，则该运营平台对软件开发商而言越有价值。垄断或寡头垄断倾向，是指在某些商业模式中，网络效应加上低边际成本可能会使市场的第一个进入者迅速获取市场垄断地位[①]。

2.3.3.3 数字经济带来的税收问题

近年来信息和通信技术的高速发展，极大地促进了经济的发展。2017年，G20国家中超过37%的国家数字经济规模已超过1万亿美元。中国2018年的数字经济总量达到31.3万亿元，同比增加15.2%；占GDP的比重达34.8%，对GDP增长的贡献率高达67.9%，同比提升12.9%[②]。据IDC预测，到2021年全球数字经济规模将达到45万亿美元，其中中国数字经济规模将达到8.5万亿美元。数字经济正成为新时代全球产业竞争的制高点，是我国经济高质量发展的重要支撑，持续而深刻地改变着经济基本运行方式。经济数字化使传统商业模式和价值创造模式发生了巨大变化，从而给基于传统经济模式的国际税收规则带来极大的挑战。

（1）传统常设机构认定规则不再适应。传统的常设机构一般被定义为“一个企业进行全部或部分经营活动的固定营业场所”，有一个营业场所存在，并且是固定的，从事的是企业的营业活动，是构成常设机构的三个基本条件。然而，在数字经济下，外国企业与东道国经济存在一定的联结度，没有显著的实体存在，或传统的辅助性业务成了核心业务，但在当地有经济行为，不被认定为常设机构，无须在当地纳税[③]。

首先，数字经济下常设机构“无实体化”冲击物理性存在判定标准。相较于传统的商业模式，数字经济最大的改变在于跨国企业可以脱离物理“应税存在”开展跨国业务，使跨国企业可以在所得来源地国家无实体存在的情

---

① 郭心洁，张博，高立群．数字经济时代国际税收面临的挑战与对策［J］．国际税收，2015（3）：6-11.

② 国家税务总局江西省税务局．数字经济背景下关于国际税收征管问题的研究［A］．数字经济影响全球税收征管体系问题论文集［C］.

③ OECD．BEPS ACTION 1—Tax Challenges Arising from Digitalisation［N/OL］．http：//www.oecd.org/tax/beps/beps-actions/，1，83-84，84-86，87-89.

况下获得利润。在现有的国际税收规则中，来源地国家能够对外国企业所得行使征税权的前提是外国企业在来源国有实体存在并构成常设机构。然而，数字经济下数字科技使企业可以灵活地选择在何处开展重要商业活动或者是否将目前的功能搬至新地点，甚至搬离最终市场所属管辖地以及其他相关业务和功能发生地。越来越多公司的人员、信息科技基础设施（比如服务器）和客户分布在多个管辖地，而远离市场所属管辖地，这些都会导致传统的常设机构定义以及相关的利润归属规则不再适应。另外，常设机构概念不单单指在有关国家有显著的实体存在，也指非居民通过非独立代理人在有关国家营业。数字经济下，公司没有固定营业场所或为非独立代理人，也可以积极参与另一个国家的经济活动，这已经不再是传统常设机构所能覆盖的范畴。

其次，数字经济下一些传统经济中的准备性或辅助性业务成了核心业务。数字经济下商业模式改变也引发了传统常设机构的税务问题，一些曾经被认为是准备性或辅助性从而不属于常设机构定义范围的活动，在数字经济下可能日渐成为核心业务。如网上销售实体产品的商业模式的关键要素，正在转变为更接近客户和更快速地把货物发送给客户，在本地设置仓库成了卖家的核心活动。同样，对于高频交易公司为了取得成功而必须使服务器尽可能地靠近交易所，以达到比竞争者交易得更快的目的，服务器承担的自动化交易过程是否还能被认定为准备性或辅助性活动就成为值得商榷的问题。

（2）数据所创造价值的归属地判定问题。数字经济下许多经济活动对数据高度依赖，从而产生了对数据所创造的利润归属地如何判定的税务问题，如当下以联结度为基础的税收规则是否仍然合适，企业通过远程收集数据而产生的利润是否应该在数据来源国征税，以及能否从税务角度对数据做出合理定性及估值等问题。由于数据的价值判断以及估值存在困难，通过远程收集数据而没有实体存在会导致数据所创造价值的归属地判定存在问题，这些都会对转让定价和利润分配原则的应用产生影响①。

数字经济中越来越常见的多层面商业模式也给税务带来了不少挑战。多层面商业模式有一个特征，即企业吸引某个客户群的能力取决于其能否吸引第二个客户或用户群。比如，一家企业开发了具有价值的服务，但以免费或

① OECD. BEPS ACTION 1—Tax Challenges Arising from Digitalisation [N/OL]. http://www.oecd.org/tax/beps/beps-actions/, 1, 83-84, 84-86, 87-89.

低于服务成本的价格向公司和个人提供这种服务，其目的是建立起用户群，并从他们身上收集数据。企业随后向第二个客户群提供这些数据或者让他们接触到第一群客户，从而赚取收入。如果两个客户群分布在不同国家，就会导致无法判断该家企业所创造的价值是归属于本国还是第二个国家，或者在两个国家之间所创造的价值如何分配，从而产生价值的归属地判定问题以及如何将利润合理分配的税务问题。

（3）数字经济带来的收入定性问题。数字经济催生了许多新的商业模式，使得传统税法意义上的各类所得区分不再明显，从而引发了收入定性问题，而明确收入的属性是确定国家间税收权益分配的基础。由于越来越多的产品和服务的数据化，在线交易模式模糊了传统所得税法关于各类所得的区别界限，新数字产品的发展或提供服务的新方式使在新商业模式下如何恰当地确定“支付”的性质产生了不确定性，这一点在云端计算中尤为明显。如消费者网络下载数字化产品，税务机关在征管时难以区分同一笔交易是属于特许权使用费、营业收入还是劳务收入，或者同一笔跨境交易活动中包含了多个收入类型。网络广告商在我国跨境提供的广告设计服务，所取得的收入是属于企业经营收入还是劳务所得。此外，3D 打印技术的发展和使用也带来了收入定性的问题，3D 打印技术使得过去企业直接制造并交付货物，逐渐发展为将 3D 打印产品或设计直接授权许可消费者远程自行打印，传统模式下这笔收入是营业利润，现在可能是特许权使用费或技术服务费。营业利润涉及是否常设机构进而要不要在东道国征税，特许权使用费则需要在东道国缴纳预提税，技术服务费则可能涉及东道国的增值税、预提税或企业所得税问题。

2.3.4 国家间税收竞争与协调

2.3.4.1 有害税收竞争

国际范围内的税收竞争问题由来已久，最近一波税收竞争始于美国总统特朗普上台后的税改，如降低美国企业所得税率，以前囤积在海外的利润汇回只需一次性缴纳 14% 的所得税，改属人税制为属地税制，只对产生于美国的所得征税，目的是吸引海外资本到美国，通过减税增强美国税制的竞争力。

美国此次税改堪称自里根时期以来最大规模的减税，引发了世界范围内又一轮减税浪潮。各国纷纷出台相应的减税措施，改善营商环境，以期吸引外资，以及使跨国企业留存在海外低税国家或地区的利润流回。然而，由于各国政治经济发展情况的差异，为维护本国税收权益，不少国家实施了许多有利于本国但侵蚀了他国税基、扭曲国际资本流向、破坏市场平衡、阻碍互利共赢的税收措施，从而形成了有害税收竞争。

（1）有害税收竞争的概念。有害税收实践是指各国通过降低税率、增加税收优惠等方式，减轻纳税人负担，从而吸引具有高流动性的生产要素和经济活动，以促进本国经济发展的行为①。这种竞争会导致税基侵蚀，影响国际税收竞争中的税收公平和效率。尽管国际社会尚未就有害税收竞争形成各国普遍认可的定义，但总体上，OECD 将有害税收竞争行为分为避税天堂和有害税收优惠制度的观点已成为主流观点。

（2）有害税收竞争的识别。国际税收竞争带来的结果并不全然有害，国际社会的发展离不开竞争，我们需要规制，避免有害税收竞争行为。因此，如何识别有害税收竞争行为极其关键，这就要求国际社会按照事先确定的统一标准进行辨别并予以公布，从而避免对正常税收竞争的误判和限制。

①对避税天堂的识别。避税天堂是指拥有税收自主权的国家或地区对外来投资者的所得（或某些形式的所得）或实体（或某些形式的实体）征低税或不征税，并且在其他管理方面（如市场的准入和退出、外汇管制等）较为宽松，不易受限制②。当前，国际组织对避税天堂的认定标准尚未达成一致意见，其中得到多数国家认可的是 OECD 关于避税天堂的判断标准，即“1+3”标准，“1”是基础性条件，“3”是附加条件，即某一管辖区只要满足基础性条件和三个附加条件之一即可判定为避税天堂。具体内容如下：基础性条件是指一个对流动性经营活动无税或者仅有象征性税收的国家，它为非居民企业逃避提供了一种逃避居民国税收的“记账场所”；三个附加条件分别为不与别的国家有效地交换税收信息，以不透明的方式向纳税人提供税收优惠，非居民无须在避税天堂从事实质性经营活动便能享受税收优惠。

---

① 杨肖．BEPS 行动计划 5、成果 3　考虑透明度和实质性因素　有效打击有害税收实践［J］．国际税收，2014（10）：21－23．

② 布莱恩·阿诺德，迈克尔·麦金太尔．国际税收基础（第二版）［M］．北京：中国税务出版社，2005：271．

避税天堂不仅拥有良好的税收环境，而且在非税方面也具有较大的吸引力。例如政局稳定，资金融通便利，投资环境良好，包括健全的法律体系、优良的基础设施及物流、优越的地理位置（如靠近发达经济体）等。资源匮乏、人口稀少的小国，常利用税收政策来吸引外资，以发展本国或地区的经济。

②对有害税收优惠制度的识别。有害税收优惠制度的识别标准始于1998年OECD发布的《有害税收竞争：一个凸显的全球性问题》报告，当前BEPS行动计划下的优惠税制审议继续沿用了1998年报告的审议标准，但关注重点有所变化。一是在审议对象方面，1998年报告中重点关注“环形篱笆”①，而BEPS项目中则更多关注特定类型所得的优惠；二是在审议标准上，BEPS项目将“实质性标准”由原来的其他因素上升到了重要位置②。

有害税收优惠制度是一国通过降低税率、减小税基，或在缴税、退税方面给予特定政策，实行的一种与本国普遍税收原则相比更优惠的税收制度。有了该税收优惠制度，跨国公司可以仅仅为了享受免税或低税待遇，在税收优惠国做出缺乏实质性活动的投资安排，导致本该留在实质性活动发生国的税基被转移至税收优惠国，从而造成双重不征税或实际税负很低的后果。1998年的报告采用“4项关键因素+8项其他因素”来判定一项优惠制度是否潜在有害。4项关键因素是：不征税或虽征税但实际税率极低，这是判断一项制度是否有害的关键因素；该制度与其所在国的国内经济之间存在“环形篱笆”；该制度缺乏透明度（如制度的细节或实施不透明，缺乏足够的监管或财务披露等）；缺乏有效的情报交换。8项其他因素是：人为随意确定（扩大或缩小）税基、违背国际转让定价原则、对来源于境外所得在居民国免税、税率或税基具有可协商性、存在保密条款、具有广泛的税收协定网络、税制为寻求税收最小化提供了机会、鼓励在并无实质活动的情况下那些仅仅为了税收利益而进行的运营或安排。如果一项优惠制度被判定为“潜在有害”，还应结合该制度产生的经济效果，判定其是否“实际有害”。

（3）有害税收竞争的应对。竞争有助于提升效率，但过度竞争（或有害竞争）会带来不公，从长远来看会导致效率降低。国家间适度的税收竞争有

① “环形篱笆”是指将税收优惠与本国经济隔离起来，不让本国居民享受该优惠政策，同时非居民企业也不能充分融入当地经济，从而在不影响本国税基的同时侵占别国税基。

② 姬倩. 关于有害国际税收竞争规制的研究［J］. 河北企业，2019（1）：133-135.

利于稀缺资源的充分利用，降低企业的税负，促进一国经济的高质量发展；然而国家间过度的税收竞争会扭曲市场资源的流向，侵蚀他国税基，损害他国的税收利益，势必带来他国的报复性措施，终究不可持续。如何有效应对有害税收竞争，维护本国税收权益，是一国税制优化必须考虑的重要方面。

应对有害税收竞争，有两个方面的内容：一是采取措施应对他国的有害税收竞争，维护本国税收权益；二是避免本国的税收制度构成有害税收优惠制度，避免被认定为避税天堂。从各国实践来看，有害税收竞争的应对措施大致有三类：

一是单边的反措施，即通过国内立法，完善国内相关法律法规，有效规避有害税收竞争的产生，包括受控外国公司（CFC）税制、外国投资基金规则、透明的税收裁定和对参股免税政策的限制。其中，受控外国公司（CFC）税制用来规避受控外国公司境外所得推迟缴纳国内税收，外国投资基金规则用来规避外国公司推迟履行其被动投资所得产生的国内纳税义务，透明的税收裁定和对参股免税政策的限制用来保证从有害税收竞争中获利的境外所得不享受免税的待遇。二是税收协定的反措施，通过对双边税收协定内容加以规制，进一步规避有害税收竞争。包括针对有害税收制度增加征管合作和情报交换，以及拒绝属于有害税收体制的实体和所得享受协定的优惠。三是国际合作方面的反措施，包括双边和多边合作的反措施，这需要各国相互合作与协调，采取联动措施，有效规避有害税收竞争，合理分配全球税收利益。

（4）中国的应对。改革开放以来，我国已经实现了从吸引外资投入到当前为我国“走出去”企业护航的转变，我国税收政策也由吸引外商投资企业，转为维护税收和市场公平（如 2008 年统一内外资企业的企业所得税法），以及积极参与国际税收规则的制定。当前，世界上已有许多国家普遍接受和应用 BEPS 行动计划中提出的改进措施，以求消除有害的税收竞争，保护本国税基。我国也应在借鉴 BEPS 规则的基础上，制定出了符合我国基本国情的反有害税收竞争措施。

配合有害税收实践论坛（FHTP，Forum of Harmful Tax Practice）的工作，同时主动审议我国改革开放以来先后对国家级经济技术开发区、国家级高新技术产业开发区和西部地区实施的区域税收优惠政策是否属于有害税收优惠制度。重点关注与税收优惠制度有关的实质性活动。我国提出“利润应在经济活动发生地与价值创造地征税”的总原则正是对实质性活动的界定，借鉴英属维尔京群岛（BVI）、开曼群岛等地制定的经济实质法案中提出的报告制度①和惩罚制度②。加大情报交换的力度，提高税收透明度。我国应加快修订《国际税收情报交换工作规程》，开展提质增效的税收情报交换工作，携手各国共同打击国际逃避税行为。最后，要进一步扩大国际税收合作的范围，积极参与国际税收规则的制定，在世界上发出中国声音，提出中国方案，增强我国的发言权。

2.3.4.2 国家间税收协调

数字经济、有害税收竞争和日益严重的 BEPS 问题等使国家间传统税收竞争成为一个负和博弈，急需世界各国进行税收协调。按照协调的目标和内容的不同，各国关于所得与财产等直接税税收协调大体可分为三类：税收管辖权的协调、税收征管合作和以税收一体化为目标的税制协调。

（1）税收管辖权的协调。从效率角度来看，各国有必要促进其资本、劳动力等生产要素的跨国自由流动。然而，各国基于其国内税法实施本国税制的结果是产生对跨国所得及财产的双重征税，因此，需要各主权国家之间协调、磋商，而针对各国所得和财产划分的税收管辖权就是国家间税收政策协调的重要内容③。具体来说，相关国家可以通过签订双边税收协定、多边税收协定，或者签订单项税收协定（如关于国际运输等经济活动）等形式，对因税收管辖权的重叠带来的重复征税问题进行消除。

①居民管辖权重叠的协调。针对居民税收管辖权的重叠带来的自然人的双重居民纳税人身份问题，国际上已基本形成共识，那就是按照“永久性住所—重要利益中心—习惯性住所—国籍”的顺序（即加比规则），对个人的双重居民身份进行协调，以解决双方国家都认为该自然人是本国税收居民从而对其境内外所得都征税的问题。如果按此顺序仍无法确定其居民身份，再由双方税务主管当局协商解决。针对同种税收管辖权的重叠带来的法人双重居民纳税人身份问题，2017 年以前各国比较认同和采用的标准是控制和管理

---

① 企业就要向政府（税务机关）说明：经济活动内容，实际管理人，实际管理机构的位置，履行的功能、承担的风险等。

② 如果不能符合经济实质要求，就可能面临处罚，甚至被注销；如果做不实报告，还会承担刑事责任。

③ 黄焱. 国际税收竞争与最优资本课税研究［M］. 北京：中国税务出版社，2009：105.

机构标准，之后《OECD 范本》和《UN 范本》均建议由双方当局协商确定法人的居民身份。

②地域管辖权重叠的协调。针对地域管辖权重叠带来的双方国家都认为该笔所得来源于本国的重复征税问题，在判断该所得的来源地时，各国基本形成了如下处理惯例：一是经营所得的来源地判断以常设机构为标准，即一国企业通过其在另一国的常设机构进行营业所取得的利润，应在另一国被征税；若在另一国设有常设机构，但所得不是由常设机构取得，则遵循其选择的引力原则或归属原则来判定是否应该在另一国缴税；如果不构成常设机构，则由居住国征税。二是劳务所得，不管是独立个人劳务所得还是非独立个人劳务所得，都由居住国征税，除非在当地有固定基地、由当地支付或停留183 天以上。三是投资所得的征税权由支付人所在国与受益人所在国共享，具体通过在双边税收协定中约定预提税最高限定税率的方式来实现。四是财产所得，其中，不动产的使用所得和转让所得，由不动产存在国为来源国征税；动产的转让所得，由转让者的居住国为来源国征税；动产的租金收入，一般按特许权使用费的做法来分享征税权，个别双边税收协定按营业利润的做法处理；股票转让所得（资本利得），则由被转让股票的公司的主要不动产所在国征税。

③居民管辖权与地域管辖权重叠的协调。居民管辖权与地域管辖权重叠是最常见的不同种税收管辖权重叠类型，对此类问题的处理，国际上形成如下惯例：所得来源国具有优先征税，实行居民管辖权国家采取一定的方法减轻或免除国际重复征税。比如，居住国在其本国税法中规定一些减除国际重复征税的措施，或与来源国在签订的双边税收协定进行约定来减除重复征税。而具体的重复征税减除方法有四种：一是扣除法，即一国政府在对本国居民的国外所得征税时，允许其将该所得负担的外国税款作为费用从国外所得中扣除，只对扣除后的余额征税。扣除法下跨国纳税人实际上只能扣除一部分国外税款，因而只能在一定程度上缓解国际双重征税，实践中采用扣除法的国家很少。二是减免法，即一国政府对本国居民的国外所得在标准税率的基础上减免一定的比例，按较低的税率征税，而对其国内所得按正常税率征税。三是免税法，即居住国政府对本国居民的境外所得或财产全部或部分免予征税。免税法下居住国全部或部分放弃居民管辖权，是一种较为彻底的免除重复征税的方法，有利于鼓励本国剩余资本向国外投资。但免税法没有体现出

对跨国所得的分享原则，并且当居住国税率高于收入来源国税率时，采用免税法，会使实际免除的税额大于应免除的国外纳税税额，因此，是一种不完善的免除方法，实践中采用的国家不多，且在采用时附加一定的限制性条款。四是抵免法，即居住国政府在对本国居民的国外所得征税时，允许其用国外已纳的税款冲抵在本国应缴纳的税款，从而实际征收的税款只为该居民应纳本国税款与已纳外国税款的差额。抵免法承认来源国优先权，但不要求居住国完全放弃征税权，是一种较好的消除重复征税的方法，各国普遍采用。

未来，税收管辖权的协调将会继续发展，税收协定的协调内容以及消除双重征税的程度还会进一步纵深发展。针对国际资本流动的问题，OECD 范本及注释在不断完善中，修订内容包括营业利润、间接投资所得、个人劳务报酬、财产所得等各类所得和财产在资本输出国和东道国之间的利益分配问题，为各国签订税收协定，实现直接税税收管辖权协调而促进货物、资本、劳动和服务跨国流动，做出了重要贡献。但跨国企业的关联交易存在转让定价调整，给资本输出和投资经营带来了不确定性，使得目前税收协定未能完全消除双重征税问题。针对关联交易带来的转让定价问题，采用预约定价协议方式势必会成为未来税收管辖权协调发展的趋势。通过税收管辖权的协调，可以促进国际税收利益分配格局的合理化，确保资本输出的环境更加稳定，促进世界经济的发展和繁荣。

（2）税收征管合作。随着经济全球化进程的加快和跨境经济活动的增多，国际逃避税和国际税收争端日益严重。为了加强国际税收征管，解决由于国家间税制的差异和相关涉税信息的不透明带来的逃避税问题，为了尽快解决国际税收争端，减轻和消除税收对国家间经济往来的扭曲，提高税收确定性，促进和优化营商环境，各国有必要开展税收征管合作。税收征管合作是主权国家间为加强税收的征收管理而进行的税务行政合作，也是各国防止跨国经济活动的偷漏税行为、提高纳税遵从度的重要手段。税收征管合作的主要方式有税收情报交换和相互协商程序。

税收情报交换是税收协定缔约国之间相互交换本国税制，纳税人相关财务、经济信息和纳税情况等税收情报，以帮助缔约国税务当局掌握、核实相关税收信息的国际税收征管合作机制①。税收情报交换对国家间税收协调意

① 黄焱. 国际税收竞争与最优资本课税研究［M］. 北京：中国税务出版社，2009：107.

义重大：一是税收情报交换有利于居民税收管辖权的实施，由于国家间可以进行情报交换，那些高税国的居民纳税人无法通过境外投资享受其他国家提供的低税优惠，从而在一定程度上抑制了国际税收竞争，被称为“隐性的税收协调”。二是作为国家间税收征管合作的重要方式，税收情报交换有助于一国税务当局提高征管能力，打击跨境逃避税，使得避税地或某些特定的税收优惠政策与制度难以发挥作用，进而在一定程度上抑制有害税收竞争①。

相互协商程序是指国际税收协定中规定的缔约国之间相互协商税收问题所应遵循的规范化程序。由于双边税收协定的许多条款在文字上只能做准则性的规范，需要通过相互协商做出具体的解释；也由于缔约国经济情况、税收制度经常处于变动之中，协定签订之后有可能出现新情况和新问题，需要通过相互协商才能得到解决。因此，两个范本都设定相互协商程序条款。该条款主要涉及以下内容：双方主管当局如何对协定执行中纳税人提出的问题以及协定进行解释，对实施中的其他困难与疑义进行协商②。可见，相互协调程序是就两国间企业遇见的税收问题及应遵循的规则进行协调，也是国家间税收协调的重要内容。

多边合作机制建设是数字经济时代各国间税收征管合作的发展方向。传统工业经济以有形产品制度和贸易为基础，国家间征税权的划分是基于受益原则的，赋予来源国优先但受限制的征税权，赋予居住国无限征税权但有消除重复征税的义务。在各国间利润分配方面采用独立交易原则，比照第三方独立交易价格来对关联交易的转让价格进行调整，同时常设机构按独立实体征税。然而，随着服务贸易和无形资产交易的增加，寻找第三方可比交易的难度加大，转让定价调整方法转为利润分割法和交易净利润法。数字经济的兴起加剧了寻找第三方可比交易的难度，无实体跨境经营的收入在多大程度上由来源国征税、数据和用户参与价值创造带来的利润到底有多大、价值创造地与利润来源地的分离等都给国家间利润合理分配带来了难度。基于数字经济的无实体跨境经营、高度依赖无形资产及数据与用户参与价值创造等特性，OECD 提出过去以定性方式（即常设机构的三个特性——固定性、长期性和经营性）来认定跨境交易活动与东道国联结度的方法不再适用，提出要

① 黄焱. 国际税收竞争与最优资本课税研究［M］. 北京：中国税务出版社，2009：109-110.

② 杜莉. 国际税收［M］. 上海：复旦大学出版社，2019：83.

从定量的角度（如数字交易的销售额）来修改联结度标准，同时在跨国公司利润分配上应采用“三段式利润分配法”。第一段从集团汇总报表开始划分，先从总利润中剔除常规利润，用公式法将部分剩余利润划分给来源国；第二段根据跨国企业在各国存在的基础分销活动进行分配；第三段根据个别国家证实存在的特殊活动进行分配。可见，数字经济下的三段式利润分配法是一种自上而下、以集团总部所在地为操作起点、相关国家税务当局共同参与的分配方式，这与传统经济下对跨国企业集团的税务管理是自下而上的截然相反。传统的税务管理是来源国税务先征税，然后来源国和居民国之间再根据母子公司关系进行转让定价调整，再由母公司在居民国汇总申报纳税，并对来源国已纳税款在居民国进行税收抵免。数字经济下这种崭新的自上而下的分配方式必须在多边征管合作机制内才能有效运转，且这个机制需要广泛的参与度和较强的权威性。随着 G20 国际税改的深入，已在许多领域取得多边合作的成就，如税收征管论坛、信息共享（如 CRS）、国际遵从保障计划和联合审计，但还没有一个可以直接借鉴的工作机制，来对企业集团利润在众多税收辖区之间进行有约束力的划分。只有不同国家税务部门协同与某个特定跨国公司进行合作，以对跨国公司涉税风险进行多边评估的国际遵从保障计划，为多边合作解决数字经济这类复杂的跨境活动税收征管提供了一定的借鉴作用。OECD 近年在跨国多边协调规则的制定与完善上做了大量工作，并形成了一个由 BEPS 行动计划为基础的包容性框架，其在防税收协定滥用、防有害税收竞争、转让定价国别报告和争端解决机制四个方面的最低标准，为参与 BEPS 的各国提供了一个多边合作架构，有望给数字经济下的多边征管合作带来新的突破，是各国间税收征管合作机制建设的努力方向①。

（3）税制协调。国家间税制协调是伴随着世界经济的逐步开放和国际税收竞争的出现而产生的，目的主要是消除区域内各国间货物、劳动和服务以及生产要素自由流通的各种障碍，维持各国税率、税基与税种的互相协调与合作，以减轻彼此之间的冲突与摩擦，遏制各国的有害税收竞争，从而实现区域内各国福利的最大化。所得税制的协调是国家间税制协调的重要内容，其主要形式有税率协调、税基协调和税收一体化。

①税率协调。税率协调是指通过协调税率，使各国税率大致处于同一水

① 张志勇. 近期国际税收规则的演化——回顾、分析与展望［J］. 国际税收，2020（1）：3-9.

平，有利于资本流动的稳定性，有利于促进各国的经济发展。

②税基协调。税基协调是指对跨国公司每个成员所在国的税基划分进行的国际协调。国际税法对跨国公司税基的国际协调，主要针对的是企业所得税税基的协调。对跨国公司来说，税基协调可以降低其服从成本，避免双重征税和过量征税的风险；对税务当局来说，税基协调可以降低跨国公司激进税务筹划的机会，降低对跨国公司的监管成本，一些与纳税人和其他成员国的税务当局的冲突（如转移定价的争端等）情况会大量减少。

③税收一体化。税收一体化是指通过成立权威的国际组织，依据国际法授予的权力，实现对税收的统一管理，最终实现各成员国货物、服务贸易的自由化，创造透明、自由和便利的营商环境，消除有害税收竞争。税收一体化虽然有利于降低市场运行的交易费用，使资本流动更加便捷，但会极大地降低一国政府对市场变化做出反应的灵敏度，并削弱其利用税收政策进行宏观调控的能力。由于各国在税制结构和税率、税基及优惠措施与程度所导致的税负水平等方面的差异是由本国国情、政治文化因素、经济发展目标等决定的，因此，税收一体化的所得税税制协调并不能完全消除各国税制存在的差异①。

未来试图通过税收一体化的所得税税制协调遏制税收竞争的努力将难有成效。税收一体化的所得税税制协调为国际上的有害税收竞争的消除提供了方向，但是各国进行税收一体化的所得税税制协调必须建立在共同利益的基础上，各国由于政治因素、经济发展的不同很难采取相同的税收战略②。此外，共同体外部的国家或地区间的税收关系也很难处理好。若无法使得共同体内部及外部采取均认可的税收战略，达到一个平衡点，将有可能出现更大范围的税收利益摩擦，例如导致税负扭曲，侵蚀各国税基，从而扭曲国际资本流向，阻碍资源在世界范围内的合理流动，加剧有害税收竞争。

2.4 本章小结

影响资本输出的主要因素包括政治、经济和技术三方面。政治因素是对

① 黄焱. 国际税收竞争与最优资本课税研究［M］. 北京：中国税务出版社，2009：109－110.

② 黄焱. 国际税收竞争与最优资本课税研究［M］. 北京：中国税务出版社，2009：113.

一国资本输出的前提；经济因素在资本输出过程中起主导作用，它既是跨国企业对外直接投资的起点与动因，也是跨国企业对外直接投资追求的最终目标；技术因素推动着资本输出的不断发展。

税收是影响资本输出的重要因素；税收政策是政府用来调控对外投资的重要手段；税收中性是政府征税时的基本要求；税收调控是在征税不对经济活动主体产生额外负担的基础上，把经济活动的不良影响降到最低。税收调控不是对税收中性原则的违背，而是对税收中性原则的进一步发展。税收的资本输出中性要求一国不要采用延迟课税和税收饶让，资本输入中性要求不要对外国投资提供额外的税收优惠。现阶段我国企业在“走出去”战略背景下虽然投资发展较快，但投资时间较短，管理经验较欠缺，应对风险能力的较弱，还需要政府政策的支持。因此，未来我国要在尽可能保持税收中性的基础上，为企业“走出去”投资提供税收支持。

在资本输出条件下，跨境资本课税主要涉及公司和个人两个层次的所得税。公司所得税与个人所得税同时征收会带来对公司资本所得的重复征税问题。封闭经济中，公司所得税与个人所得税的一体化可以消除重复征税问题，具体有在股东层次上和在公司层次上全部或部分减除重复征税两类做法。然而，在开放经济条件下，这种所得税一体化会面临一些挑战，东道国政府会更偏好对外国股东课税，但这种税收输出的政治偏好与其为提升国际竞争力而需要减税的压力会使东道国政策选择更加复杂。同时，资本输出还会对小国、大国的所得税一体化激励产生不同影响。相对于小国，大国的潜在投资者主要是本国居民，为吸引资本流入，大国政府更有动力消除重复征税，降低资本成本。资本输出涉及双方国家的税收管辖权，可能带来双重征税，也有可能带来双重不征税，从而带来更加复杂的国际避税和国际税收协调问题。

关于跨境资本流动的所得课税优化。理论上，公司所得税与个人所得税的一体化是完全消除资本正常回报重复征税的重要方法。但从各类所得税一体化方式来看，如果一国政府消除所得的重复征税是为了吸引投资，那么在公司层次上消除的效果会比在股东层次上消除更好，因为在公司层次上消除会降低所有在本国投资的公司的资本成本，而在股东层次上消除不会降低外国投资者所有公司的资本成本。

关于税收管辖权的选择。理论上，来源地税收管辖权会导致资本外流，因而小国开放经济体不宜选用，但实践中，东道国对这种特定区位租的课税不会引起资本的外流。来源地税收管辖权正在显示其独特的优势，成为未来构建具有国际竞争力税制的有益方向。

数字经济正成为新时代全球产业竞争的制高点，持续而深刻地改变着经济基本运行方式。数字经济具有流动性、依赖数据性、多变性、多层面商业模式的拓展和垄断或寡头垄断倾向等特征，这些使传统商业模式和价值创造模式发生了巨大变化，从而给基于传统经济模式的国际税收规则带来极大的挑战。如它使得传统常设机构的认定规则不再适应，数据所创造价值的归属地判定变得困难，部分收入无法准确定性，也使增值税征收变得更加复杂。

随着经济全球化发展，各国纷纷出台税收优惠政策争夺资源，结果是导致了有害税收竞争问题。不管是有害税收竞争，还是 BEPS 以及数字经济带来的税收问题，都需要国家间税收的相互协调。国家间税收竞争与协调成为新时代各国迫切需要面对的问题。国家间过度的税收竞争会扭曲市场资源的流向，侵蚀他国税基，损害他国的税收利益，势必带来他国的报复性措施，终究不可持续。如何有效应对有害税收竞争，维护本国税收权益，是一国税制优化必须考虑的重要方面。一方面要采取措施应对他国的有害税收竞争，维护本国税收权益；另一方面要避免本国的税收制度构成有害税收优惠制度，避免被认定为避税天堂，而遭受其他经济方面的制裁。

国家间税收协调主要包括税收管辖权的协调、税收征管合作和以税收一体化为目标的税制协调等。税收一体化的所得税税制协调，会由于各国政治经济发展的不同很难实现；税收征管合作协调有利于提高各国的税收政策效力和国家利益，营造良好的税收竞争环境；税收管辖权的协调可以促进国际税收利益分配格局的合理化，确保资本输出的环境更加稳定，促进世界经济的发展和繁荣。

3

资本输出视角下中国税收政策与制度的现状分析

3.1 中国的资本输出现状

资本输出实际上就是一种对境外的投资，而从投资方对被投资方是否具有实际控制权的角度来看，对外投资分为对外直接投资和对外间接投资。与对外直接投资相比，对外间接投资更注重短期目标，资本流动性较强，间接投资带来的资本流动主要受金融政策的管控，税收政策和制度对其影响不大，因此，本书主要关注对外直接投资部分。

什么是对外直接投资？各国对对外直接投资的定义和计量方法有些差异，OECD 为对外直接投资提供了一个基准定义。根据《OECD 基准定义》，外国直接投资反映了一个经济体的常住单位（直接投资者）从另一经济体的常住单位（直接投资企业）那里获得持久利益的目标。持久利益意味着投资者与企业之间存在着长期关系，并对企业的管理有相当大的影响。直接投资包括两实体之间最初的交易，也包括随后发生在它们之间的以及发生在法人或非法人性质的附属企业之间的资本交易①。外国直接投资者指拥有直接投资企业（即在外国直接投资者常住国以外的其他国家进行经营活动的子公司、联营公司或分公司）的个人、法人或非法人性质的公有或私有企业、政府、相关个人集团，或法人和（或）非法人性质的企业集团。直接投资企业指被外

① 高敏雪．对外直接投资统计基础读本［M］．北京：经济科学出版社，2005.

国投资者持有10%或以上的普通股或表决权的法人企业或非法人企业。从统计上讲，外国直接投资应涵盖所有直接或间接拥有的子公司、联营公司和分支机构。对银行等金融机构而言，OECD将直接投资交易限制为购买的子公司的股本和永久债务（即在子公司中享有永久利益）或对分支机构的固定资产投资。在我国，对外直接投资是指我国境内投资者以现金、实物、无形资产等方式在国外及港澳台地区设立、参股、兼并、收购国（境）外企业，拥有该企业10%或以上的股权，并以控制企业经营管理权为核心的经济活动（见《对外直接投资统计制度》）。我国对外直接投资的方式有新设（绿地）、并购、增资和财务重组四种（2015年以前只分为新设、并购两类）。

3.1.1 历年来的中国资本输出规模与结构

中国的对外直接投资始于20世纪70年代末80年代初。随着中国实行改革开放和中美正式建交，1979年8月国务院颁布的《关于经济改革的十五项措施》首次提出“在国外办企业、发展对外投资”政策，标志着中国对外直接投资的起步。

中国对外直接投资的增长分为三个阶段：1979—1991年为第一阶段，该阶段中国对外直接投资规模小、增长慢，主要是由于这一时期我国由计划经济向市场经济转轨，实行有限制的对外直接投资政策，20世纪80年代初国家只允许国有投资公司对外直接投资，后来才允许非国有企业到中国香港和东欧社会主义国家进行对外直接投资。1992—2002年为第二阶段，该阶段中国对外直接投资开始加速。1992年对外直接投资年流量首次超过10亿美元，存量达到了40亿美元，2002年底对外直接投资存量达到299亿美元。这得益于“南方谈话”之后中央开始鼓励企业实施外向型战略，境外投资政策由限制向鼓励转变，从而对外直接投资增长加快。2003至今为第三阶段，本阶段中国对外直接投资流量增长迅猛，存量也逐年飙升。随着“走出去”战略的逐步实施以及中国加入世界贸易组织，中国正式进入了对外直接投资的时期。由于1979—2002年这23年的对外直接投资存量才不到300亿美元，研究意义较小，因此本章对中国资本输出分析的期间为2003—2018年。

3.1.1.1 历年来中国资本输出规模

资本输出可分为对外直接投资和对外间接投资，本书主要关注对外直接投资。对外直接投资的常用描述指标有非金融类对外直接投资、金融类对外直接投资和全行业对外直接投资三种，其中全行业对外直接投资是非金融类对外直接投资与金融类对外直接投资之和。非金融类对外直接投资一般投向生产行业和服务行业，是带有经营性质的投资，具有长期性；金融类对外直接投资一般投向股票、债券、基金等金融资产，带有投机性，流动性较强，不会对投资国的实体经济带来资金流入；全行业对外直接投资能够反映国家对外直接投资的总体水平，也是国家间进行资本输出比较的统一口径。关于历年来中国资本输出规模的分析，下文按照非金融类对外直接投资、金融类对外直接投资和全行业对外直接投资三个部分展开。

（1）非金融类对外直接投资。非金融类对外直接投资是指境内投资者直接对境外非金融类企业的股权投资和债权投资，中国的境内投资者向境外非金融企业投资由商务部主管。

由图 3－1 可知，2003—2016 年，中国非金融类对外直接投资无论是年流量还是年存量都持续增长；2016—2018 年，中国非金融类对外直接投资年流量略微下降，年存量则维持增长的趋势。流量由 2003 年的 28.5 亿美元增长到 2018 年的 1213.2 亿美元，年均增长速度达到 28.41%。流量高速增长导致了存量的稳步增长，2003 年中国非金融类对外直接投资还只有 332 亿美元，2018 年破万亿美元，达到了 17643.7 亿美元，是 2003 年的 53.14 倍。这可能是由于中国在 2001 年的第十个“五年计划”中提出“走出去”战略和

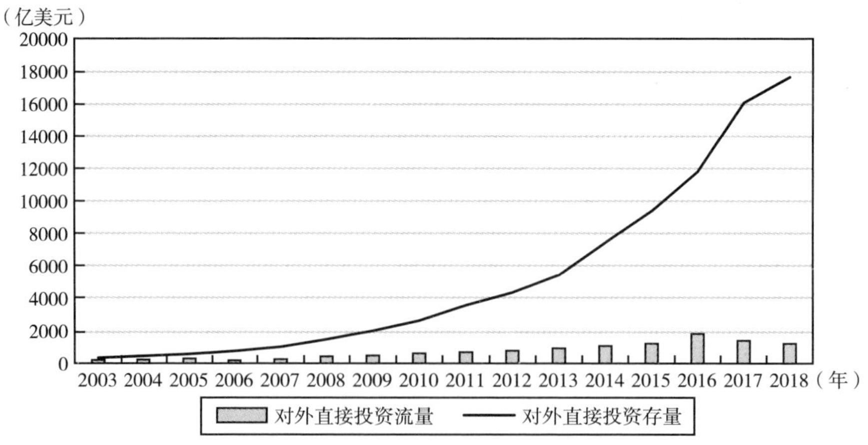

图 3－1　中国非金融类对外直接投资流量、存量

资料来源：2003—2018 年中国对外直接投资统计公报。

正式加入 WTO 后外向型经济得到了较大程度发展，企业对境外实体经济的投资大幅增加。

中国非金融类对外直接投资流量增长较快，但增长速度年度间不均衡（见图 3－2）。非金融类对外直接投资 2018 年的 1213.2 亿美元，是 2003 年的 42.57 倍，15 年中年同比增长率最高时达到了 123%，最低时为－23.03%。从不同时期来看，2003—2008 年中国非金融类对外直接投资流量的年均增长率为 73.84%，这可能是由于中国快速增长的经济使企业积累了足够的资本，从而促进了对外直接投资的快速发展。值得指出的是，在连续两年增速下跌后，2008 年对外直接投资流量实现了反弹，这主要是由于 2007 年从美国开始的金融危机对发达国家经济的负面影响更大，中国通过大量海外并购的方式扩大了对外直接投资规模。金融危机后各国经济增速放缓，对外来投资的需求大幅下降，加上贸易保护主义重新抬头，中国对外直接投资的外部环境较严峻，导致 2009—2015 年非金融类对外直接投资增速放缓，年均增长率仅为 16.51%。这种局面一直到 2016 年才有所改善，非金融类对外直接投资增速再次达到 49.3%，原因主要是在世界经济整体增长乏力的背景下，“一带一路”倡议的提出为中国的对外直接投资带来了一条新的道路。

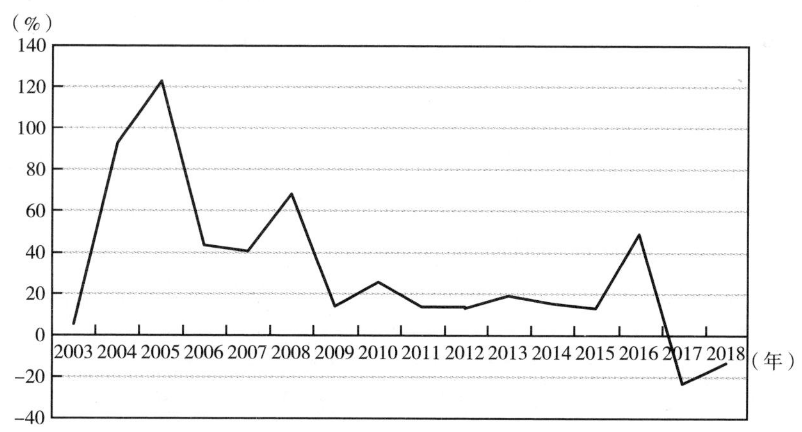

图 3－2　中国非金融类对外直接投资年流量增长率

资料来源：2003—2018 年中国对外直接投资统计公报。

（2）金融类对外直接投资。金融类对外直接投资是指境内投资者直接对境外金融类企业的股权类投资，包括对外金融服务类（原银行业）、保险业、资本市场服务（原证券业）和其他金融业投资。其中对外金融服务类投资是金融类对外直接投资的主要部分[①]。中国的境内投资者向境外金融企业的投资由外汇局监管。

由于历年对外投资公报从2006年才开始对金融类对外直接投资进行统计，因此本书分析的中国金融类对外直接投资的数据始于2006年。

由图3－3可知，2006年以来年金融类对外直接投资存量持续增长。存量由2006年的35.5亿美元增长到2018年的2179亿美元，其中2013年突破千亿美元。

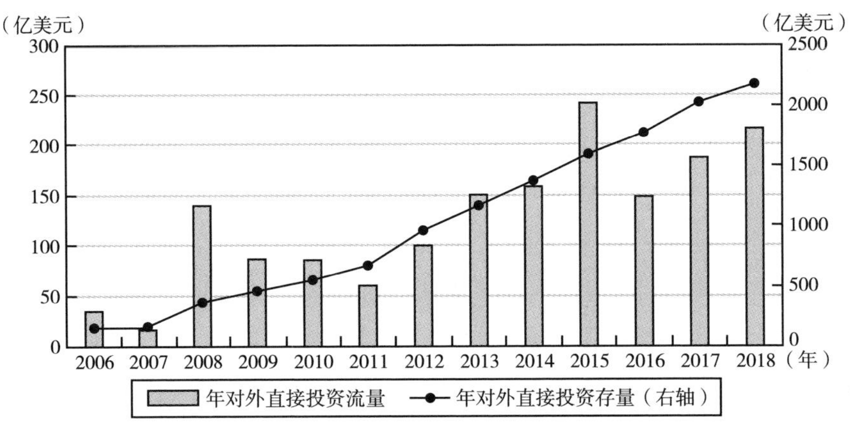

图3－3　中国金融类对外直接投资流量、存量

资料来源：2006—2018年中国对外直接投资统计公报。

金融类对外直接投资流量在2006—2018年增长波动幅度较大，增长态势大致呈现M型变化。金融类对外直接投资流量的最低值出现在2007年，仅为16.7亿美元；2008年同比增加了741%，比2007年增加123.8亿美元，达到140.5亿美元；2011—2015年持续增长，到2015年达到最大值242.5亿美元，而2016年的年对外直接投资流量出现下降，比2015年减少93.3亿美元，同比减少了38.5%；2017—2018年呈现持续增长的趋势。中国金融类对外直接投资流量变化较大，主要是由于国家对金融类对外直接投资进行监管，国家根据每年的具体发展战略需要对金融类对外直接投资总量进行调整。2008年金融类对外直接投资流量140.5亿美元（首次超过100亿美元），这

① 2006—2018年，对外金融服务类投资占金融类对外直接投资的比重，不管是流量还是存量，年均为70%左右。

主要是由于2007年开始的金融危机使许多国家经济遭受重创，中国的几大国有商业银行及其他金融机构加大了对外收购兼并；2008年后中国的金融类对外直接投资流量连续3年下跌，这主要是由于全球经济增长减速，对外来金融类投资的需求大幅下降；2012年开始得益于世界经济的复苏，年金融类对外直接投资流量实现连续4年增长；在经济复苏以及"一带一路"倡议的正式实施等背景下，银行及其他金融机构也增加了对外投资，使得2015年金融类对外直接投资流量达到了峰值242.5亿美元。

（3）全行业对外直接投资。世界上大部分国家和地区公布的对外直接投资额，以及联合国贸发会议（UNCTAD）发布的年度世界投资报告中的世界各国对外直接投资总额，除了有非金融类、金融类数据外，还对两者进行了汇总，即全行业对外直接投资。本书在此也汇总中国的非金融类、金融类对外直接投资数据，并将其与全球数据进行对比分析。

由图3-4可知，中国全行业对外直接投资流量稳步增长，占全球对外直接投资总额的比重越来越大。从2003年的28.5亿美元增长到2018年的1430.4亿美元，增长了近50倍。根据《2018年中国对外直接投资公报》对世界各国年对外直接投资流量排名，中国年对外直接投资流量在2003年排名第21位，2009年首次挤进前五，2012年跃升前三，在2015年位列世界第二位。在2008年世界经济危机席卷全球的背景下，中国逆势奋起，首次全行业年对外直接投资突破500亿美元，位列全球第12位；2012年，全球经济疲

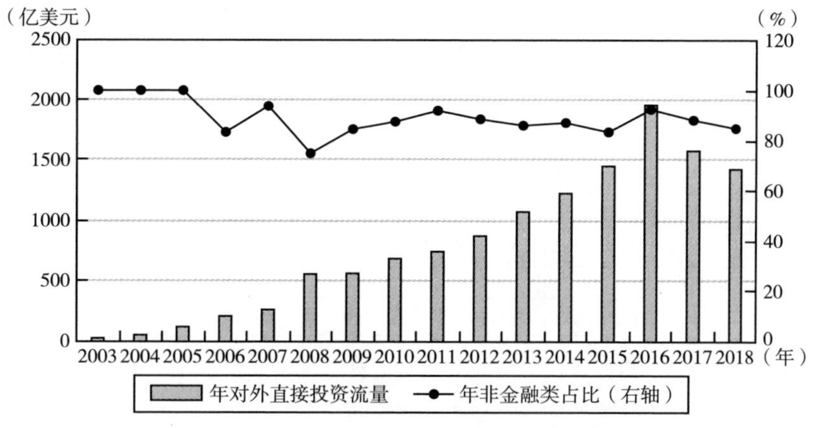

图3-4　中国全行业对外直接投资流量

资料来源：2003—2018年中国对外直接投资统计公报。

软之际，中国对外直接投资继续扩大，并以878亿美元的年对外直接投资流量超越中国香港，首次成为世界三大对外投资国（地区）；2014年对外直接投资流量破千亿美元，超过当年外商对中国的直接投资，从此进入资本净输出时期；2015年，中国积极推动“一带一路”倡议的实施，年对外直接投资流量1456.7亿美元，超越日本，仅次于美国，首次位列全球第二位；2016年，中国年对外直接投资流量同比增长34.7%，逼近2000亿美元，蝉联全球第二位；2017—2018年，中国年对外直接投资流量下降至1430.4亿美元。

从图3－4还可知，中国非金融类对外直接投资流量一直占据全行业对外直接投资流量的主体地位。2006—2018年，非金融类占比在2007年达到最高点93.7%，2008年的74.9%为最低点，平均占比为86.63%[①]。可见，对实体经济的投资一直以来都是中国对外直接投资的主体。

由图3－5可知，在年流量稳步增长的影响下，中国全行业对外直接投资存量也呈快速增长态势。年对外直接投资存量从2003年的332亿美元增加到2018年的19822.7亿美元，增长了60倍；从世界排名第25位晋升到第3位。年对外直接投资存量分别在2007年、2012年、2015年突破1000亿美元、5000亿美元和10000亿美元，其中2012—2015年仅仅三年就翻了一番，增长了5659.2亿美元。

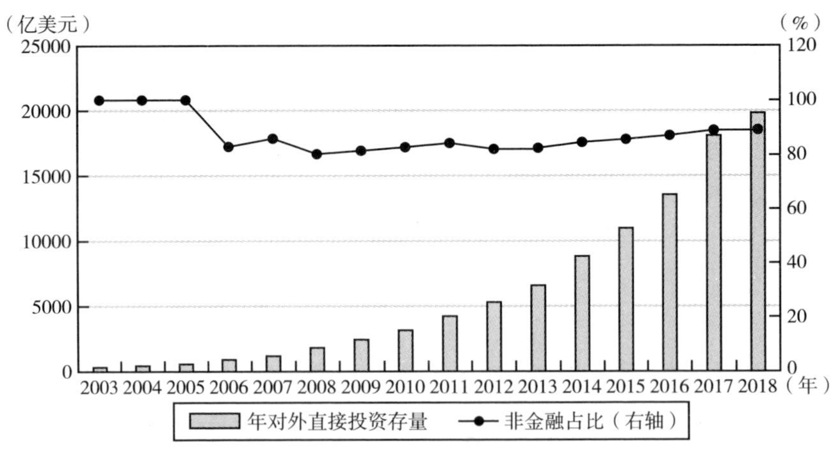

图3－5　中国全行业对外直接投资存量

资料来源：2003—2018年中国对外直接投资统计公报。

① 2003—2005年，由于尚未将金融类对外直接投资统计进来，非金融类占比为100%。

与流量占比情况相似，非金融类投资存量也是全行业投资存量的主体。2006—2018 年非金融类投资存量占全行业投资存量的比重始终在 80% 和 89% 之间，平均占比约为 84.27%。

中国对外投资占全球对外投资总额比重持续增长。2003—2018 年中国对外直接投资快速增长，使得中国对外直接投资占世界对外直接投资总额的比重不断增长。图 3－6 展示了这种变化，2003—2018 年，中国对外直接投资在世界对外直接投资总量中的占比呈现出上升的总趋势，说明中国经济对外开放程度不断加深，不断融入世界经济，对世界经济的影响越来越大；特别是在 2016 年占比首次超过 10%，达到 13.5%，仅次于美国的 20.6%，表明中国已经成为推动世界经济发展的中坚力量。流量占比在 2007 年和 2011 年出现了回落，但同期中国对外直接投资同比增长了 25.3% 和 8.5%，并未出现对外直接投资减少的情况，原因主要是这两年许多国家放宽了对外国投资其产业的限制，从而使全球对外直接投资总额出现了大幅度增长。

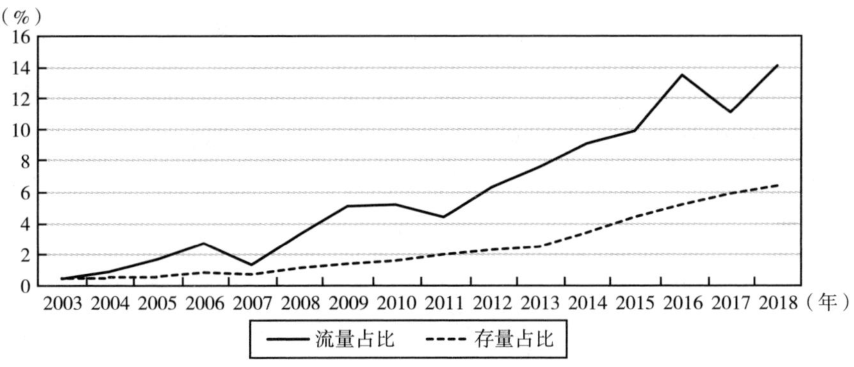

图 3－6 中国对外直接投资在世界各国对外直接投资总额中的占比

注：占比＝当年中国对外直接投资额/全球对外直接投资总量。

资料来源：2003—2018 年中国对外直接投资统计公报，2007 年、2008 年的外国直接投资数据来自《2009 年世界投资报告》。

中国对外直接投资的存量占世界总存量的比重虽然增长不太大，但绝对值却增加巨大。2003—2018 年中国对外直接投资的存量占世界总存量的比重只增加了不到 6%，但中国对外直接投资的绝对值从 332 亿美元增加到了 19823 亿美元。中国对外直接投资相较于发达经济体来说起步晚，2003 年才进入快速发展阶段。过去中国一直是一个资本输入国，直到 2014 年才实现了双向直接投资项下的资本净输出①。起步晚、基数小、增长速度快，导致增加的绝对值大但全球占比的相对值小。可见，中国的对外直接投资在存量上超越传统发达经济体还有一条较长的路需要走。

3.1.1.2 历年来中国资本输出结构

（1）对外直接投资的国家和地区分布情况。中国对外直接投资地域范围较大，已覆盖到世界上绝大多数的国家和地区。截至2018年底，中国对外直接投资的国家和地区达到了188个，占全球国家和地区数量的80.7%，与2003年占比60%的139个对外直接投资的国家和地区相比，覆盖的国家和地区增加了不少，说明中国对外直接投资地域范围更加扩大。下面从洲际、经济体、国别（地区）三个维度对中国对外直接投资的国家和地区结构进行分析。

①中国对各大洲的直接投资存量结构。本书对亚洲、欧洲、非洲、北美洲、拉丁美洲和大洋洲这六个洲进行分析②。

中国历年对外直接投资主要集中在亚洲。由表3-1可知，中国对外直接投资存量的分布中，近七成分布在亚洲，总量超过了12000亿美元。这是由中国的地理位置决定的，中国地处亚欧大陆东部，东邻日韩，南邻东南亚，西部与中亚接壤，这就决定了中国对外直接投资必定将亚洲放在首位；同时这

表3-1　　中国对外直接投资存量洲际构成表

洲名	投资存量（亿美元）	占比（%）
亚洲	12761.4	64.4
拉丁美洲	4067.7	20.5
欧洲	1128	5.7
北美洲	963.5	4.9
非洲	461	2.3
大洋洲	441.1	2.2

注：根据《2018中国对外直接投资统计公报》整理而得。

① 双向直接投资项下的资本净输出是指国家的对外直接投资额超过外商直接投资额而实现资本净输出。

② 南极洲因为不存在国家因此排除；北美洲中的墨西哥因为和美国、加拿大在经济发展程度、产业结构等指标上存在差异，因此和南美洲国家组成拉丁美洲统计。

样的分布也受到国家政治的影响，经济决定政治，政治反作用于经济，中国的地缘政治中，亚洲始终位于首位，再加上“一带一路”倡议的实施和中国—东盟自由贸易区的推进，亚洲对于中国对外直接投资的吸引力必定高于其他洲。

对外直接投资存量排在第二位的是拉丁美洲。投资存量达到4067.7亿美元，占比为20.5%。虽然拉丁美洲距离中国较远，但拉丁美洲是一个新兴的市场，具有较大的发展空间，中国企业已将大量的资金投向拉丁美洲的农业。更为重要的是，拉丁美洲有开曼群岛和英属维尔京群岛这两个“世界两大离岸公司注册地”的国家和地区，两地通过不征收任何所得税的税收政策使其成为世界热门的“国际避税地”，是各国对外直接投资的首选地。中国对这两个国家和地区的投资存量就达到3897.2亿美元，占整个拉丁美洲的95.8%。

中国对外直接投资存量排在第三、第四位的是欧洲和北美洲。欧洲和北美洲投资存量分别为1128亿美元和963.5亿美元，占比为5.7%和4.9%。相较于亚洲和拉丁美洲，欧洲和北美洲投资量较小。这主要是因为两个大洲多为发达国家，而过去中国对外直接投资的侧重点在发展中国家。近年来随着中国的产业升级，发达国家产业、技术等方面的优势可为中国经济所用，于是大量对外直接投资开始转向欧洲和北美洲的高新企业，从而使得对这两个洲的投资力度逐年加大。

中国对外直接投资存量排在最后两位的是非洲和大洋洲。对两洲的投资存量均不超过500亿美元，占比也在3%以下。非洲国家的经济发展程度较其他大洲而言较低，对外开放度也较低，这在一定程度上阻碍了中国对非洲的直接投资。大洋洲国家数量较少且多为面积较小的岛国，中国对澳大利亚和新西兰两国的投资存量之和几乎等同于整个大洋洲。

②中国对各经济体的直接投资存量结构。沿用联合国统计厅的国家分类惯例，本书也把世界各个经济体可划分为发展中经济体、发达经济体和转型经济体三类。与国际惯例接轨，只是为了便于统计分析，并不必然表示对一国或地区经济发展阶段的判断。其中，发达经济体国家包括经合组织成员国（墨西哥、大韩民国和土耳其除外），不属于经合组织成员国的欧洲联盟新成员国（保加利亚、塞浦路斯、爱沙尼亚、拉脱维亚、立陶宛、马耳他、罗马尼亚和斯洛文尼亚），以及安道尔、以色列、列支敦士登、摩纳哥和圣马力

诺。转型经济体包括东南欧、独联体和格鲁吉亚。东南欧包括阿尔巴尼亚、波斯尼亚和黑塞哥维纳、塞尔维亚、黑山、马其顿共和国。独联体包括亚美尼亚、阿塞拜疆、白俄罗斯、吉尔吉斯斯坦、摩尔多瓦、俄罗斯联邦、乌克兰、塔吉克斯坦、哈萨克斯坦、土库曼斯坦、乌兹别克斯坦。发展中经济体为所有不在以上之列的经济体。出于统计目的，中国的数据不包括中国的香港、澳门和台湾。以上分类方式也是历年《世界投资报告》对国家的分类方法。

中国历年的对外投资存量主要集中于发展中经济体（见图 3－7）。截至 2018 年底，中国对各类经济体的直接投资存量中，对发展中经济体的投资比例超过八成，存量达到了 17085.3 亿美元；对发达经济体的直接投资存量占比为 12.27%，为 2431.7 亿美元；而转型经济体直接投资存量占比仅为 1.54%，只有 305.7 亿美元。中国香港是中国资本输出的前沿地和窗口。上述投资比例的原因主要是发展中经济体的经济结构和中国较为接近，有较大的互补性；对发达经济体的直接投资有利于中国经济的升级；而转型经济体国家较少，且与中国经济联系较小，直接投资额也较少。

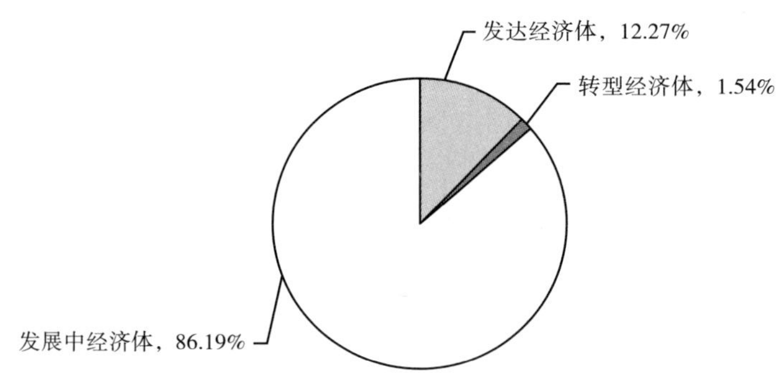

图 3－7　2018 年末中国对各经济体直接投资存量构成

在发展中经济体中，中国香港以 11003.9 亿美元的直接投资存量排名第一，占比为 64.4%；东盟以 1028.6 亿美元的直接投资存量位列第二位，占比为 6%。

在发达经济体中，欧盟、美国和澳大利亚的直接投资存量分别为 907.4 亿美元、755.1 亿美元和 383.8 亿美元，分列前三位，三个经济体的直接投资存量占整个发达经济体的 84.2%。

在转型经济体中，对俄罗斯的直接投资存量为 142.1 亿美元，占比为

46.5%；对哈萨克斯坦的直接投资存量为73.4亿美元，占比为24%；对塔吉克斯坦的直接投资存量为19.5亿美元，占比为6.4%；对吉尔吉斯斯坦的直接投资存量为13.9亿美元，占比为4.6%；对土库曼斯坦的直接投资存量为3.1亿美元，占比为1%。

③中国对各国的直接投资存量结构。截至2018年底，中国对外直接投资存量排名前十的国家和地区合计11650.03亿美元，占中国对外直接投资存量总量的85.8%，具体国家、存量和占比如表3-2所示。

表3-2　2018年末中国对外直接投资存量前十的国家和地区

国家和地区	存量（亿美元）	占比（%）
中国香港	11003.9	55.5
开曼群岛	2592.2	13.1
英属维尔京群岛	1305	6.6
美国	755.1	3.8
新加坡	500.9	2.5
澳大利亚	383.8	1.9
英国	198.8	1.0
荷兰	194.3	1.0
卢森堡	153.9	0.8
俄罗斯联邦	142.1	0.7

资料来源：根据《2018年度中国对外直接投资统计公报》整理而得。

中国对外直接投资的国家和地区中，中国香港的投资存量排名第一，以11003.9亿美元的存量问鼎188个国家和地区，占比甚至逼近六成。中国香港作为“世界三大金融中心”和全球最自由经济体，是中国资本输出需要借助的平台，也是中国经济对外开放的助力点。

开曼群岛和英属维尔京群岛的投资存量分别排名第二和第三。开曼群岛以2592.2亿美元的存量排名第二，占比为13.1%；英属维尔京群岛以1305亿美元的存量排名第三，占比为6.6%。这两个群岛作为“世界级离岸注册地”和“国际避税地”，一直以来都是各国对外直接投资的热门地点。

截至2018年底，中国对外直接投资存量前三的国家和地区合计存量为14901.1亿美元，占中国对外直接投资存量总量的75.2%，由此可见中国对外直接投资虽然覆盖的国家和地区多，但是投资额高度集中在这三个国家和地区。开曼群岛和英属维尔京群岛均是不征收所得税的地区，如此优惠的税收政策使得中国大量的对外直接投资资本涌向这里，把“国际避税地”作为中转地再将资金投向其他国家和地区，从而获得投资的税收利益。中国对这两个地区的直接投资集中在商务服务业等第三产业而不是制造业为主的第二产业，这也是企业国际税收筹划的主要方式。

（2）对外直接投资的行业分布情况。截至 2018 年底，中国对外直接投资覆盖了国民经济的各个行业，其中直接投资存量超过 1000 亿美元的行业主要有租赁和商务服务业、批发和零售业、金融类、信息传输/软件和信息技术服务业、制造业和采矿业等六个行业，六个行业的存量合计为 16754.2 亿美元，占整个行业分布的八成，是中国对外直接投资的重点投资行业。具体情况如表 3－3 所示。

表 3－3　　2018 年末中国对外直接投资存量行业分布构成

行业	存量（亿美元）	占比（%）	行业	存量（亿美元）	占比（%）
租赁和商务服务业	6754.7	34.1	建筑业	416.3	2.1
批发和零售业	2326.9	11.7	电力/热力/燃气及水的生产和供应业	336.9	1.7
金融类	2179	11	农/林/牧/渔业	187.7	0.9
信息传输/软件和信息技术服务业	1935.7	9.8	居民服务/修理和其他服务业	167.2	0.8
制造业	1823.1	9.2	文化/体育和娱乐业	126.6	0.6
采矿业	1734.8	8.8	教育	47.6	0.2
交通运输/仓储和邮政业	665	3.4	住宿和餐饮业	44	0.2
房地产业	573.4	2.9	水利/环境和公共设施管理业	31.3	0.2
科学研究和技术服务业	442.5	2.2	卫生和社会工作	30	0.2

资料来源：根据《2018 年度中国对外直接投资统计公报》整理而得。

中国对外直接投资中存量最多的是租赁和商务服务业。租赁和商务服务业以 6754.7 亿美元的存量位列榜首，占比为 34.1%，集中分布在亚洲和拉丁美洲，具体分布在中国香港、开曼群岛和英属维尔京群岛等国家和地区，这三个国家和地区主要是凭借低税率和无税率的优势成为中国对外直接投资的中转站，大量资金通过这里流向其他国家进行投资。

批发和零售业仅次于租赁和商务服务业，以2326.9亿美元的存量位列第二，占整个行业分布的11.7%，集中分布在亚洲和拉丁美洲，因为这两个大洲人口众多且经济增速较快，消费能力增长迅猛。

金融业以2179亿美元的存量排在第三，占整个行业分布的11%，其中对外金融服务类（原银行业）占60%，保险业占2.9%，资本市场服务（原证券业）占5.6%，其他金融业占31.5%。主要分布在亚洲、欧洲、北美洲和拉丁美洲。亚洲、欧洲和北美洲分别有香港、伦敦和纽约这“三大国际金融中心”，金融业势必集中在此，而拉丁美洲有英属维尔京群岛、开曼群岛、巴哈马群岛和百慕大群岛等大量的离岸金融中心。

信息传输/软件和信息技术服务业的存量排名第四。信息传输/软件和信息技术服务业的存量在2018年被金融业反超，以1935.7亿美元的存量位列第四，占比为9.8%，其主要分布在石油和天然气开采、有色及黑色金属矿采选和煤炭开采等领域，亚洲和大洋洲因为矿产资源的优势成为采矿业的集中投资区域。

制造业的存量排名第五。制造业以1823.1亿美元的存量排在第五位，占比为9.2%，其中对汽车制造、计算机/通信及其他电子设备制造、专用设备制造等的投资额均超过100亿美元。分布在亚洲的制造业对外直接投资就达到了六成，这主要是因为亚洲是劳动密集型产业类型而使得成本较低。欧洲和北美洲因为科技水平较高，也成为高新制造业的投资热点地区。

（3）对外直接投资的投资者类型分布情况。

①按企业类型分。非金融类对外直接投资主要来自国有企业，但非国有企业的比重越来越大。到2018年底，中国非金融类对外直接投资的存量为17643.7亿美元，其中国有企业的对外直接投资为8468.98亿美元，占比为48%，非国有企业存量为9174.72亿美元，占比为52%。2006年以来，国有企业占比呈下降趋势，从2006的81%持续降到2018年的48%。随着中国经济对外开放的不断深化、社会主义市场经济体系的不断完善，越来越多的非国有企业加入了对外直接投资的队伍，但总体上来说国有企业还是占中国对外直接投资的主体地位。2016年，最典型的非国有企业对外直接投资的案例就是青岛海尔股份有限公司以55.8亿美元收购了美国通用电气公司家电业务项目。

非金融类对外直接投资的非国有企业成分比较复杂。按境内投资者工商行政管理注册类型分，在非国有企业52%的占比中，各类型公司分别为：有限责任公司17.7%、股份有限公司8.8%、私营企业7.1%、个人经营5.9%、港澳台商投资企业5.4%、外商投资企业3.1%、股份合作企业0.5%、集体企业0.3%、其他3.2%。

②按归属地分。中央企业占比高于地方企业。2018年底，中国非金融类对外直接投资的存量17643.7亿美元中，中央企业以10156.2亿美元的存量占57.6%，地方企业的存量为7487.5亿美元，占42.4%。

非金融类对外直接投资的地方企业主要来自东部。东部地区的投资存量为6156.7亿美元，占整个地方企业存量的82.2%；西部地区为623.5亿美元，占8.3%；中部地区为492.9亿美元，占6.6%；东北三省为214.4亿美元，占2.9%。由此可见，东部地区在整个地方企业对外直接投资中处于领先地位，这和东部地区经济发展水平有较大的关系，同时也由于东部沿海是中国对外开放的先行地，其对外直接投资的意识高于其他地区。

非金融类对外直接投资主要来自中国的十个省市。2018年对外直接投资存量前十的省市总量为6178.3亿美元，占整个地方企业非金融类对外直接投资存量的82.5%，分别为广东省、上海市、北京市、浙江省、山东省、江苏省、天津市、福建省、海南省和河南省。广东省是唯一一个存量突破2000亿美元的省，达到了2005.5亿美元，其中仅深圳市的存量就是1450.8亿美元，占整个广东省的近七成，由此可见深圳市是中国对外直接投资的领头城市。天津市作为四大直辖市之一也重视对外直接投资，2018年的对外直接投资流量达到了33.7亿美元，同比增长45.89%，2018年246.5亿美元的对外投资存量位列全国第七位。海南省以151.8亿美元的对外直接投资存量位列第九，主要得益于自由贸易试验区建设以及实施的一系列实实在在的扩大开放的新举措，与不少的世界500强、全球行业领军企业和知名品牌企业成功达成合作，扩大了对外直接投资规模。河南省对外直接投资规模位列中部六省之首，对外直接投资存量达到了134.4亿美元，河南省主要依靠黄泛区农场、经研银海等，与中亚国家进行农业项目合作，推动了河南在非洲的道路和房间项目、在斯里兰卡的燃煤电厂项目等，扩大了河南省对外直接投资的区域及规模①。

① 朱莹，张永梅. “一带一路”背景下河南省OFDI对产业结构优化的影响研究［J］. 对外经贸，2018（7）：80.

3.1.2　中国资本输出的形式

从中国对外直接投资的投资形式来看，有新增资本、收益再投资和债务工具①投资三种。根据《中国对外直接投资统计公报》，2018 年中国 ODI 流量为 1430.4 亿美元（见图 3－8）。其中，新增股权为 704 美元，占比为 49.2%；收益再投资为 425.3 亿美元，占比为 29.7%；债务工具投资（仅涉及非金融类企业）为 301.1 亿美元，占比为 21.1%。

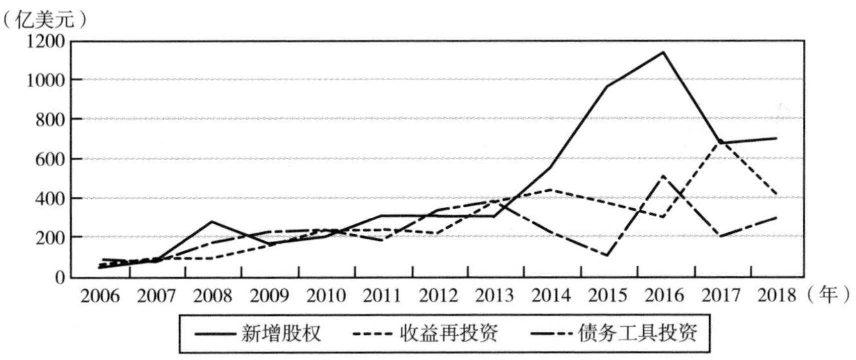

图 3－8　2006—2018 年中国各形式的年对外直接投资流量对比

资料来源：根据《2018 年度中国对外直接投资统计公报》整理而得。

从三种形式投资的流量变化情况来看，2006—2018 年三者均呈整体增长的趋势。其中，新增资本投资流量增长了近 14 倍，尤其是 2013 年以来增长很快，但 2016 年来开始回落；收益再投资流量增长了 6.4 倍，在波动中呈上升趋势，在 2017 年达到顶峰；债务工具投资流量增长了 3.2 倍，在波动中呈上升趋势。得益于我国经济增长和对外直接投资规模的扩大，三种类型的投资流量均呈整体增长的态势；而 2007 年开始的世界金融危机和全球范围反避税措施的加强导致了三类投资在个别年份的波动。2008 年新增股权投资大幅增长后又回落，收益再投资当年只有微弱增加，原因主要是金融危机爆发后中国企业加大了世界范围内的资产收购和兼并力度，尤其是金融业中的银行业；而金融危机期间世界经济的不景气导致当期利润

① 债务工具指境内投资者和境外子公司、分支机构以及联营公司之间的债务交易等，包括境内投资者与境外子公司、联营公司和分支机构的借贷款、应收和应付款项、债务证券等。

再投资受限。在20世纪80年代开始的世界范围所得税降税浪潮下，跨国公司利用低税地区避税的行为越来越普遍；而2007年开始的金融危机后各国国内经济增长缓慢、国内税收压力加大，从而都把目光瞄准了国际市场上的“这杯羹”，国家间税收协调的重心也由过去的避免双重征税转移到打击国际避税上来。2013年以来中国参与的G20峰会对税基侵蚀和利润转移（BEPS）的关注与推进、2014年开始推进的非居民金融账户涉税信息自动交换（CRS）等，有利于中国从世界范围内争取到其应有的税收利益。跨国公司通过资本弱化方式避税的行为受到反资本弱化法规的限制，可能是中国对外直接投资中的债务工具投资从2013年开始大幅下降的主要原因。反国际避税措施的加强使跨国企业将存在于避税地的利润分回，从而降低了收益再投资流量。随着“一带一路”倡议的实施与推进，跨国公司越来越多地通过向对方企业注入自有资金投资入股开展实体运作，从而使中国对外直接投资中新增资本投资增加。

从三者的占比情况来看，新增资本投资占比越来越大，收益再投资占比较为稳定，债务工具投资占比逐渐变小，中国对外直接投资的形式已经由以债务工具投资为主逐步转向以新增股权为主。如图3-9所示，2006—2018年，新增资本、收益再投资和债务工具投资占每年对外直接投资流量的比重变化较大，比如债务工具投资在2006年时占比达到最大，收益再投资在2017年时占比达到最大，新增股权在2015年时占比达到最大。新增股权的

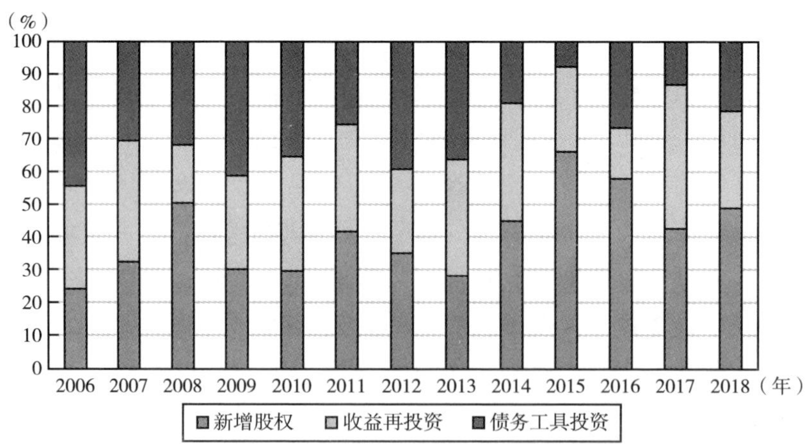

图3-9　2006—2018年各形式的年对外直接投资流量占比

资料来源：根据《2018年度中国对外直接投资统计公报》整理而得。

占比虽然存在较大波动，但是整体上来说还是占比越来越大，特别是近几年已经成为中国对外直接投资的主要形式，2018 年中国对外直接投资流量中有五成左右形成境外企业股权；债务工具投资占比虽然偶尔存在回升，但总体上占比越来越少，2015 年占比仅为 7.6%；收益再投资的所占比重与其他两者相比较为稳定，基本保持在 30% 左右。从被投资方来说，股权融资虽然可以获得一笔稳定的长期使用资金，但股权融资比债务融资的综合成本要高，可见，新增资本投资占比上升、债务工具投资占比的下降的驱动力不在被投资一方。股权投资有利于增加投资方对被投资企业或项目的控制力，可以更多地影响其生产经营决策，以获取更多的资源、市场，学习更先进的技术，获得更多的市场，或者更好地服务于国际避税策略的安排。

3.1.3 中国资本输出的特点

中国的资本输出较西方国家而言起步晚，但对比西方国家几十年甚至上百年的发展时间，中国在不到 20 年的时间内成为资本输出大国。中国资本输出具有如下的特点。

3.1.3.1 对外直接投资规模不断扩大，在国际上具有举足轻重的地位

从流量来看，2003 年中国对外直接投资流量为 28.5 亿美元，列全球第 21 位；2018 年中国对外直接投资流量为 1430.4 亿美元，列全球第 2 位。在 15 年的时间里，年对外直接投资流量增加了 49 倍，全球位次上升了 19 位，甚至超过了传统资本输出大国（地区）的日本和中国香港，仅排在美国之后。2018 年全世界各国对外直接投资流量的总和中，中国占 14.1%，在经济全球化使得各国经济联系越来越紧密的背景下，中国的资本输出已在国际上占据了一席之地。

从存量来看，2003 年中国对外直接投资存量为 332 亿美元，排在全球第 25 位；2018 年中国对外直接投资存量为 19823 亿美元，排在全球第 3 位（见表 3－4）。2003—2018 年中国对外直接投资存量增加了近 60 倍，全球位次上升了 22 位。

表 3-4　2018 年底对外直接投资存量排名前十的国家（地区）

排名	国家（地区）	对外直接投资存量（亿美元）	占比（%）
1	美国	64747	20.9
2	荷兰	24273	7.8
3	中国	19823	6.4
4	中国香港	18701	6.0
5	英国	16965	5.5
6	日本	16652	5.4
7	德国	16454	5.3
8	加拿大	15078	4.9
9	瑞士	13250	4.3
10	新加坡	12634	4.1

资料来源：中国的数据来源于《2018 年度中国对外直接投资统计公报》。

可见，随着资本输出十几年的高速增长，中国作为新兴资本输出大国的代表，已经在传统资本输出大国中挤出了一定的位置。这不仅是中国经济高速发展的成果，也是当今世界新兴市场、新兴大国不断崛起的结果。这标志着世界经济已经不再是发达经济体一枝独秀，发达经济体、发展中经济体和转型经济体共同推动世界经济的发展。

3.1.3.2　对外直接投资虽然国家和行业覆盖广，但分布较为集中

截至 2018 年底，中国对外直接投资的国家和地区数量达到了 188 个，占全世界总数量的 80.7%，但中国投资的金额十分集中。对外直接投资存量排名前十的国家和地区分别为中国香港、开曼群岛、英属维尔京群岛、美国、新加坡、澳大利亚、荷兰、英国、俄罗斯和加拿大，这 10 个国家和地区的存量合计为 17320 亿美元，占整个中国对外直接投资存量的 86.9%，而其他 180 个国家和地区仅占 13.1%。

截至 2018 年底，中国对外直接投资的行业已经覆盖了国民经济的 18 个大类，但其中 84.6% 的投资额都分布在租赁和商务服务业、批发和零售业、金融类、制造业和采矿业这五个行业中，存量总额达到了 16754.2 亿美元，其中的租赁和商务服务业甚至达到了 6754.7 亿美元，成为中国对外直接投资最主要的行业。近年来制造业成为租赁和商务服务业之后的热门投资行业，其对外直接投资流量在 2018 年居第五位。

3.1.3.3 对外直接投资主体转变为双轮驱动，呈现多元化发展趋势

中国资本输出已经由10年前的以国有企业为主体转变为国有企业和非国有企业双轮驱动的格局。如图3-10所示，2006年中国对外直接投资存量中有81%来自国有企业，而到2018年占比只有48%，国有企业的投资存量在整个存量中的占比呈现下降的趋势，非国有企业中的有限责任公司、私营企业和股份有限公司占比分别达到了17.7%、7.1%和8.8%，这标志着资本输出的主体实现了多元化的发展。

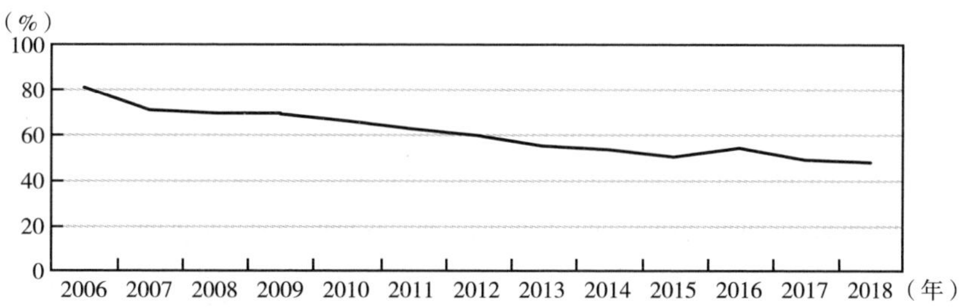

图3-10 2006—2018中国国有企业投资存量占比

资料来源：2006—2018年《中国对外直接投资统计公报》。

3.1.3.4 海外并购已成为中国企业对外直接投资的重要方式

2008年以前，中国对外直接投资主要以绿地投资为主，在海外建立贸易公司、贸易代表处。这种方式的好处在于能较好地控制住当地的子公司或公司，缺点在于投资成本很高。随着中国对外直接投资的不断发展与优化，特别是经历了2008年的金融危机之后，跨国并购的对外直接投资方式得到了企业的青睐，优势是能够让中国企业快速地进入当地市场，降低企业发展的风险和成本。

我国企业跨国并购规模和数量在2016年达到峰值，达到了765起，实际交易总额为1353.3亿美元，同比增长了148.62%，占当年对外投资总额的68.99%，其中直接投资占63.9%。从2017年开始呈现下降趋势，主要原因是海外投资监管环境日趋严格和我国对外直接投资的限制类监管措施增多，让中国企业海外并购趋于理性。2018年，中国对外投资并购稳步发展，中国企业共实施对外投资并购项目433起，实际交易总额742.3亿美元，占当年对外投资总额的41.9%，其中直接投资占21.7%。实际交易金额超过80亿

美元的行业有四个，分别是制造业、采矿业、电力/热力/燃气及水的生产和供应业、交通运输/仓储和邮政业，以上四个行业占 2016 年中国企业并购项目总额的 79.2%。其中，制造业的并购涉及 162 个项目，金额达到 329.1 亿美元；采矿业的并购涉及 27 个项目，金额为 91.8 亿美元；电力/热力/燃气及水的生产和供应业的并购涉及 26 个项目，金额为 83.9 亿美元；交通运输/仓储和邮政业的并购涉及 11 个项目，金额为 83 亿美元。

3.2 与资本输出有关的税收政策与制度

税收政策是一个较为抽象的概念，是指一定时期内政府为完成特定任务而制定的税收分配指导思想和原则；税收制度是一个国家税负结构、税收管理体制及征收管理体制的总和①。税收政策是税收制度的灵魂，税收制度是税收政策在制度上的具体体现。税收政策制定出来后必定会引起税收制度的改革，然后通过新税收制度的实施对资本输出的数量、结构和方式等产生影响。

3.2.1 与资本输出有关的税收政策

税收政策是政府为了实现一定时期的社会或经济目标，通过一定的税收政策手段，调整市场经济主体的物质利益、给以强制性刺激，从而在一定程度上干预市场机制运行的一种经济活动及其准则。

税收政策分为税收总政策和税收具体政策。税收总政策是一定时期内一国所根据税收基本矛盾所制定的、用以解决这些基本矛盾的指导原则；税收具体政策是在税收总政策指导下，用以解决税收工作中比较具体的矛盾的指导原则。税收总政策是各项税制建立的原则，是一个国家的税收政策，在一定时期内具有相对稳定性；税收具体政策在每项税收制度中表现不尽相同，是指某一税种的政策，会随着经济政治形势的变化而变化。税收总政策和具

① 王惠．论税法与税收、税收制度和税收政策的联系与区别［J］．浙江省政法管理干部学院学报，2000（4）：25 - 27．

体政策，是一国税制总体布局和税种结构建立的基础，也是各税种的税率、税目、减免、课征环节等要素确定的基础。

我国现行的税收总政策是“统一税法、公平税负、简化税制、合理分权”。该政策确立于1994年，当时社会主义市场经济刚刚建立，许多分配关系（如国家与企业、中央与地方之间的分配关系）没有理顺、不够规范，市场经济条件下国家对经济的管理也需要与国际惯例接轨，为了建立一套符合市场经济客观要求和特点的税收制度，特地制定了以上税收总政策。

为了实现这一税收总政策目标，中国制定了一系列的各税种政策。首先是占比最大的流转税政策，流转税的政策目标是公平、中性、透明、普遍。其次是所得税政策，包括企业所得税和个人所得税政策。其中，企业所得税的政策目标是：调整、规范国家与企业的分配关系，促进企业经营机制的转换，实现公平竞争。个人所得税的收入政策是：既要破除平均主义，鼓励多劳多得，合理拉开收入差距；又要采取措施，调节过高收入，缓解社会分配不公的矛盾，避免两极分化。另外，农业税政策是轻税、增产不增税和合理负担。

3.2.1.1 不完全中性的资本输出税收政策

税收政策的资本输出中性是指一国制定的税收政策应使跨国纳税人的国外所得和国内所得负担相同的税率，以确保税收对投资者决定是投资国内还是国外不产生影响，从而使资本在世界范围内得到最有效的配置。与税收政策的资本输出中性相适应的税收管辖权是居民税收管辖权，即对其居民企业的全部所得，无论是来自境内还是境外，都要征税；同时采用抵免法消除双重征税，即允许其缴纳的外国税收在本国的应纳税额中抵免，从而保证本国居民的境内外投资所得均按统一的母国税率征税。如A国的居民公司到B国去设立分公司进行投资，A国所得税率为25%，B国所得税率为20%。A国实行居民管辖权，该公司在B国的分公司利润按20%交完税后，回到A国需要汇总按25%计税，但对在B国所交的税给予抵免，实际只就A、B两国之间税率差5%补税，从而该公司在A与B两国的所得均承担25%的税负。这样的居民管辖权加税收抵免制度确保了资本输出的中性原则。然而，如果B国的所得税率是30%，A国要确保完全的资本输出中性就得实行全额税收抵免政策，使该分公司在B国多交的5%税由A国抵免，显然这会侵蚀A国的税基。可见，现实中对在高税率国家的对外投资较难做到完全的资本输出中性。我国实行了居民税收管辖权，对跨国居民企业的境外所得采取限额税收抵免政策，因此，我国对资本输出实行的是不完全的中性税收政策。

3.2.1.2 税收管辖权政策

税收管辖权是一国政府在征税方面的主权，它表现在一国政府有权决定对哪些人征税、征哪些税以及征多少税等方面。税收管辖权是国家主权的重要组成部分，根据国家主权的行使范围所遵循的属地原则和属人原则，所得税的管辖权分为地域管辖权、居民管辖权和公民管辖权。从世界各国情况来看，既有实行单一地域管辖权的国家（如阿根廷），也有同时实行地域管辖权和居民管辖权的国家（世界上大多数国家），还有同时实行地域管辖权、居民管辖权和公民管辖权的国家（如美国）。依据我国的《个人所得税法》和《企业所得税法》，我国要对本国居民来自于境内外的一切所得和外国居民来自于中国境内的所得征税，因此，我国同时实行地域管辖权和居民管辖权。行使居民管辖权和地域管辖权，主要涉及税收居民身份的判断和所得来源地的判断①。

（1）税收居民身份的判断政策。因为资本输出主体主要以法人形式进行对外直接投资，所以本书主要关注法人居民身份的判定。行使居民管辖权的国家对法人征税时首先要确定其是否为本国居民。目前判定法人的居民身份主要有以下四个标准：注册地标准、管理机构所在地标准、总机构所在地标准、选举权控制标准。从世界各国的情况来看，有单一实行注册地标准的（如法国），有同时实行注册地标准和总机构所在地标准的（如日本），有同时实行注册地标准、管理机构所在地标准和总机构所在地标准的（如新西兰），还有实行注册地标准和管理机构标准，外加选举权控制标准的（如澳大利亚）。我国过去实行注册地和总机构所在地两者同时满足的标准，《企业所得税法》规定只要满足注册地标准与实际管理机构标准之一就属于中国的居民企业。过去，我国一直将总机构和实际管理机构视为同一体。《企业所得税法实施条例》对实际管理机构定义为“对企业的生产经营、人员、财务、财产等实施实质性全面管理和控制的机构”，而国税发〔2009〕82 号文

① 朱青．国际税收［M］．北京：中国人民大学出版社，2016：25－45.

规定，企业的最高决策机构和人员、日常管理机构和人员是否同时在中国境内是判定企业的实际管理机构是否在中国境内的标准。

（2）所得来源地的判断政策。不同类别的所得，其来源地判断标准有差异。所得可分为经营所得、个人劳务所得和投资所得。

①经营所得是指法人从事各项生产性或非生产性经营活动所取得的纯收益。判定一笔所得为纳税人经营所得，主要看取得这项收入的经营活动是否为纳税人的主要经济活动，而判定经营所得的来源地主要有以下两种标准：1）常设机构标准。如果一国采用的是常设机构标准，非居民公司的经营所得是否要被课税，关键取决于其在该国是否设立了常设机构，通过在本国常设机构取得的经营所得，其来源地就属于本国。如果有常设机构，但经营所得并非通过常设机构取得，一般遵循两种原则来判定来源地：一是实际所得原则，即不通过常设机构取得的经营所得来源地不属于本国，不征税；二是引力原则，即尽管该经营所得的取得没通过常设机构，但取得该经营所得的业务活动与常设机构所从事的业务活动相同或类似，则这些经营所得的来源地属于本国，在当地一并征税。大陆法系的国家多采用常设机构标准。2）交易地点标准，即依据交易或经营地点来判定经营所得的来源地。英美法系的国家一般采用交易地点标准。我国判定经营所得来源地实际上采用的是常设机构标准，对非居民企业在中国境内设立的机构场所取得的来自中国境内的所得缴纳25%的企业所得税，非居民企业在中国境内未设立机构场所或虽然设有机构场所但取得的经营所得与之无关需按20%缴纳所得税[①]；如果非居民企业在中国境内的经营所得是劳务所得，则需要对劳务发生地是境内还是境外进行判断，来确定这笔所得是否需要在中国纳税。

②个人劳务所得来源地的判定。各国判定个人劳务所得来源地的标准有三个：一是劳务提供地标准，即跨国纳税人在哪个国家提供劳务或在哪个国家工作，其获得的劳务报酬即为来源于那个国家的所得。目前许多国家都实行劳务提供地标准。二是劳务所得支付地标准，即以支付劳务所得的居民或固定基地、常设机构的所在国为劳务所得的来源国。实行劳务所得支付地标准的国家主要有英国等。三是劳务合同签订地标准，即在哪国签订劳务合同，该国即为劳务所得的来源国。实行劳务合同签订地标准的国家主要有爱尔兰

① 如果后者取得的是投资所得则按10%缴纳所得税。

等。我国实行的是劳务提供地标准。

③投资所得。投资所得指因拥有一定的产权而取得的收益，主要包括股息、利息、特许权使用费、租金和财产转让所得等。股息的来源地一般是以分配股息公司的居住国为股息的来源国，我国的标准也是如此。利息的所得来源判定标准有以下几种：一是以借款人的居住地或信贷资金的使用地作为借款利息的来源地，如阿根廷等国。我国的个人所得税法规定从个人处取得的借款利息来源地是借款个人的居住地。二是以支付债务利息的所得来源地作为债务利息的来源地，如美国。我国的企业所得税法规定企业支付或收到债务利息，以支付该利息的机构或单位所在国为利息的来源地。三是以借款合同的签订地为标准来判定利息所得的来源地，如新西兰。四是以贷款的担保物（不动产或财产）所在地为利息所得的来源地，如奥地利。特许权使用费的来源地判断标准有以下几种：一是以特许权的使用地为特许权使用费的来源地，如美国。我国的《个人所得税法实施条例》规定个人所得中特许权使用费是在中国境内使用特许权而取得的，则其来源地是中国。二是以特许权所有者的居住地为特许权使用费的来源地（因为该国对无形资产提供法律保护），如南非。三是以特许权使用费支付者的居住地为特许权使用费的来源地，如法国。我国的《企业所得税法实施条例》采用的是这一标准。四是以无形资产的开发地为特许权使用费的来源地，这一标准只有阿根廷等少数国家采用。关于租金所得，各国主要依据产生租金的财产的使用地或所在地、财产租赁合同签订地或租金支付者的居住地来判定租金所得的来源地。我国个人所得税采用的是租赁财产使用地标准，而企业所得税是将负担、支付所得的机构或场所所在地作为租金所得的来源地。为了避免有人滥用地域管辖权，以上四类消极投资所得（股息、利息、租金和特许权使用费）只要与我国国内贸易或经营机构有实际联系，就会被推定为来源于我国所得，并对其征税。财产转让所得一般以不动产的实际所在地作为不动产转让的来源地；而动产转让所得的来源地判定标准，各国不一样，既有动产的销售或转让地标准（如 1986 年前的美国），也有动产转让者的居住地标准（如现在的美国），还有动产的实际所在地标准。我国个人所得税采用转让地标准，而企业所得税采用转让者居住地标准，但对于股权转让等权益性投资资产转让所得，采用的是所得的来源地标准。

3.2.1.3 避免国际重复征税政策

如果不同国家选择的是同一种税收管辖权，但对所得来源地或居民身份的判定标准相互冲突，会导致同一笔所得被两国同时判定来自于本国、同一纳税人被两国同时判定为本国居民、同一纳税人被两国同时判定为其公民，从而带来重复征税问题。即使不同国家选择的是不同的税收管辖权，也会由于不同税收管辖权对同一笔所得征税而导致重复征税问题。另外，不同国家对收入分配和费用扣除的规定可能不一致，从而导致重复征税问题。为了避免国际重复征税，国际社会（包括经合组织和联合国）已经形成了比较成熟的规范去约束各国居民管辖权和地域管辖权，以指导各国的相关政策制定。

（1）约束居民管辖权。如果是对自然人行使居民管辖权，《经合组织范本》和《联合国范本》都要求按以下顺序来确定最终居民身份：长期性住所、重要利益中心、习惯性住所、国籍。我国遵循国际规范要求，基本上是按照此顺序来确定自然人税收居民身份的。如果是对法人行使居民管辖权，两个范本认为，应根据法人的“实际管理机构所在地”来决定哪个国家对其行使居民管辖权；也就是说，当判定法人居民身份的注册地标准和实际管理机构所在地标准发生冲突时，注册地标准要服从实际管理机构所在地标准。依据国税总局2011年45号公告《境外注册中资控股居民企业所得税管理办法（试行）》，我国也遵循此国际规范，但更多的时候通过与他国签订避免双重征税协定，约定双方通过协商来确定法人的最终居民身份。

（2）约束地域管辖权。主要是针对两个国家同时判定同一笔所得都来自本国境内并都对其征税的情形。不同类别的所得的来源地标准不一样，相关的国际规范如下。

①经营所得。经营所得来源地判定标准有常设机构标准和交易地点标准，但两个范本均主张以常设机构所在地标准来最终确定一国对来源于本国的经营所得具有征税权。非居民企业派员来华，对方国家如果没有与我国签订税收协定，按照我国的企业所得税法，我国有权对这种境内来源的劳务所得征税，不论其派员停留时间的长短；如果该国与我国签订了税收协定，只有非居民企业派员在我国提供劳务构成常设机构时，我国才会依据常设机构所在地标准对其取得的所得征税。依据国税函〔2006〕694号文，这里的常设机构是指这些雇员在中国境内实际工作时间在任何12个月中连续或累计超过6

个月；实践中，6 个月标准按 183 天来掌握。根据国税发〔2010〕75 号文，这些雇员在华停留时间不能按人数乘以停留天数来计算，同一项目跨数年的，只要其中任何一个日历年度中停留超过 183 天，就构成常设机构。

②个人劳务所得。个人劳务活动分为独立个人劳务和非独立个人劳务。对于非独立个人劳务所得（即工薪），两个范本认为，一般由缔约国一方居民的居住国征税，除非该居民在缔约国另一方受雇，此时该所得在一定条件下可由缔约国另一方征税。如果同时满足以下三个条件，则仍然由居住国征税：一是收款人在期间的任一个财年中在缔约国另一方连续或累计停留不超过 183 天；二是该报酬并不是缔约国另一方的居民雇主（或其代表）支付；三是该报酬不是由非缔约国另一方的雇主设在缔约国另一方的常设机构负担的。我国也基本采用此规范。

③投资所得。对于股息和利息所得，国际上一般采取所得支付人所在国与所得受益人所在国共享征税权的做法。两个范本均建议支付人所在国按一个较低的税率对股息、利息征税。依据我国企业所得税法，对非居民企业来源于我国境内的所得，如果没有设立机构场所或虽然设有机构场所，但所得与此无关，则适用 20% 的税率；如果是与我国签订了税收协定的国家，无论经营所得还是股息、利息，这些所得一般都按 10% 的税率征收预提税。若是与常设机构有联系的经营所得、股息和利息，均按正常税率 25% 在我国交企业所得税。特许权使用费应由哪国征税目前并没有统一的国际规范，《经合组织范本》主张特许权使用费的受益人居住国有征税权，而《联合国范本》主张特许权使用费的发生国具有征税权。我国主要是特许权的使用国，对外签订税收协定时一般采用《联合国范本》，对向境外支付的特许权使用费征收 10% 的预提税。

④财产所得。两个范本对不动产所得与不动产转让收益主张由不动产的所在国征税，世界各国均采用如此做法。对于动产，两个范本主张除以下两种情况以外，都由动产转让者的居住国对其征税：一是转让设在另一国的常设机构或固定基地所拥有的动产所取得的收益由常设机构或固定基地所在国征税；二是转让从事国际运输的船只、船舶、飞机或附属在这些运输工具上的动产所取得的收益由该企业实际管理机构的所在国征税。对于动产的租金收入，两个范本均主张在该项所得的居民所在的居住国征税，《联合国范本》也允许所得的产生国家对其征税。依据《企业所得税法实施条例》，我国对

动产租金所得的来源地按照负担、支付所得的企业或机构、场所所在地确定，但与赞比亚的税收协定约定仅在缔约国一方（即赞比亚）征税。转让公司股票所得（资本利得），若该公司的财产主要由位于缔约国一方公司的不动产所构成（即公司不动产价值超过公司总资产的50%），则这笔股票转让所得由该缔约国征税。

3.2.1.4 反国际避税的税收政策

跨国企业的对外直接投资不管是为了获取东道国资源、学习国外先进技术、降低成本，还是为了开拓维护出口市场、分散资产风险，从企业整体利益来看最终目的还是追求更高的投资利润。然而，由于世界各国的税制差异，投资所取得的利润放在不同国家，所承担的税负不一样，跨国企业利用税收洼地避税的行为非常普遍。各资本输出国为了获得相应的税收利益，加大了对国际避税的打击力度，制定了许多反避税的政策，如针对受控外国公司、跨国企业的转让定价和资本弱化等的反避税政策。其避税原理是：跨国企业在避税地建立一个外国公司，利用避税地低税或无税的优势，将许多经营业务通过避税地公司开展，再通过转让定价或资本弱化等手段，把一部分利润转移到避税地公司账上，并利用居住国推迟课税的规定，将利润长期滞留在避税地公司不做利润分配或只分配不汇回，从而规避居住国税收①。要阻止这种避税，可以在以下几个环节施加限制：一是取消对本国居民的国外应得股息推迟课税的规定，不管股息、红利是否分回母公司居住国，都要对这笔利润征税；二是对转让定价进行调整，限制跨国关联企业之间进行不合理的收入和费用分配以及利润转移；三是通过对企业关联方允许税前扣除利息的规模或债务规模进行限定，以防止企业通过过度负债以加大利息费用的税前抵扣的方式来避税。

我国目前对纳税人境外所得的税收政策是：如果纳税人海外子公司不做利润分配，国内母公司就不用就这部分利润向我国税务部门申报纳税；一旦进行利润分配，不论这部分利润是否汇回，都要向我国缴税；我国居民企业或居民控制的设立在实际税负明显偏低（低于12.5%）的国家（或地区）的企业，并非由于合理的经营需要而对利润不做分配或减少分配的，我国税务

① 朱青．国际税收（第七版）［M］．北京：中国人民大学出版社，2016：209.

机关可对此利润视同分配，并予以征税。一些居民企业通过人为控制交易价格的方式将利润在跨国关联企业、总公司与常设机构之间进行转移，将投资利润隐藏到避税地，从而达到少交税的目的。为此，我国与世界其他国家一样，税务部门会对居民企业与跨国关联之间的不合理转让定价按照其业务往来是否符合独立交易的原则进行审核评估和调整。为了减少税务机关和企业在转让定价问题上的分歧，同时增强企业的税收风险控制能力，还可根据情况采用预约定价协议的方式对关联企业的交易定价方法进行约定，采用成本分摊协议对各方研发生产等方面的成本分摊、风险分担和利益分配等进行约定。针对企业关联方的资本弱化行为，我国对企业关联方债务与资本金的比例做出规定。企业关联方的债务超过税法规定债资比的部分产生的利息费用，不能在企业所得税前抵扣，从而防止企业过度使用债务工具，以增加税前扣除利息方式避税。另外，为了防止国际避税行为，各国进行税收情报交换和加强税收征管合作也是国际普遍做法。

3.2.2 与资本输出有关的税收制度

税收制度是指“在既定的管理体制下设置的税种以及与这些税种的征收、管理有关的，具有法律效力的各级成文法律、行政法规、部门规章等的总和”①。

税收制度的主要内容包括以下三个层次：不同的要素构成税种，主要元素包括纳税人、征税对象、税目和税率等；不同的税种构成税收制度，主要税种包括所得税、增值税、消费税、关税等；规范税收征收程序的法律法规。

中国与资本输出有关的税收制度有国内的税收法律和国际税收协调两部分构成。自从1985年财政部发布的财税字〔1985〕58号文首次明确要对企业境外取得的利润进行征税后，我国在关于境外投资所得方面的制度设计、实施细则的规范、境外所得的确认与计征、税收抵免和反避税等方面不断完善。这些制度包括：对企业境外投资的纳税义务、所得确认、税收抵免和反避税等方面进行规定的《中华人民共和国企业所得税法》《中华人民共和国企业所得税法实施条例》《境外所得计征所得税暂行办法》《关于境外所得征

① 中国注册会计师协会. 税法［M］. 北京：中国财政经济出版社，2019.

收个人所得税若干问题的通知》《关联企业间业务往来税务管理规程》《企业境外所得税收抵免操作指南》《关于企业境外所得税收抵免有关问题的通知》《特别纳税调整实施办法（试行）》等。而国际税收协调中涉及的相关税收制度主要分布在双边、多边税收协定以及税收情报交换协定中。以上的法律法规、部门规章和税收协定已经构成了一套基本的境外所得税抵免制度框架体系，主要包括以下内容。

3.2.2.1 所得确认制度

中国实行收入来源地税收管辖权和居民税收管辖权相结合的双重税收管辖权，因此居民企业和非居民企业都有相应的纳税义务。居民企业承担无限纳税义务，其在中国境内、境外的所得均应缴纳所得税；非居民企业承担有限纳税义务，其在中国设立机构、场所的，来源于中国的所得以及来源于境外但与境内机构、场所有实际联系的所得均应缴纳所得税，其未在中国设立机构、场所的，但来源于中国境内的所得也应缴纳所得税。

3.2.2.2 税收抵免制度

（1）直接抵免。直接抵免是指纳税人在境外缴纳的所得税额在我国的应纳税额中予以抵免。直接抵免的适用范围包括：国内总机构取得源自国外分支机构的所得；国内居民个人取得源自国外的所得；国内居民公司在国外没有设立机构，但有来源于国外的投资所得，并已就此所得缴纳了预提所得税。

直接抵免根据各个国家采取的抵免额度来分，可以分为全额抵免和限额抵免。全额抵免指纳税人在境外所缴纳的所得税额允许在国内的应交税额中全部抵免；限额抵免是纳税人在境外缴纳的所得税额在境内抵免有一定限额，限额以内的予以全部抵免，限额以外的有的国家不予抵免，有的国家允许回转前几年或者结转后几年抵免。

依据《中华人民共和国企业所得税法》，我国采用的是限额抵免法，且最初采取“分国不分项”的方式计算应纳税额，在国外某一国家所缴的所得税以计算出的我国应交所得税额为最高抵免限额，超出限额部分允许在以后的 5 年内抵扣；后针对石油企业的特殊情况允许其采取“不分国不分项”的方式进行抵免（见财税〔2011〕23 号文）；近几年又开始允许企业在“分国不分项”与“不分国不分项”两种抵免方式之间进行选择，并且一经选定 5

年不变（见财税〔2017〕84号文）。

（2）间接抵免。间接抵免是指境外企业就分配股息前的利润缴纳的外国所得税额中，由我国居民企业就该项分得的股息性质的所得间接负担的部分，在我国的应纳税额中抵免。间接抵免的适用范围是居民企业（跨国母子公司）从其符合规定“持股条件”的境外子公司取得的股息、红利等权益性投资收益所得，即跨国母子公司之间的股息、红利等权益性投资收益所得。

居民企业境外间接税收抵免有居民企业持股外国企业比例与层级的限制。居民企业持有外国企业的股份只有达到20%及以上，才可以进行间接税收抵免。除非双边税收协定中有专门的持股比例限定，如我国与美国签订的双边税收协定中的第二十二条就规定，“从美国取得的所得是美国居民公司支付给中国居民公司的股息，同时该中国居民公司拥有支付股息公司股份不少于10%的，该项抵免应考虑支付该股息公司对于从中支付股息的利润向美国缴纳的所得税”。这种情况下，根据国际法优于国内法的原则，中国在缔约国的居民企业进行对外直接投资，只要拥有该公司的股份超过10%，就能享受间接抵免制度，而不用达到20%以上的标准。如果双边税收协定中没有专门针对持股比例的限定，如我国与新西兰、南非等国签订的税收协定，此时居民公司拥有境外公司的股权超过20%才可享受间接抵免。居民企业持有20%以上股份的外国企业，限于符合特定持股方式最多五层的外国企业①：第一层，企业直接持有20%以上股份的外国企业；第二层至第五层，单一上一层外国企业直接持有20%以上股份，且由该企业直接持有或通过一个或多个符合特定持股方式的外国企业间接持有总和达到20%以上股份的外国企业（见财税〔2017〕84号文）。

我国对企业境外的税收间接抵免尚无明确的法律规定，主要是通过与相关国家签订税收协定的方式进行。通过税收协定方式规定的税收间接抵免可以分为三种类型：一是明确规定了两国间对各自居民企业的税收间接抵免方法，如我国与美国、日本等国所签订的双边税收协定；二是中国将对居民企业实施税收间接抵免列入税收协定中，但他国并未列入，如中国与韩国、印度、匈牙利等国签订的双边税收协定；三是他国将对居民企业实施税收间接

① 2017年1月1日以前适用的是达到20%持股比例的最多三层持股的外国企业（见财税〔2009〕125号文件）。

抵免列入税收协定中，但中国尚未列入，如中国与新西兰签订的双边税收协定。我国的境外直接投资税收间接抵免主要涉及前两种形式的税收协定。

3.2.2.3　亏损弥补制度

亏损弥补是指纳税人本年度发生亏损时允许用盈利年度来弥补，是减轻企业税收负担的重要税收工具。

亏损弥补分为向前结转和向后结转，世界上绝大多数国家采取向后结转，除美国、加拿大、荷兰、法国、文莱、关岛和北马里亚纳群岛采取混合结转方式以外，其他国家和地区均采用其中一种结转方式。向前结转指企业当年海外投资发生亏损时，允许退还相应的以前年度已缴纳的税额用于弥补其亏损。美国允许企业向前结转弥补亏损，结转时间为 3 年，加拿大、德国和日本的向前结转时限为 1 年。向后结转是指企业当年海外投资发生亏损时，允许其在以后年度的应税收入中扣除。亏损结转时限分别有美国的 7 年、韩国的 3—4 年，值得注意的是德国对于企业海外投资亏损相互结转没有时间的限制。

向前结转和向后结转在本质上并不存在孰优孰劣的差别，国家采取何种结转方式主要受其历史因素的影响，但在实际操作中会发现企业在经营初期亏损概率大于中后期，同时向前结转的退款会增加税务部门的工作量，因此向后结转更具有可操作性。

我国实行分国不分项限额亏损弥补法，向后结转的时限为 5 年，对于自然灾害和战争等原因造成的亏损允许抵扣境外所得。

3.2.2.4　签订的国际税收协定

国际税收协定是指两个或两个以上国家和地区为协调和解决相互间因跨国纳税人所得和财产的双重征税问题，通过谈判的方式来确定国际税收划分的条约和协定。国际税收协定是国际税收协调的最主要形式，也是解决国际税收争议最有效的方式。

到目前为止（截止到 2020 年 4 月底国税总局网上公布的数据），我国已与 107 个国家以及我国的港澳台地区签订了避免双重征税的双边税收协定或安排，已经有 101 个生效；已签订三个多边税收公约；已与巴哈马等 10 个国际避税地签订了税收情报交换协定。与我国签订税收协定的国家和地区覆盖各个大洲，第一个双边税收协定于 1983 年 9 月 6 日与日本签订，同时与港澳台地区也分别签订了避免双重征税的协定。随着中国资本输出规模的加大，中国对外谈签国际税收协定的脚步明显加快。

（1）双边税收协定。双边税收协定主要包括对人的范围、税种范围、空间范围和时间范围的协定。以前两者为例，税收协定中对人的范围一般限制在缔约国一方或同时成为缔约国双方的居民，也有限制为缔约国纳税人的。我国对外签订的税收协定所提供的税收优惠税率（股息、利息、特许权使用费和资本利得的优惠税率①）只能由缔约国对方居民②享受。税收协定一般仅适用于对所得和财产征收的各种直接税，尽管有时这些税收名称不同，但性质上都属于这两种税。为了彻底避免双重征税，我国与他国签订的税收协定都会涵盖这些税种，如日本的所得税、法人税和居民税都纳入与我国的税收协定中，而我国纳入税收协定中的税种主要是企业所得税和个人所得税。我国还没有实行全面的财产税收制度，仅与少数国家（如德国、奥地利等）签订的税收协定涵盖了财产税，且只适用于对方国家的财产税。当然，由于税制的变化，协定签订后如果缔约国任何一方增加或替代协定中相同或类似的税收，变动当年年终缔约国双方主管当局将本国税法变动情况通知对方后，协定也适用于变动的税种。

（2）税收征管合作。截止到 2019 年底，我国已经签订了三个多边税收征管协议：《多边税收征管互助公约》（2013. 8. 27）、《金融账户涉税信息自动交换和多边主管当局间协议》（2015. 12. 16）、《实施税收协定相关措施以防止税基侵蚀和利润转移的多边公约》（2017. 6. 7）。其中，《多边税收征管互助公约》已于 2017 年 1 月 1 日开始执行，它主要是通过各签约国税务机关的征管合作来打击避税和逃税、防止双重征税，合理确定纳税义务、保障纳

---

① 税收协定通常对股息、利息、特许权使用费和资本利得给予优惠的预提税税率，如我国承诺协定的优惠税率为 0—7%，而没有协定的预提税税率为 10%—25%，但这些协定的优惠税率只适用于这些所得的受益所有人是缔约国对方的居民。根据国税函〔2009〕601 号文，受益所有人是指对所得或所得据以产生的权利或财产具有所有权和支配权的人（公司或团体），受益所有人应从事实质性经营活动，不能只是注册一个壳公司，以防止第三国居民滥用税收协定。

② 居民的身份需要办理相关认定手续，根据国税发〔2009〕124 号文件，缔约国的法人和自然人要享受税收协定的优惠待遇，须向我国税务部门提供《非居民享受税收协定先是备案报告表》、缔约国对方主管当局出具的税收居民身份证明等资料。另外，由于合伙企业在我国不是纳税实体（因为合伙企业的每个合伙人分别缴纳个人所得税），我国对外签订的税收协定不适用于合伙企业。

税人权利；《金融账户涉税信息自动交换和多边主管当局间协议》于 2018 年 9 月由国家税务总局与其他国家（地区）税务主管当局首次交换信息，它主要是通过各国税务主管部门对非居民金融账户涉税信息的自动交换来打击逃避居民国纳税义务的行为，以维护本国税收权益；《实施税收协定相关措施以防止税基侵蚀和利润转移的多边公约》主要是通过在多边框架下各国一致地应对混合错配安排、防止协定滥用、解决人为规避常设机构构成问题，改进争议解决机制，确保利润在产生利润的实质经济活动发生地和价值创造地征税，防止跨国企业激进的税收筹划将利润转移至免税或低税地区，而导致本国税收大量流失。

（3）税收情报交换。税收情报交换是指中国与税收协定的缔约国的税务主管当局为了执行税收协定及与协定相关的国内税法而进行的信息交换行为。世界范围内税收情报交换最初大都来自税收协定中的税收情报交换条款，如比利时与法国 1843 年签署的税收条约中就有一条关于注册税方面税收情报交换的条款，这也是世界最早的税收情报条款；而将税收情报交换真正发展起来并用于税收征管合作是 20 世纪 70 年代以后的事。我国签署的第一个专门的税收情报交换协定是 2009 年 12 月 1 日与巴哈马签订的，该协定于 2011 年 1 月 1 日正式执行。截止到 2019 年底，我国已与巴哈马、英属维尔京群岛、马恩岛、根西、泽西、百慕大、阿根廷、开曼群岛、圣马力诺和列支敦士登 10 个国际避税地或低税区签订了专门的税收情报交换协定。税收情报交换是确定跨国纳税人是否履行其纳税义务、打击逃避税和消除双重征税的基础，是中国与其他国家进行税收征管国际合作的重要方式，也是中国作为协定缔约国必须承担的一项国际义务。情报交换主要涉及所得税类税种：企业所得税，个人所得税，对股息、利息和特许权使用费等征收的预提所得税。税收情报交换的形式有多种，包括专项的、自动的或自发的情报交换，也包括行业范围情报交换、同期税务检查和授权代表访问等，分别适合不同的情形。

3.2.2.5 反国际避税的税收制度

反国际避税的税收制度在我国主要是“特别纳税调整制度”，内容涉及企业的转让定价、预约定价安排、成本分摊协议、受控外国企业、资本弱化以及一般反避税等特别纳税调整事项的管理。其中转让定价的税务管理主要涉及对跨国企业的关联交易是否符合独立交易原则进行管理，预约定价安排主要涉及企业未来年度关联交易的定价原则和计算方法的管理，成本分摊协议主要涉及企业与关联方的成本分摊是否符合独立交易原则的管理，受控外国企业法规主要涉及受控外国企业不做利润分配或减少分配时对归属于中国居民企业所得的管理，反资本弱化法规主要涉及接受投资一方的来自跨国企业的债权性投资与其权益性投资的比例是否符合规定比例或独立交易原则的管理，一般反避税管理主要包括企业进行其他不具有合理商业目的的安排以减少其应纳税所得的管理。

（1）转让定价的税务管理制度。转让定价是指公司集团内部机构之间或关联企业之间相互提供产品、劳务或财产而进行的内部交易作价；因为同属一个集团公司，内部成员间的转让定价并不一定符合市场竞争的原则，而是根据公司集团的整体利益人为地加以确定。转让定价是跨国公司进行国际避税的最常用手段，为此，各国加强了国内税收立法，通过一系列措施对跨国关联企业、跨国总公司与常设机构之间的不合理转让定价进行调整。我国转让定价的税务管理涉及关联企业的认定、收入和费用的分配原则、转让定价的调整方法、转让定价中的国际重复征税问题解决（主要是在双边税收协定中约定）等内容。

①关于关联企业的认定。根据我国的企业所得税法实施条例，企业之间具有以下联系之一，均为具有关联关系：一是在资金、经营、购销等方面存在直接或间接的控制关系；二是直接或间接地同为第三者控制；三是在利益上具有相关联的其他关系。关于关联企业之间在资金方面的控制，根据《特别纳税调整实施办法》的规定，一方直接或间接持有另一方的股份总和达到25%及以上，或直接或间接同为第三方股份达25%及以上，两者间即被认为具有关联关系；若是间接控制持股，一方通过中间方对另一方间接持有股份，只要一方对中间方持股比例达到25%及以上，则一方对另一方的持股比例按照中间方对另一方的持股比例计算。

②关于收入和费用的分配原则。跨国关联企业间的收入和费用依据什么原则进行分配，会影响它们之间的利润分配与转让定价，进而影响有关国家间的税收利益。目前跨国企业间的收入费用分配原则主要有总利润原则和正常交易定价原则。总利润原则指按照一定标准将跨国公司的总利润分配给各关联企业，总利润原则不审核各关联公司之间的每一笔收入与费用，只在年终把集团公司内各关联企业的利润汇总相加，然后按照一定的标准重新分配

各关联企业的利润，并据此征税。总利润原则最大的问题是实践中难以操作，因为各关联企业的商业风险、劳动力成本水平以及业务性质等都可能不同，很难找到一个将这些因素均考虑在内的、普遍接受的分配标准，因而，现实中较少采用。正常交易定价原则是指跨国关联企业之间发生的收入与费用按照无关联关系的企业之间进行交易所体现的独立竞争精神进行分配。该原则能较为真实地反映企业的经营，目前已为各国普遍接受。

③关于转让定价的调整方法。转让定价的调整方法可归纳为两大类四种方法：价格法（可比非受控价格法、再销售价格法、成本加成法）与利润法（其他合理方法）。可比非受控价格法是根据相同交易条件下非关联企业之间进行同类交易时所使用的非受控价格来调整关联企业之间不合理的转让定价；可比非受控价格法是一种最合理、最科学的审核和调整跨国关联企业转让定价的方法，但运用此方法需要进行严格的可比性分析，从而使其应用受到限制。再销售价格法是以关联企业间交易的买方（再销售方）将购进的货物再销售给非关联企业时销售价格（再销售价格）扣除合理销售利润及其他费用（如关税）后的余额为依据，借以确定或调整关联企业之间的交易价格。再销售价格法强调两种交易的功能（包括所承担的风险和所使用的资产）要充分地可比，适合于批发企业。成本加成法是以关联企业发生的合理生产成本加上合理毛利润后的金额（组成市场价格）为依据，借以确定关联企业间合理的转让价格。根据国税发〔2009〕2 号文件，成本加成法也需要进行可比性分析。国税发〔1993〕154 号文件中对消费税征收一律采取成本利润率为10% 来计算组成市场价格的做法太粗糙、不科学。成本加成法适用于制造企业。其他合理方法主要有“利润法”，包括以交易为基础的利润法（利润分割法、交易净利润率法）、以企业年度所有交易形成的总利润为基础的利润法（如可比利润法、价值贡献法）等。价格法是传统的方法，包括我国在内的世界上许多国家最初都强调可比非受控价格法、再销售价格法、成本加成法与利润法的有序采用（如我国的外国企业所得税法实施细则），近年都不再强调这种有序性，只要求选用合理的转让定价方法即可（如国税发〔1998〕59 号、〔2004〕143 号、〔2009〕2 号以及国务院令〔2002〕362 号）。

（2）预约定价安排。只有减少不确定性和提高跨国关联企业交易税收后果的可预见性，才能更好地促进纳税人对税法的自愿服从，从而减轻税务部门和纳税人双方的管理负担。根据我国的《特别纳税调整实施办法（征求意见稿)》，预约定价安排是指税务机关企业提出的未来年度关联交易的定价原则和计算方法达成的一致安排，这种安排可以是企业与一个或多个设区的市级及以上税务机关之间的单边、双边和多边的协商安排。申请预约定价安排的企业必须具备一定的条件，即每年有4000万元人民币以上的关联交易金额，过去都依法履行了关联申报义务，按规定准备、保存和提供了同期资料，只有这样才可以就其未来3—5年的关联交易提出定价原则和计算方法的申请。预约定价安排形成过程是本着双方自愿原则，需要税企双方的高度配合，管理程序复杂，只有大中型以上的跨国企业才适合做如此安排。

(3) 成本分摊协议管理。成本分摊协议是指两个以上企业确定各方在研发、生产或获得资产、劳务和权利等方面承担的成本和风险，以及各方获得的利益的性质和范围。根据我国的《特别纳税调整实施办法（征求意见稿)》，如果跨国企业与其关联方共同开发、受让无形资产，或共同提供、接受劳务，需要接受税务机关的成本分摊协议管理，即在企业之间达成协议起的30天之内报备国家税务总局，由其审核批准。根据我国的《企业所得税法》，成本分摊协议要符合独立交易原则和成本与预期收益相配比的原则。所谓独立交易原则，是指关联企业之间的成本分摊要按照无关联关系的双方之间采用的计价标准来对相互间的收入和费用进行分配。所谓配比原则，是指参与方对开发、受让的无形资产或参与的劳务活动享有受益权，并承担相应的活动成本，关联方承担的成本应与非关联方在可比条件下为获得上述受益权而支付的成本相一致。成本分摊协议是否符合这两个原则，由税务机关根据纳税人报送的相关资料进行确认。为了降低被税务机关否定的风险，成本分摊协议也可以用预约定价的方式。

(4) 受控外国公司法规。受控外国公司也称为基地公司，要阻止跨国公司利用避税地基地公司避税，居住国就必须取消对本国居民从国外应得股息的推迟课税规定，无论基地公司是否进行利润分配，是否将股息、红利汇给母公司。这种取消推迟课税以阻止跨国纳税人利用避税地基地公司进行避税的立法，就是受控外国公司法规。从世界范围来看，各国的受控外国公司法规对是哪些地区的受控外国公司、哪些所得列入应税的保留利润以及如何界定一个公司是受控的等方面进行了规定，不同国家的规定稍有差异。我国没有海外利润不汇回就推迟缴税的做法，只要利润分配了就要纳税；但对于一些居民企业利用转让定价将利润转移到避税地基地公司，基地公司长期不做利润分配或只分配很少利润的避税行为无能为力。《企业所得税法》规定，中国居民企业在实际税负明显低于25%（低于12.5%）的国家或地区设立企业（子公司），如果子公司没有向其分配利润，而且子公司不分配利润没有正当理由，那么该中国居民企业必须就其应从子公司按股权比重分到的利润向中国政府申报纳税。至于哪些利润应归结到应税范畴，我国与美国等采取的方法基本相同，即“项目法”，只有受控外国公司取得的特定项目（包括应归属于居住国股东的、积极投资所得以外的基地公司所得、消极投资所得等“变质的所得”）才属于受控外国公司法规打击的对象。关于受控外国公司中受控的界定，新企业所得税法实施条例规定，如果同时满足以下两个条件，说明外国企业是受居民企业控制的：一是中国居民企业或个人直接或间接[①]单一持有外国企业10%及以上有表决权的股份[②]；二是上述单一持有外国企业10%及以上股份的中国居民股东（包括居民企业和自然人）共同持有外国企业的股份比例要在50%及以上。

（5）限制资本弱化法规。各国防范跨国公司通过资本弱化方式减少本国企业的纳税义务的方式主要有两种：一是限定允许税前扣除利息的债务规模，规定纳税人举借超过这个规模的债务利息不能当期税前扣除；二是直接限定可税前扣除的利息规模。如果是限制债务规模，有两种做法：一是公平交易法，即在相同条件下，若债务人与债权人没有关联关系，其应当或能够承受的债务规模；二是比例法，即规定允许税前扣除利息的最大债务规模不能超过股本的一定比例。如果是限制利息规模，一般采用收入剥离法，即规定允许税前扣除的利息不能超过营业利润或息税折旧及摊销前利润的一定比例。根据《特别纳税调整实施办法》，我国在企业向关联方支付利息方面采用独立交易原则，如果向关联方支付的利息符合独立交易原则，则可以受债务/股本比率的限制；但超过债资比标准比例的利息支出在计算税前扣除时，需要向税务机关提供特殊事项文档，以证明该关联债权性投资符合独立交易原则。根据《企业所得税法》，不符合独立交易原则的关联方债权性投资，一旦超

① 根据国税发〔2009〕2号文件，间接持有外国企业股份比例应按各层持股比例相乘计算；中间层持有股份超过50%的，按100%计算。

② 中国居民企业或个人直接或间接单一持有外国企业10%及以上有表决权的股份，是指居民企业或个人直接持有，或与其存在姻亲、直系血亲、三代以内旁系血亲关系的居民个人间接持有，或通过境内关联方间接持有外国企业股份的情形。

过权益性投资的一定比例（债资比一般企业为2∶1，金融企业为5∶1），因借款发生的利息支出不得在税前列支。关联方的债权性投资既包括直接借款，也包括间接借款；限制的利息支出范围很广，包括利息、投资担保费或抵押费、融资租赁的融资成本、相关的汇兑损益及其他具有利息性质的费用。根据《特别纳税调整实施办法》，不得计算应纳税所得时扣除的利息支出也不得结转到以后纳税年度继续扣除，而是应当按照实际列支的各关联方利息占关联方利息总额的比例，在各关联方之间进行分配。

3.3 资本输出视角下中国税收政策与制度存在的问题

3.3.1 与资本输出相关的税收政策存在的问题

3.3.1.1 税收政策缺少顶层设计

尽管税收中性原则要求一国的税收政策对资本跨境流动不产生额外的激励或阻碍作用，但是现阶段资本输出并不完全是企业自身的逐利行为，资本输出对我国经济社会发展，尤其是“一带一路”倡议的实施有着积极的促进作用，因此，税收政策促进特定行业或产业、地区和方式的对外投资是必要的。然而，我国现行税收政策并未体现出站在国家战略高度对资本输出的政策导向，缺乏对资本输出的规模、方向和重点等的具体规划①。

如我国企业在“一带一路”的基础设施建设上进行了大量投资，中国的高铁产业享誉海外，但对于这类符合国家战略的产业，没有相配套的税收优惠。又如，2016 年的对外直接投资流量接近 2000 亿美元，其中租赁和商务服务业、制造业、批发和零售业分别为 657.8 亿美元、290.5 亿美元、208.9 亿美元，这三个行业的总和占整年对外直接投资流量的 59%，另外还有近年高速增长的金融业和采矿业的投资，中国对外直接投资集中分布在这五个行

① 广东省国际税收研究会课题组. 完善资本输出中的税收支持政策［J］. 涉外税务，2010（12）：16.

业。中国的税收政策优惠中，除了对采矿业中的石油企业的税收抵免采取“不分国不分项”和其股息已缴纳税款的间接抵免层级增至五层以外，对其他行业和产业的税收政策导向十分零散。专门针对“一带一路”投资的税收优惠政策较少。

3.3.1.2 税收政策缺乏全面系统性

（1）优惠政策覆盖面过窄，形式单一。现行的税收政策涉及境外投资的税收优惠条款较少，仅仅见于《中华人民共和国企业所得税法》中，对外投资的税收优惠政策适用条件较为苛刻，覆盖面窄，激励作用小①；并且税收优惠形式单一，主要是采取避免国际重复的形式，国际上较为流行的延期纳税和亏损准备金制度较少采用，满足不了“一带一路”倡议下对外直接投资对税收优惠政策的需求，也与资本输出大国的地位不匹配。

（2）缺乏系统的税收法律支持体系。由于我国大规模的对外资本输出历史并不长，成为资本净输出国也只有几年的时间，所以我国关于资本输出的税收支持政策少，除一些原则性的规定主要来自《企业所得税法》和《企业所得税法实施条例》外，其余的具体措施基本上来自财税等部门的行政规章，并且这些规章处于不断地修正与完善过程中。相较于西方发达国家悠久的对外投资历史和完善的税收法律体系，我国在对外投资方面的法律体系还很不系统、不成熟、不完备，税收法律的立法方式不规范、立法权的配置不合理，税收法律体系建设过多依赖行政规章制定。

3.3.1.3 税收管理与税收服务有待提高

与国内投资相比，企业境外投资面临的情况更复杂，需要更多的信息、更专业的服务和指导来规避投资风险和税务风险。然而，我国对外投资的税收服务体系不健全，税收服务水平亟待提高。具体来说还存在以下不足。

（1）对外投资事务管理部门多，但缺乏专门的税收服务与咨询部门。我国对外投资的各项事务由商务部、财政部和发改委等部门联合负责，对外投资所涉及税收协定的执行由国税总局的国际税务部门负责，而税收征管由所

---

① 侯宝珍．“一带一路”和 BEPS 视角下我国对外直接投资税收政策建议［J］．会计之友，2017（18）：69－72.

得税部门管理。一方面，对外投资事务涉及部门多，部门分工复杂，遇事难以协调，从而降低了政府对外投资服务的效率，增加了企业对外投资事务的咨询成本[①]。另一方面，在企业境外投资非常需要的税收服务方面，现阶段我国主要依靠12366热线的“走出去”企业政策咨询专席和中国国际税收服务热线，为企业提供政策咨询、税收咨询和办税指引等纳税服务。仅仅依靠两条热线来提供税收咨询服务，较少主动了解企业的税务需求为其提供针对性服务，没有专门的部门负责提供其他的税收服务，政府在提供对外投资税收服务方面的缺位加大了企业走出去面临的税务风险，进而抑制了境外投资[②]。

（2）税务部门和中介机构的税收服务无法满足企业对外投资的需求。尽管截止到2019年11月底，我国国税总局已经对外提供了99个国别投资税收指南，发布了《“走出去”税收指引》，为企业境外投资提供了宝贵的资料和有价值的信息，然而，我国有对外直接投资的国家和地区已经近200个，还有近2/3的国家没有国别投资税收指南作为指导，税务部门在国别投资税收指南上还任重道远。另外，由于各国的税制是处在不断变化中的，等税务机关把所有的国别投资税收指南整理出来，以前提供的指南中许多税制内容早就发生了变化，因此，未来有必要及时更新国别投资税收信息，满足纳税人对外投资的税收服务需求。

除了税务机关提供的国际税收服务外，一些国际性会计事务所和税务师事务所也提供了部分跨境税收服务，如四大所也会经常发布一些关于特定国家或区域的投资及税收研究成果，主办一些会议对特定领域或地域的投资及税收问题进行研讨，为企业对外直接投资提供部分有偿纳税服务和全球税收规划服务。然而，由于各国税制的巨大差异以及税制本身的复杂性，当跨国企业的投资涉及多国税制时，四大所的服务仍然无法及时有效地满足众多跨国企业的政策咨询和税收支持需求，而其他大多数中介机构根本不具备为跨国企业提供多地区或跨地区的个性化服务能力[③]。

（3）企业境外投资缺乏税收维权服务保障。许多企业进行境外投资时对东道国的税制和政策并不了解，不知道境外投资可以享受怎样的税收优惠政

① 袁光华．促进我国对外直接投资的税收政策研究［D］．昆明：云南财经大学，2016.

②③ 侯宝珍．“一带一路”和BEPS视角下我国对外直接投资税收政策建议［J］．会计之友，2017（18）：69-72.

策，不知道如何正确地在东道国申报纳税，从而更容易遭遇国际税务纠纷。一般而言，企业境外投资的税务纠纷可以通过启动我国与东道国之间的税收争端协商程序来解决。然而，我国并没有专门的机构来负责境外投资企业的税收维权事宜，没有建立一套完善的税收维权服务机制，加上大多数企业缺乏维权意识，也不了解税务争端的协商程序，在遭遇税务不公平待遇时不知道维权，也无法找到专门的税收维权渠道，正当税收权利得不到维护①。因此，未来税务机关应建立专门的税务争端协商机构，加强企业税收维权服务，建立完善可行的企业境外投资税收维权机制。

可见，我国的对外投资的税收服务和管理体系还不健全，在国家层面还没有形成一种多层次的税收服务体系，无法在税收层面有效地指导和帮助企业“走出去”，税收服务水平亟待提高。

3.3.2 税收制度存在的问题

3.3.2.1 境外所得确认和计算不合理

（1）企业境外所得的确认不合理。在企业境外所得的确认方面，存在一些不合理的情形：首先，对于某特殊企业的境外所得（如境外捐赠所得、金融衍生品损益等）如何确认计税，我国还没有相关的法律法规进行具体规定，这给企业申报纳税带来困扰和税务风险。其次，我国对企业境外分支机构投资产生的利润实行的税收政策是，只要分配了，不管其是否汇回，都要确认为其母公司的境外所得并在我国计算缴纳所得税。这么规定的目的是防止海外投资企业将其境外利润滞留国外而逃避纳税。然而，并非所有不汇回国的利润都基于避税目的，还有许多利润被用于国外再投资。此规定使企业境外利润再投资的部分无法得到税收抵免，这无疑会加重对外投资企业的税收负担，影响税负公平，抑制其境外投资的积极性。

（2）企业境外所得的计算不准确。由于我国还没有建立起规范的对外投资企业信息采集制度和税务登记、备案制度，没有企业境外投资的涉税信息，当企业提供的境外抵扣原始凭证来自国外时，如何正确判断其是否可以抵扣

---

① 袁光华. 促进我国对外直接投资的税收政策研究［D］. 昆明：云南财经大学，2016.

是比较难的，因为这需要税务机关在准确识别多种语言凭证真伪的基础上对其给予合理合法的抵扣。基于这些困难，现实中税务机关很难依据我国税法对企业的境外所得进行相应调整，从而给企业对外投资所得计算的准确性带来问题[①]。

3.3.2.2 境外中资控股居民企业认定标准不明确

我国在行使地域管辖权的同时也行使居民税收管辖权，然而，在如何确定居民纳税人身份上，有些标准并不具体明确。如关于境外中资控股居民企业的身份认定，我国的政策是只要这个境外企业是由中国企业或企业集团作为主要控股投资者，它就是境外中资控股居民企业。我国对主要控股投资者的判断并没有明确的量化标准，导致在许多情况下无法准确地判定到底谁才是主要控股投资者[②]。

（1）主要控股投资者不确定。

①境内主要控股投资者判定标准的不确定性。一般来说主要控股投资者是按持股比例来判定的[③]，但如果表决权与持股比例不匹配，似乎按表决权判断更合理；或者一些股东持股比例不高，却对企业拥有实质性控制权力，如他们通过资金、经营、购销方面的控制来对企业形成实质性管理和控制，此时按实质性控制权确定主要控股投资者似乎更合理。我国的税收政策并没有对此给出明确答案。

②企业集团控制的不确定性。当控股者是企业集团时，是否将占有股权比例最大的最终控制人（即企业集团）作为境内主要控股投资者，股权比例采用何种方式计算，现行税收政策都没有明确规定。

（2）境外中资居民企业认定的主管税务机关不确定。主要是指由于主要控股投资者确认的不确定性带来主管税务机关的不确定性问题。我国已经把境外中资控股居民企业的认定下放到省级税务机关，规定中国境内主要投资者登记注册地的主管税务机关为境外中资居民企业身份认定的主管税务机关。

---

① 袁光华．促进我国对外直接投资的税收政策研究［D］．昆明：云南财经大学，2016.

② 段从军．国际税收实务与案例［M］．北京：中国市场出版社，2016：379－382.

③ 这里控股比例判定标准也存在不确定性，如果一个中方、一个外方两个大股东的控股比例都是一样的，其余的是中方个人股东，能否据此判断该企业为中资控股居民企业，我国的税收政策没有明确。

前述控股投资者标准和企业集团控股标准的不确定性，会导致境外中资控股居民企业认定的主管税务的不确定。另外，境内主要投资者在某一年或某一月发生变化，意味着其主要投资的境内注册地由一个省变为另外一省，主管税务机关是否也应随之发生变化，现有政策并没有明确规定。

（3）境外中资控股认定规则不明确。如高层管理人员和高层管理部门范围如何确定，至今没有明确规定，但各企业的具体情况不一样，认定标准是什么不明确。高层管理人员和高层管理部门履行职责的场所是否位于中国也不明确，因为在企业海外投资过程中，境外股东、中国股东作为高层管理人员会经常到全球各地的办公室或客户处出差或常驻，以履行其职责，其履职场所能否算在中国，我国并无明确规定。主要财产存放于中国境内的判定也不确定。作为境外控股平台，公司财产主要有长期股权投资、银行存款和各类往来款，银行存款主要存放在境外离岸银行，长期股权投资和往来款项本身并不在中国境内，是否指长期股权投资所投的对象（即被控制的中国公司的主要财产）位于中国境内，类似问题都需要有确定答案，而现行政策没有明确。

3.3.2.3 境外所得税抵免制度滞后

（1）税收抵免政策不合理。限额抵免期限不够灵活。根据最新的现行税收抵免制度（财税〔2017〕84 号），我国开始允许所有类型的企业自行选择“分国不分项”或者“不分国不分项”的抵免方式，并且一经选定 5 年不变。与以前只能采用“分国不分项”的抵免方式相比，可选择“不分国不分项”的方式给那些境外投资企业带来了国外的抵免限额的相互调剂机会，从而有助于消除重复征税问题；但“不分国不分项”的做法对企业所有境外国家抵免限额调剂后仍有部分东道国已纳税无法抵免的情况来说，并没有完全消除重复征税问题。未来如果能在此基础上加上时间维度上的灵活性，比如抵免不仅向后五年，还可以向前追溯几年，这样就能更好地消除跨国投资的重复征税问题。

间接抵免条件相对严苛。根据现行所得税法，我国对企业来源于境外的股息、利息和红利等权益性所得可以间接抵免，但要求居民企业持有的外国企业股份达到 20% 以上（美国除外，税收协定为 10%）。与世界上其他国家的间接抵免持股条件相比，20% 是比较高的持股要求，这就导致许多对外投资无法获得间接抵免优惠，从而在一定程度上抑制了对外投资的发展。

（2）境外亏损结转弥补办法不合理。首先，《中华人民共和国企业所得税法》第十七条规定："企业在汇总计算缴纳企业所得税时，其境外营业机构的亏损不得递减境内营业机构的盈利。"这意味着，企业的境外投资发生的亏损无法在境内得到抵减，会增加企业境外有亏损时的税收负担，抑制了企业的投资积极性。其次，我国对企业境外投资亏损结转弥补政策是"分国不分项"且"向后5年内结转"，这样的政策对以下几种情形的境外投资不公平：一是如果企业的海外投资部分地区盈利部分地区亏损，企业在汇总计税时是无法用盈利地区的利润抵补亏损地区的亏空的，这无疑增加了亏损时境外投资的总体税收负担；二是大型海外投资，初期往往风险较大，大量投入使得前期亏损概率更大，若连续亏损超过5年，则导致前期的亏损部分无法结转弥补；三是长期盈利但出现连续亏损的投资，由于中国采取向后结转，使得企业无法用之前的盈利来弥补之后的亏损，亏损期财务压力加大。

3.3.2.4 现有企业所得税税率较高

中国现行的企业所得税税率为25%，属于税率偏高的国家。据统计，全球197个国家中有58个国家企业所得税税率在25%以上，有24个国家的企业所得税税率为25%。而2018年中国对外直接投资存量排名前五位的国家（地区）是中国香港、开曼群岛、英属维尔京群岛、美国和新加坡，前四位的企业所得税税率分别是16.5%、0、15%和21%，新加坡的企业所得税采取8.5%和17%两级税率，而当前中国的企业所得税税率为25%，均超过这五个国家（地区）。

企业所得税税率偏高会抑制对外投资发展。如果不考虑税收饶让和国际重复征税的问题，中国现行税收法律制度决定了企业在所得税税率不高于中国的国家或地区投资，其最终承担的税负就是中国的企业所得税税负，中国较高的企业所得税税率使得企业进行对外直接投资时，相较于东道国的居民企业而言，承担了更高的税负，这会抑制对外投资。

3.3.2.5 税收协定不够完善

（1）税收协定签订国家数量仍然较少。迄今为止我国已与107个国家和地区签订了税收协定，但我国对外直接投资已经覆盖全球近200个国家，税收协定签订覆盖面只有一半，企业在这些没有与我国签订税收协定的国家或地区进行投资，在税收待遇上会面临很大的不公。

（2）税收协定中部分内容过时。即使是签订了税收协定的国家，由于签订时间有早有晚，协定内容有较大差异，从而企业的税收待遇也相差较大。如在我国已签订的税收协定中，有 81 个签于 2003 年以前，许多条款已不符合目前我国企业对外投资的需求。尽管我国已与德国、新加坡、瑞士等 14 个国家重签了税收协定，其他 67 份税收协定显然无法为企业提供良好的税收支持和保障。对于数字经济带来的常设机构认定不适用问题，也需要重新调整。

（3）税收协定中还应补充一些新的条款。随着国际经济社会的发展，还有其他的内容也应该纳入协定范畴。如各国对合伙企业的税收居民身份认定标准有差异，应对身份认定进行协定；也要对“走出去”企业由于逃税或避税可能带来的税务风险进行协定，因为现实中逃税与避税的界限很难清晰划分，关键在于能否得到税务当局的认可，能否以举例的方式指出哪些是逃税，从而为企业的税务风险控制提供支持；随着我国参与 BEPS 和 CRS 的实施，国际税收情报交换与国际税收征管合作越来越重要，这些都需要在税收协定中得到充分的反映①。

（4）税收协定执行情况欠佳。在税收协定的执行方面，由于缺乏税务机关的有效宣传，许多企业并不了解税收协定中的优惠政策，也不知如何才能享受到这些优惠政策，税收协定的执行效果不佳②。

3.4 本章小结

本章主要包括三个内容：我国资本输出现状、与资本流出有关的税收政策与制度，以及我国资本输出税收政策与制度存在的问题。

2003—2018 年（样本期间），随着我国经济的快速增长和“走出去”战略的逐步实施，我国资本输出规模无论是流量还是存量都呈现增长趋势，不过波动幅度较大；从洲、经济体、国别（地区）三个维度来看，我国历年对

① 杨志勇. 税收合理发力助推“一带一路”倡议落实［J］. 国际税收，2017（5）：20-21.

② 袁光华. 促进我国对外直接投资的税收政策研究［D］. 昆明：云南财经大学，2016.

外直接投资主要集中在亚洲、发展中经济体、中国香港。

针对资本输出，我国的税收政策主要有不完全的中性税收政策、税收管辖权政策、避免国际重复征税政策和反国际避税的税收政策，我国的税收制度有所得确认制度、税收抵免制度、亏损弥补制度、签订的国际税收协定和反国际避税制度。

我国资本输出，税收政策存在缺少顶层设计、不够系统化、消除重复征税的政策限制过多和税收服务水平不高等问题，税收制度存在境外所得确认不合理、境外中资控股居民企业认定标准不明确、企业所得税税率较高和税收协定不够完善等问题。

4

我国税收政策与制度的资本输出效应分析

根据第 2 章的理论分析可知，影响一国资本输出的因素主要来自政治、经济和技术三个方面，其中国际税收政策与制度是宏观经济政策影响资本输出的一个重要手段（见表 4 - 1）。由于一国国内法规定的税收优惠政策、延期纳税政策和亏损弥补政策对其对外直接投资是一视同仁的，此类税收政策的对外直接投资效应主要出现在政策出台前后。我国的对外直接投资只能采集到 2003 年以后的数据，上述税收政策在样本期间已成为对外直接投资的外生政策环境，因此，本书不对此类税收政策的影响进行分析。母国税收政策的影响主要体现在是否给予对外直接投资额外的税收优惠，如何进行税收抵免；东道国的税收政策主要体现在对分回母国的股息、利息和特许权使用费征收多少预提税，以及是否构成常设机构，要不要在东道国纳税。税收制度的影响主要来自对跨国企业的投资所得征多高的法定税率，这涉及两国的相对税负水平对企业区位投资决策的影响，但东道国相对税率水平的高低并不是独立地对企业投资选择产生影响，而是与企业在当地的分支机构是否构成常设机构、投资所得征收的预提税多少以及如何抵免直接关联。所有这些税收政策与制度的影响都与双边税收协定有关，常设机构认定、额外的税收优惠、税收抵免和预提税等直接在双边税收协定中体现。因此，我国税收政策与制度的对外直接投资效应分析就直接具体化为，我国与东道国是否签订双边税收协定、所签订税收协定的主要条款（如常设机构的认定和预提税限定税率等）对对外直接投资所产生的影响分析。本章的实证分析按此思路展开。

4.1 实证研究设计

4.1.1 研究假设与模型构建

4.1.1.1 研究假设

（1）签订税收协定影响的假设。一国企业选择是否对外投资，从税收的角度来看，首先要考虑的是该国的税后投资回报率。如果税后投资回报率比在国内高，则选择对外投资，反之则投资于国内。由于税收协定的重要作用就是消除对企业对外投资双重征税，在东道国与母国间税率存在差异的情形下，企业是否构成东道国的常设机构、消极投资所得的预提税率高低、如何进行税收抵免以及是否有税收饶和其他优惠政策等，都会影响企业最终的税后投资回报率，因此，东道国与母国签订税收协定会促进一国对外直接投资。税收协定还有反避税功能，这在一定程度上抑制了对特定国家的投资。综合上述两方面的因素，从理论上来看，签订税收协定对对外直接投资的影响是不确定的。由此，提出本章研究的假设1：是否签订双边税收协定对对外直接投资的最终影响不明确。

在签订税收协定的基础上，考察税收协定具体内容对对外直接投资的影响。虽然双边税收协定的基本框架大同小异，但不同国家间双边税收协定的内容仍然存在诸多差异，如常设机构的认定和预提税率等的约定都不尽相同，从而给一国对外直接投资的结构产生重要影响。

双边税收协定中除了对一般常设机构定义外，还对一些特殊类型的常设机构——工程型常设机构、劳务型常设机构和资源开采型常设机构进行了界定。东道国可以依据来源地管辖权对常设机构的生产经营所得进行征税，是否构成常设机构就决定企业要不要在东道国缴纳企业所得税，而判定是否构成特殊常设机构主要看其特定的经济行为有没有达到一定的时间界限。企业构成常设机构的时间标准越长，则越难受到东道国税负水平的影响，反之则会越容易受到东道国税负水平的影响。东道国相对税负越高，企业越不愿意就其所得在东道国纳税，常设机构认定的时间标准越长对企业越有利；东道国相对税负越低，企业更愿意就其所得在东道国纳税，常设机构认定的时间标准越长对企业越不利。由此，提出本章研究的假设2：工程型、劳务型、资源开采型等特殊常设机构在低税负国家认定时间标准越长，越会抑制对外直接投资（OFDI）；在高税负国家认定时间标准越长，越能促进OFDI。

（2）股息、利息、特许权使用费等预提税税率影响的假设。居民企业出去投资，所得最终还是会从东道国汇回。针对股息、利息和特许权使用费所得的汇出，东道国一般要先行使其地管辖权，征收一道较低的预提税，回到母国后再由母国补征一道所得税。我国双边税收协定针对三类所得一般都规定了东道国可以征某个固定比例的预提税，部分协定的股息所得条款规定，如果受益所有人占有公司股份达到一定比例以上，可以适用更低或免税的预提所得税税率；个别协定的利息所得条款区分了银行等金融机构与其他企业，规定了较低的预提税限定税率，也对一国有央行或财政背景的金融机构利息做了免税规定；个别协定对工商和科学设备的特许权使用费与文艺和科学著作的特许权权使用费进行了区分，分别适用不同的预提税限定税率。为了避税双重征税，我国对三类消极投资所得东道国所征的预提税进行了限额抵免；对来自部分国家（如日本、美国、英国等）的股息、红利还允许间接抵免，即如果居民企业境外持股比例不低于一定比例（如10%或20%），则其可以用境外公司在东道国缴纳的国外税款按照其持股比例分摊冲抵在我国应缴纳的税额。预提税的可抵免政策减少了企业的重复征税，预提税率越低，企业汇出东道国的所得承担的税负越低，越有利于企业进行对外直接投资。基于此，本章提出假设3：东道国股息、利息、特许权使用费等预提税税率越高，越有可能抑制OFDI；当协定针对股息实行间接抵免时，会促进对该国的OFDI。

4.1.1.2 模型构建

签订BTT对OFDI的作用，可以通过比较BTT签订前后OFDI的变化来衡量，但是通常这样做所得到的政策效应是不准确的，因为在BTT签订前后，除了BTT外还可能存在其他因素对BTT的签订和OFDI产生影响。双重差分（Difference - in - Difference，DID）法通过在年份层面差分的基础上加入个体对照组，能够有效剔除 BTT 签订国和非 BTT 签订国在不同年份的时间趋势以及其 OFDI 在初始水平上的差异，可以更好地解决政策评估中由于遗漏变量和选择性偏差而产生的内生性问题。另外，由于传统的双重差分要求政策在统一时间实施，而 BTT 签订是在不同时点签订的，因此本书借鉴 Egger 等（2006）① 的做法，采用多期双重差分来检验 BTT 对中国 OFDI 所带来的影响。

建立如下基础模型：

$OFDI_{it} = \alpha + \beta BTT_{it} + \delta X_{it} + A_i + B_t + \in_{it} i = 1, \cdots, 187; t = 2003, \cdots, 2017$

其中，$OFDI_{it}$为被解释变量，表示中国在第 t 年对东道国 i 的直接投资。BTT_{it}表示双边税收协虚拟变量，是本书主要检验的变量，我国与某个国家在签订税收协定前 BTT = 0，签订后 BTT = 1。BTT 是是否签订税收协定（treated）与签订税收协定的时间（time）的交互项，treated 和 time 为虚拟变量。treated 用于识别哪些国家签订了税收协定，对于签订了税收协定的国家赋值为 1，对于没有签订税收协定的国家赋值为 0；time 用于识别签订税收协定的时间，签订税收协定的年份之前设为 0，签订税收协定的年份之后设为 1。如果BTT_{it}的系数 β 为负数，则表明 BTT 抑制了我国的 OFDI，反之则促进了我国的 OFDI。A_i和B_t分别表示国家和时间虚拟变量，用来控制个体和时间。X_{it}表示控制变量。$\in_{it}$为误差项。

4.1.2 变量选择与数据来源

4.1.2.1 变量选择

（1）被解释变量。OFDI 数据分流量和存量两类，数据来源于历年对外直接投资公报。流量数据时效性较强，且对政策反应敏感；存量数据反映的是投资的长期积累趋势，具有一定的滞后性。本书用流量数量来做基础分析，用存量数据来检验基础分析结果的稳健性②。OFDI 数据来自 CNRSD 数据库

① Peter Egger, Larch Mario, Pfaffermayr Michael, et al. The impact of endogenous tax treaties on foreign direct investment: theory and evidence [J]. Canadian Journal of Economics/revue Canadienne Déconomique, 2006, 39 (3): 901 - 931.

② 由于篇幅问题，有关存量的稳健检验可联系笔者另行了解。

和商务部历年对外直接投资公报（2003—2017 年）。

（2）核心解释变量。如第二章的理论分析所述，影响一国的经济因素主要分为宏观经济政策和微观主体的经济利益目标两方面，宏观经济政策又分为政府规制、货币政策和国际税收政策三类。国际税收政策因素方面，如前所述，母国对对外直接投资产生影响的税收政策主要有税收抵免，东道国对外国投资产生影响的税收政策主要有消极投资所得的预提税率、常设机构的认定标准以及两国的相对税负水平。鉴于两国税负水平对 OFDI 的影响还与常设机构的认定、预提税税率以及税收抵免有关，而这些又大多与双边税收协定有关，因此，国际税收政策影响因素的变量主要有双边税收协定（BTT）、双边税收协定的主要条款（常设机构的认定、预提税税率和税收抵免），同时区分不同税负国进行分析。

双边税收协定的签订时间有签署日期、生效日期和执行日期之分。在我国的 BTT 中，“生效”这一条款明确规定协定适用于在协定生效年度的次年 1 月 1 日或以后的纳税年度中取得的所得和拥有的财产；而在实际生活中自 BTT 生效开始，BTT 所涉及的各级行政机关及其部门以及相关企业等都会组织学习并适应相关内容。结合 OFDI 流量时效性较强、存量时效性较弱的特点，本书主分析中采用签署日期，稳健性检验中采用生效日期。BTT 数据主要来自对国税总局网站公布的所有 BTT 相关内容的整理。

（3）控制变量。在影响一国对外直接投资的政治因素、其他经济因素和技术因素中，我国政治因素中国家战略目标的影响将通过区分是否为“一带一路”国家的对外直接投资来分析。东道国的政治因素可以用东道国的制度来近似反映，$INST_{it}$表示第 t 年 i 国的制度情况。东道国制度包括话语权与问责制、政治稳定性与杜绝暴力、政府效率、监管质量、腐败控制、法律与秩序六项指标，相关数据来自世界发展指标数据库。

其他经济因素有政府规制、货币政策和微观主体的经济利益目标。政府规制主要来自政府对对外直接投资主体、规模、地区和方式等的调控与监管。“十五”计划后我国进入促进对外投资便利化、简政放权的阶段，样本期间（2003—2017 年）已有比过去较为宽松的政策环境，因此本书也把政府规制视为一个外生政策环境。货币政策因素主要包含汇率、外汇管制等，鉴于外汇管制的一个重要目的是稳定两国间汇率水平，本书只用汇率（NEER）进行分析。微观主体的经济利益目标是追求海外市场份额、更低的劳动力成本以及更丰富的自然资源，或者被国际贸易所引致，因此，相应的变量有修正市场规模（MGDP）、东道国劳动成本（PGDP）、自然资源禀赋（NR）、双边贸易联系（BLT）和贸易开放度（TRADE）。从技术因素来看，一国企业对外直接投资的一个重要目的就是去东道国学习先进科学技术，进行无形资产研发等，因此，用东道国的技术禀赋（TEC）指标来反映。由对外直接投资影响因素决定的解释变量选取如表 4－1 所示。

表 4－1　　根据对外直接投资影响因素选取的模型变量

<table>
<tr><td>政治因素</td><td colspan="3">东道国制度（INST）</td></tr>
<tr><td rowspan="4">经济因素</td><td rowspan="3">宏观经济政策</td><td>政府规制</td><td>外生政策环境</td></tr>
<tr><td>货币政策</td><td>汇率（NEER）</td></tr>
<tr><td>国际税收政策</td><td>双边税收协定（BTT）
常设机构
预提税率
两国的相对税负水平</td></tr>
<tr><td>微观主体的经济利益目标</td><td colspan="2">修正市场规模（MGDP）
东道国劳动成本（PGDP）
自然资源禀赋（NR）
贸易开放度（TRADE）</td></tr>
<tr><td>技术因素</td><td colspan="3">技术禀赋（TEC）</td></tr>
</table>

4.1.2.2　数据来源

本书的被解释变量（OFDI）、核心解释变量双边税收协定（BTT）以及其他控制变量，如制度因素（INST）、双边汇率（NEER）、修正市场规模（MGDP）、东道国劳动成本（PGDP）、自然资源禀赋（NR）、贸易开放度（TRADE）和技术因素（TEC），数据主要来自 CNRSD 数据库、商务部对外直接投资公报、国家税务总局官网、世界发展指标数据库和世界经济论坛等数据库。控制变量的作用在于分析控制这些因素给 OFDI 带来的影响之后，纯粹地分析 BTT 的影响。所有变量的度量方法和数据来源如表 4－2 所示。本书对除虚拟变量外的变量均在 1% 和 99% 水平下进行了缩尾处理，以消除异常值的影响。

表 4 – 2　　　　　　变量设定以及数据来源

变量	变量度量	数据来源
对外直接投资（OFDI）	流量/存量	CNRSD 数据库和商务部对外直接投资公报
双边税收协定哑变量（BTT）	—	国家税务总局
东道国制度环境（INST）	全球治理指标体系①六项指标均值	世界发展指标数据库
双边汇率（NEER）	东道国名义有效汇率	世界发展指标数据库
东道国市场规模（MGDP）	东道国 GDP/距离 DIST②	世界发展指标数据库 CEPII 数据库
东道国人均劳动成本（PGDP）	东道国人均 GDP	世界发展指标数据库
东道国自然资源禀赋（NR）	东道国燃料、金属、矿石等产品出口额占东道国出口总额的百分比③	世界发展指标数据库
东道国贸易开放度（TRADE）	东道国出口额/东道国 GDP	世界发展指标数据库
东道国技术水平（SCIENCE）	东道国技术准备水平指数④	世界经济论坛

注：①包括话语权与问责制、政治稳定性与杜绝暴力、政府效率、监管质量、腐败控制、法律与秩序六项指标。

②此处借鉴杨宏恩（2016），距离使用 cepii 数据库中三种距离中的第一种测量距离，即北京与东道国首都的距离。杨宏恩，孟庆强，王晶，等．双边投资协定对中国对外直接投资的影响：基于投资协定异质性的视角［J］．管理世界，2016（4）：24 – 36。

③其中燃料包含 SITCsection3，金属和矿石主要包含 SITCdivision27、28 和 68。

④数据来源于世界经济论坛中《全球竞争力报告》中的 technology readiness 指数，数值范围为 1 – 7。

4.1.3　样本选择与变量的描述性统计

4.1.3.1　样本选择

受我国已发布的对外直接投资公报公开的 OFDI 数据和已经签订的 BTT 生效数的影响，本书剔除了乌干达、博茨瓦纳、肯尼亚、加蓬、刚果（布）、安哥拉、阿根廷等 7 个签订但未生效的国家，分析所用到的样本容量最大为 187 个国家和地区 2003—2017 年的 2805 个样本。

4.1.3.2　变量的描述性统计

表 4 – 3 是对变量信息的描述性统计。国家层面的信息特征如下：OFDI 流量平均值为 19927.10 万美元，但 51.86% 的样本在 1500 万美元以下，最大值为 457837 万美元，出现在 2014 年的卢森堡，中位数为 1272.50 万美元，

与平均数差距较大，说明我国年度 OFDI 分布不均匀。2018 年我国 OFDI 流量 TOP10 国家主要包括美国、英属维京群岛、新加坡、开曼群岛、卢森堡、澳大利亚、印度尼西亚、马来西亚、加拿大、德国等，占我国总 OFDI 流量[①]的 67.7%。我国 OFDI 流量的最小值为 -17640 万美元，出现于 2017 年的利比亚，这可能是自 2011 年以来利比亚政局不稳所致，投资环境持续恶化，引起了我国大量股权投资的撤回以及利润再投资的锐减，这点可从其制度环境指标 INST 从 2012 年的 -1.35 持续减少至 2017 年的 -1.70，而同期的 OFDI 流量从 -668 万美元下降到 -17640 万美元得到印证[②]。OFDI 流量不均匀导致了存量在国家间差异很大。样本期间各国 OFDI 存量平均为 93362.47 万美元，但 50.29% 的样本在 7000 万美元以下，中位数为 6898 万美元，与平均数偏离严重，说明 OFDI 比较分散，且分布严重不均衡。我国 OFDI 存量最小为 5 万美元，出现在 2011 年的南苏丹和 2006—2009 年的冰岛。制度环境平均值为 -0.05，但 50.47% 的样本在 -0.20 以下，东道国制度环境指标大多处于中等偏下水平，说明东道国普遍制度环境不太好。外资开放度平均值为 5.34%，但 66.33% 的样本在 5% 以下，说明东道国外资开放水平普遍不高。

表 4-3　描述性统计

变量名称	样本值	平均值	标准差	最小值	中位数	最大值
对外直接投资流量	2008	19927.10	63894.783	-17640	1272.5	457837
对外直接投资存量	2551	93362.47	2.99e+05	5	6898	2189956
双边税收协定哑变量	2805	0.51	0.500	0	1	1
东道国制度环境	2752	-0.05	0.902	-1.69983	-0.2079574	1.819344
双边汇率	1603	101.03	16.593	43.90725	100	170.0557
东道国市场规模	2589	4.99e+07	1.81e+08	23369.82	3298077	1.41e+09
东道国人均劳动成本	2702	12855.81	19072.948	244.8824	4454.189	97199.92
东道国资源禀赋	2229	8.49	14.303	0.0011143	2.883185	68.58138
东道国贸易开放度	2559	88.81	46.561	23.9344	81.15816	317.8327

① 此处总 OFDI 流量剔除了中国的香港、澳门流量数据。

② 据《对外直接投资统计制度》，对外直接投资额指境内投资者在报告期内直接向其境外企业实现的投资，包括股权投资、收益再投资以及债务工具三部分，其中当期股权投资的减少和负值的当期利润再投资计入当期负流量。

续表

变量名称	样本值	平均值	标准差	最小值	中位数	最大值
东道国技术禀赋	1582	3.87	1.142	2.102073	3.608337	6.287117
东道国 GDP	2702	3.15e+11	1.30e+12	9.02e+07	2.41e+10	1.95e+13
双边地理距离	2685	9164.99	3849.313	809.5382	8402.047	19297.47
话语权与问责制	2763	-0.05	0.993	-2.172564	-0.0256449	1.628328
腐败控制	2772	-0.05	0.999	-1.579179	-0.3001671	2.312869
政府效率	2769	-0.04	0.979	-1.757584	-0.2056473	2.12182
法律与秩序	2776	-0.06	0.981	-1.784114	-0.2300813	1.968725
监管质量	2769	-0.04	0.976	-2.190411	-0.1803459	1.87564
政治稳定性与杜绝暴力	2765	-0.07	0.975	-2.579152	0.0244925	1.461219

4.1.4 双重差分前提假设检验

4.1.4.1 政策外生性检验

政策外生性检验用来检验 BTT 的签订是否会受 OFDI 的影响。分析起点是，BTT 签订前后对外直接投资额发生的明显差异是 BTT 所引起的；然而，BTT 的签订有可能是两国间 OFDI 增加引发的需求，这会带来 BTT 签订时点上的自选择问题，进而引起回归结果的估计误差。为此参考 Beck、Levine 和 Levkov（2010）的做法，将 BTT 的签订时间与 BTT 签订前 OFDI 流量均值以及均值的变化做回归，以此检验 BTT 签订的外生性：如果签订时间与 OFDI 流量均值及均值变化显著不相关，则 OFDI 流量及其变化就不会对 BTT 的签订产生影响①。

由表 4-4 可知，签订时间与 OFDI 均值的系数为 0.0000843，与 OFDI 均值变化的系数为 0.0072000，且均不显著，这说明 OFDI 并不会影响 BTT 的签订，BTT 对 OFDI 的影响是单方向的。

① Thorsten Beck, Levine Ross, Levkov Alexey. Big Bad Banks? The Winners and Losers from Bank Deregulation in the United States [J]. Journal of Finance, 2010, 65 (5): 1637-1667.

表 4-4　　政策外生性检验

	(1)	(2)
mean_OFDI	0.0000843 (0.000262)	
growth		-0.0072000 (0.000476)
常数项	2009.5*** (1.045)	2009.6*** (0.990)
观察值	15	14
R^2	0.015	0.121

注：*** 表示在 1% 水平下显著；括号内为 Cluster 国家层面上的聚类标准误。

4.1.4.2　平行趋势检验

平行趋势检验用来检验 BTT 签订国和非 BTT 签订国的 OFDI 流量在 BTT 签订前是否具有相同的变化趋势。在对 BTT 对 OFDI 的影响进行考察时，BTT 签订国和非 BTT 签订国的 OFDI 流量应该拥有近似的变化趋势；否则即使 BTT 签订之后 OFDI 流量在签订和未签订国家间存在不同的趋势变动，也不能认为签订后的变动趋势是签订 BTT 所带来的，因为这有可能是 BTT 签订之前国家其他因素对 OFDI 流量产生了影响，如此就会导致估计结果的高估或低估，违背了双重差分的平行趋势假设。为此，选取 BTT 签订当年作为基准年份，基准年份的政策效应为 0，对签订 BTT 前后 OFDI 的逐年动态变化进行检验。如果 BTT 签订国和非 BTT 签订国 OFDI 流量在签订前几年的变化趋势与基准年份相比具有一致性，前几年的政策效应显著接近 0，则符合平行趋势检验：

$$OFDI_{it} = \alpha + \beta_1 BTT_{it}^{-4} + \cdots + \beta_4 BTT_{it}^{-1} + \beta_5 BTT_{it}^{+1} + \cdots + \beta_{12} BTT_{it}^{+8} + A_i + B_t + \in_{it} \quad i = 1, \cdots, 94; \; t = 2003, \cdots, 2017$$

其中，BTT_{it}为签订 BTT 的虚拟变量，表示 i 国在 t 年签订 BTT 的状况，如果没有签订 BTT 则$BTT_{it} = 0$。对于 BTT 签订前第 k 年的国家，$BTT_{it}^{-k} = 1$，否则设为 0；对于 BTT 签订后第 j 年的国家，$BTT_{it}^{+j} = 1$，否则设为 0。A_i和B_t分别表示国家和时间虚拟变量，用来控制个体和时间。$\in_{it}$为误差项。由于 BTT 签订前 4 年和 BTT 签订后 8 年的国家样本较少，对于双边税收签订前第

4年之前（包括第4年）的国家，都设为虚拟变量BTT_{it}^{-4}且$BTT_{it}^{-4}=1$，对于BTT签订后第8年之后（包括第8年）的国家都设为虚拟变量BTT_{it}^{+8}且$BTT_{it}^{+8}=1$。

结果如图4－1所示，β_1—β_4为BTT签订前4年的政策效应，β_5—β_{12}为BTT签订后8年的政策效应。除了税收签订前第4年①，与基准年份相比，BTT签订前3年的政策效应均在95%的置信区间上显著接近于0。这表明与基准年份相比，BTT签订国与非BTT签订国具有相同的OFDI流量变动趋势，符合平行趋势假设条件；且BTT签订后对OFDI的影响具有一定的时滞性，当BTT签订后第2年，BTT对OFDI的抑制作用才开始显现出来。

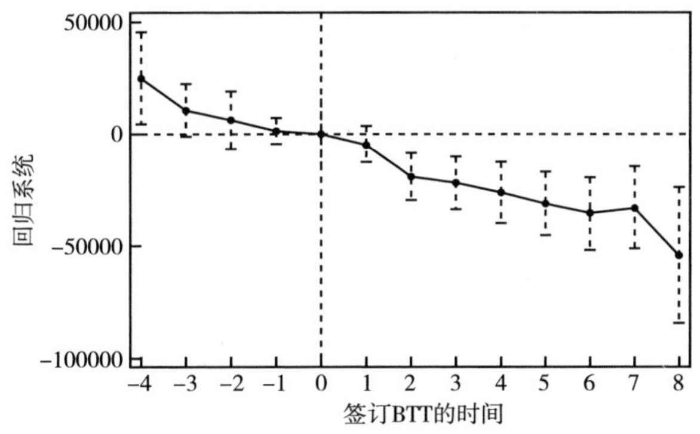

图4－1　平行趋势检验

4.2　结果分析

4.2.1　签订双边税收协定对OFDI的影响

（1）全样本分析。对式（4－1）进行回归，得到签订BTT对OFDI的估计结果（见表4－5）。表4－5中第（1）列为基准回归，仅仅控制了年份和

① 由于需要进行归并处理，这样会使结果在税收协定签订前第4年和签订后第8年的估计不准确，所以本文以税收签订前第3年到签订后第7年的结果为准。

表 4-5　BTT 的对外投资效应分析

	(1)	(2)	(3)	(4)	(5)	(6)	(7)	(8)
BTT	-1.68e+04*** (5.3e+03)	-2.10e+04*** (7.5e+03)	-2.08e+04*** (7.4e+03)	-2.08e+04*** (7.5e+03)	-2.03e+04*** (7.4e+03)	-2.12e+04*** (7.8e+03)	-2.07e+04*** (7.4e+03)	-2.15e+04*** (7.7e+03)
INST		4.85e+03 (2.3e+04)	-1.46e+04 (1.1e+04)	8.72e+03 (1.5e+04)	-6.77e+03 (1.7e+04)	5.03e+03 (1.8e+04)	-2.68e+03 (2.3e+04)	5.55e+03 (8.0e+03)
NEER		239.67655 (201.6885)	245.64017 (191.6142)	242.58248 (193.5817)	249.46435 (195.8374)	243.69129 (192.7276)	249.77318 (207.9135)	224.09519 (199.8249)
MGDP		0.00019 (0.0001)	0.00019 (0.0001)	0.00019 (0.0001)	0.00019 (0.0001)	0.00019 (0.0001)	0.00020 (0.0002)	0.00019 (0.0001)
PGDP		2.26100* (1.2003)	2.31300* (1.1963)	2.25931* (1.1975)	2.27372* (1.1806)	2.25325* (1.1972)	2.28923* (1.2185)	2.24751* (1.1883)
NR		398.03177 (449.9216)	394.21190 (449.8005)	397.54288 (449.4573)	386.73909 (451.2989)	392.93564 (450.6986)	400.71361 (441.2067)	431.47155 (455.6896)
TRADE		214.33917 (289.6853)	188.08454 (289.4302)	219.09373 (288.0384)	208.55763 (288.8864)	212.81820 (288.8766)	207.95395 (289.4609)	228.32213 (292.6405)
SCIENCE		-4.29e+03 (9.6e+03)	-5.47e+03 (9.7e+03)	-4.64e+03 (9.1e+03)	-3.27e+03 (9.5e+03)	-4.34e+03 (9.8e+03)	-3.91e+03 (9.7e+03)	-4.65e+03 (9.7e+03)
OPEN		694.00608 (567.2183)	705.56165 (561.9941)	693.03434 (561.5807)	701.36271 (564.6019)	691.25544 (568.1916)	700.33768 (564.9969)	688.36979 (565.8426)
年份固定效应	Yes	Yes	Yes	Yes	Yes	Yes	Yes	Yes
国家固定效应	Yes	Yes	Yes	Yes	Yes	Yes	Yes	Yes
样本值	2088	845	845	845	845	845	845	845
R^2	0.094	0.168	0.169	0.168	0.168	0.168	0.168	0.168

国家个体，同时为了避免模型中标准误被低估，基准回归以及以下回归均在国家层面上进行了聚类标准误的调整。结果发现，签订 BTT 所带来的 OFDI 变化是显著且为负向的，这表明 BTT 明显抑制了我国的 OFDI。可见，假设 1 中 BTT 通过打击逃避税给 OFDI 带来的抑制作用大于通过消除双重征税带来的促进作用，整体作用是负向的。

第（2）列在基础模型的基础上引入国家层面控制变量，相比第（1）列而言，税收协定虚拟变量的系数和显著性都没有发生太大的变化，BTT 稳健地抑制 OFDI。东道国市场规模越大、资源禀赋越好、制度环境越完善、贸易开放度与外资开放度越高、东道国名义有效汇率越大，越会促进我国的 OFDI；东道国人均劳动成本越低、技术禀赋越好，越会抑制我国的 OFDI。这说明我国 OFDI 更多是寻求资源和市场，更低的劳动力成本和更高的技术水平并不是我国 OFDI 追求的主要目标。第（3）列—第（8）列为稳健性检验，在第（2）列的基础上将东道国制度禀赋中的六个子项——话语权与问责制、腐败控制、政府效率、法律与秩序、监管质量、政治稳定性与杜绝暴力分别控制，结果表明税收协定虚拟变量的系数发生了小幅度的变动，但是显著性不变，仍然显著为负，这说明估计结果稳健。

（2）非避税地的分析。本书将世界银行的总税率作为东道国企业的边际有效税率的代理变量①，根据总税率数据把每年东道国国内的税负水平划分为高、低两类，高于（或等于）中位数为高税负水平国家，低于中位数为低税负水平国家②。刘志阔、陈钊（2019）认为利润转移和税基侵蚀现象大多发生在避税天堂，少数存在于低税负国家。鉴于 BTT 的主要目标是消除双重征税，为了进一步检验 BTT 通过消除双重征税带来的 OFDI 效应，本节剔除与我国签订 BTT 的东道国中属于避税地的国家进行分析。借鉴刘

---

① 总税率度量的是企业在准予扣减和减免后的应缴税额和强制性缴费额占商业利润的比例，即税收协定签订后的东道国边际税率。由于各国签订税收协定前的边际有效税率数据较难获得，另外，在实际生活中税收协定税率对于不同国家是不同的，而税收协定签订前后税率的相对高低水平是不变的，所以我们选取世界银行的总税率来代替税收协定前边际有效税率。扣缴税款（如个人所得税）或收缴和汇给税务部门的税款（如增值税、销售税或商品及服务税）不包括在内。

② 本文原意是准备以我国每年税负水平为标准将东道国划分为高、低税负水平国家。由于按照世界银行总税率标准，我国总税率较高，如此划分将会导致高税负水平国家样本量不足，无法进行实证检验；所以此处放松假设，将高于（等于）中位数的国家划分为高税负水平国家。下文税负水平的划分皆沿用此标准。

志阔、陈钊（2019）、Bennedsen 等（2018）的三个避税地标准——OECD 标准①、美国“停止滥用税收天堂法案”标准②与 Hines（2010）标准③，以剔除 OECD 避税地名单后的样本作为基准检验④。

如表 4-6 所示，第（1）列表示没有控制变量时的估计结果，第（2）列表示添加控制变量后的估计结果。结果显示，在剔除避税地后，BTT 仍然是显著抑制 OFDI 的，但与没有剔除避税的表 4-5 中的第（1）、第（2）列相比，系数有着直观的降低，这在一定程度上说明对避税地签订 BTT 可以有效地抑制逃税和避税动机的 OFDI。

表 4-6　BTT 的对外投资效应分析（剔除 OECD 标准避税地）

	(1)	(2)
BTT	-1.22e+04*** (4.3e+03)	-1.64e+04*** (6.0e+03)
控制变量	No	Yes
年份固定效应	Yes	Yes
国家固定效应	Yes	Yes
样本值	1847	792
R^2	0.120	0.181

注：*** 表示在 1% 水平下显著。

剔除避税地后仍然存在显著的抑制 OFDI 效应，一方面可能是因为低税负国家成为企业的“第二避税地”，企业将利润转移到低税负国家以获取相对较高的投资回报；另一方面则是因为对外直接投资公报中投资数据统计的是剔除反向投资后的对外投资净额⑤，并没有包含境内企业通过避税地和非

① 刘志阔，陈钊，吴辉航，等．中国企业的税基侵蚀和利润转移——国际税收治理体系重构下的中国经验［J］．经济研究，2019，54（2）：21-35.

② Morten Bennedsen，Zeume Stefan．Corporate Tax Havens and Transparency［J］．The Review of Financial Studies，2018，31（4）：1221-1264.

③ James-R Hines．Treasure Islands［J］．Journal of Economic Perspectives，2010，24（4）：103-126.

④ 下文皆以剔除 OECD 避税地后的样本为基础来进行分析。

⑤ 据《对外直接投资统计制度》，反向投资指的是境外企业对境内投资主体持股比例低于 10% 的投资；对外直接投资净额指的是境内投资主体对外直接投资额中扣除反向投资额后的净额，当期对外直接投资净额简称流量，对外直接投资累计净额简称存量；对外直接投资额指的是指境内投资主体在报告期内直接向其境外企业实现的投资，包括股本投资部分、利润再投资部分以及与公司之间债务交易有关的其他投资部分。

避税地的再投资[①]，由于再投资数据的缺失，我们无法获得对东道国的实际投资额，可能低估了对东道国的对外直接投资额，从而掩盖了消除双重征税所带来的正向的 OFDI 效应。

进一步利用 Hines 名单、美国“停止滥用税收天堂法案”名单剔除后的样本开展稳健性检验，系数与显著性均无显著差异。限于篇幅，本书只提供剔除 OECD 避税地后的样本检验结果。

4.2.2 双边税收协定对 OFDI 影响的动态效应分析

为了测量出签订 BTT 对 OFDI 的影响在年度间是否持续，本部分以样本期间的每一年度为基础，从整体上测量签订 BTT 对这些国家的 OFDI 是促进还是抑制，并且这种促进或抑制作用在年度间是否持续，为政策选择提供一个稳定预期。

本书首先对样本年度生成虚拟变量，处于当年为 1，处于其他年份为 0。例如，对于 2003 年来说，当处于 2003 年，赋值 1，对其他年份赋值 0。然后，将此虚拟变量与上述反映政策效果的 BTT 交乘，以此来刻画 BTT 在不同年份对 OFDI 的影响差异。除此以外，还控制了年份固定效应和个体固定效应，并在国家层面进行了聚类标准误的调整，减轻时间趋势带来的影响。

如表 4 - 7 所示，在剔除避税地后进一步考察 BTT 在 2003—2017 年的 OFDI 效应，第（1）列和第（2）列分别呈现出有控制变量和无控制变量时带来的税收协定政策效果的时变性。此外我们还基于第（2）列分别加入东道国制度禀赋中的六个子选项的回归结果稳健性检验，显著性和系数并没有显著差异，说明第（2）列的结果是稳健的[②]。由此可知，2003—2009 年 BTT 的签订持续显著抑制 OFDI；但是 2010 年 BTT 的抑制作用开始减弱，系数持续变小且不再显著；直到 2014 年系数由负变正且不断增大。

---

① 为了追溯我国对外投资的最终目的地，我国《对外直接投资统计制度》于 2007 增加了“境内投资主体通过主要避税地再投资情况表”，于 2009 年调整为“境内投资者通过境外企业再投资情况表”，后于 2017 年对此表增加“中方持股比例”指标，又于 2019 年增加“通过境外企业再投资月报表”。

② 限于篇幅，此处不再汇报稳健性检验的具体结果，可向笔者索要。

表 4－7　　BTT 政策动态效应分析

	(1)	(2)		(1)	(2)
T2003	－3.02e＋04*** (8045.90)		T2011	－3312.190 (5139.72)	－9631.802 (7395.88)
T2004	－2.87e＋04*** (7651.00)		T2012	－257.450 (5645.05)	－9237.418 (8136.71)
T2005	－2.76e＋04*** (7546.82)		T2013	－1454.881 (4022.21)	－4903.557 (5208.15)
T2006	－2.51e＋04*** (7084.55)	－3.11e＋04*** (9272.00)	T2014	7463.581* (4240.69)	4082.878 (6464.29)
T2007	－1.96e＋04*** (6466.42)	－2.79e＋04*** (8955.79)	T2015	7603.156 (5409.78)	13130.012 (8339.70)
T2008	－1.80e＋04** (7362.83)	－2.72e＋04** (11060.39)	T2016	14533.583*** (5040.32)	12687.259 (8731.90)
T2009	－1.38e＋04*** (4896.96)	－1.51e＋04* (8163.45)	T2017	11944.374** (5699.70)	15112.735 (9617.34)
T2010	－8257.325 (5142.40)	－9777.159 (7834.83)			
控制变量	No	Yes	控制变量	No	Yes
年份固定效应	Yes	Yes	年份固定效应	Yes	Yes
国家固定效应	Yes	Yes	国家固定效应	Yes	Yes
样本值	1847	792	样本值	1847	792
R^2	0.165	0.197	r2	0.165	0.197

注：*、**、*** 分别表示在 10%、5%、1% 水平下显著。

原因可能是：一方面，对外投资中存在大量税基侵蚀和利润转移，而此类现象多出现在东道国中的低税负国家。2003—2009 年我国共签订 82 份 BTT，其中与低税负国家签订了 47 份，BTT 的签订在样本初期大幅度抑制此类避税性投资。我国对这 47 个低税负国家的平均 OFDI 从 2005 年的 4790.85 万美元减少到 2006 年的 2521 万美元；加上 2008 年全球性金融危机的叠加效应，我国对低税国家的 OFDI 从 2008 年的 16064 万美元减少到 2009 年的 12359.13 万美元。随着 BTT 的生效，此类投资缓慢减少，此时 BTT 中避免双重征税的作用开始凸显，为我国 OFDI 的国际环境带来了极大的改善，开始促进我国的 OFDI。另一方面，BTT 在样本期间受 OFDI 中再投资数据缺失的影响，BTT 消除双重征税从而促进 OFDI 的政策效应没能在模型结果中得到体现。资本的流向一般遵循效率原则，对外直接投资额增加到一定程度后，BTT 促进 OFDI 的效应才明晰起来。

4.2.3 不同经济发展水平国家和不同区域国家效应的分析

以上分析的是从整体来看 BTT 的签订给我国 OFDI 带来了怎样的影响，然而，与不同类型国家签订的 BTT 对我国 OFDI 带来的影响可能不同。为了深入了解这种国家的异质性影响，本部分对不同收入水平国家、是否为“一带一路”沿线国家给 BTT 带来的影响进行分析。

4.2.3.1 不同收入水平国家间 BTT 影响的差异

按照世界银行的收入划分标准将不同经济发展水平的国家分为四类——低收入国家（LIC）、中等偏下收入国家（LMC）、中等偏上收入国家（UMC）、高收入国家（HIC），来考察 BTT 的影响在不同收入水平国家间的差异。结果表明（见表 4-8），BTT 促进了对中等偏下收入国家的 OFDI，抑制了对中等偏上收入国家和高收入国家的 OFDI。这可能是因为对于中等偏下收入国家而言，资本仍是稀缺要素，签订 BTT 有利于为我国“走出去”的企业降低税收负担，从而促进 OFDI。而对于中等偏上收入国家和高收入国家来说，由于它们大多为低税负国家[①]，如新西兰、荷兰、韩国等，企业去这些国家开展避税性投资的可能性更大；也由于 OFDI 数据只能统计到出去投资的第一个国家，经由这些国家再去别的国家“直接”投资无法在模型结果中得到反映，从而“夸大”了 BTT 对相对高收入国家 OFDI 的抑制作用；当然，也由于其国内资本相对充裕，贸易开放度还都比较低[②]，贸易和投资相互替代的结果是，企业去相对高收入国家发展只有更多地依赖投资，这也加剧了 BTT 签订对 OFDI 的抑制作用。

---

① 我国与中等偏上收入国家和高收入国家共签订了 65 份税收协定，其中低税负国 37 个，占 57%。

② 据世界银行发展数据库贸易开放度数据，新西兰、荷兰、韩国样本期间平均贸易开放度分别为 0.98%、24.69%、0.97%，相比剔除 OECD 避税地后总样本的平均贸易开放度 82.49% 而言较低。

表 4-8　　与不同收入水平国家签订 BTT 的 OFDI 效应的差异

	(1) LIC	(2) LMC	(3) UMC	(4) HIC
BTT	0.000 (0.00)	341.905 (6948.25)	-2.43e+04 (17610.97)	-1.72e+04 (17927.59)
控制变量	Yes	Yes	Yes	Yes
年份固定效应	Yes	Yes	Yes	Yes
国家固定效应	Yes	Yes	Yes	Yes
样本值	34	180	171	407
R^2	0.786	0.332	0.170	0.256

4.2.3.2　"一带一路"国家与非"一带一路"国家 BTT 影响的差异

参考中国新华丝路网①将样本划分为两类："一带一路"沿线国家与非"一带一路"沿线国家。如表 4-9 第（1）列和第（2）列所示，BTT 显著抑制对非"一带一路"沿线国家的直接投资，但促进对"一带一路"沿线国家的投资，这可能因为中国与"一带一路"沿线国家签订的 BTT 存在有利于 OFDI 的制度安排，比如对蒙古的 BTT 降低了预提税税率，对泰国、马来西亚的 BTT 规定了双方都提供税收饶让等，能较好地消除双重征税，为企业"走出去"投资提供了更多的税收确定性，降低了企业的税务风险，从而促进了 OFDI。

表 4-9　　"一带一路"国家与非"一带一路"国家 BTT 的 OFDI 效应的差异

	(1) 非一带一路国家	(2) 一带一路国家
BTT	-1.29e+04 (6740.50)	3097.2198 (6703.73)
控制变量	Yes	Yes
年份固定效应	Yes	Yes
国家固定效应	Yes	Yes
样本值	553	239
R^2	0.197	0.355

① 数据来源于新华丝路网，https://www.imsilkroad.com/news/p/76186.html。

4.2.4 稳健性检验

4.2.4.1 国家间 OFDI 的差异是否由控制变量而非 BTT 签订引起

现有的控制变量也有可能会对 BTT 签订国和非 BTT 签订国之间的 OFDI 差异产生一定的影响，从而引起估计结果的偏差，基于此我们做以下处理。

以表 4-10 中的（1）作为基准检验。考虑到我国 BTT 签订国与非 BTT 签订国之间的 OFDI 本身的差异就存在一定的时间趋势，对第（2）列—第（4）列都加入了表示两者差异的时间趋势项，用来控制 BTT 签订国与非 BTT 签订国对外投资水平差异的时间趋势（treated * T）①。除此之外，考虑到控制变量（X_{it}）的影响，即控制变量可能存在一定的时间趋势（T）、可能在 BTT 签订前后存在差异（BTT）、可能在样本期间各年份存在差异（B_t），对第（2）列—第（4）列分别加入控制变量与时间趋势项交互项、控制变量与 BTT 交互项、控制变量与时间固定效应交互项，以剔除控制变量的时间趋势、控制变量在 BTT 签订前后的差异以及控制变量在不同年份对 OFDI 的影响。结果显示，相比基准检验，其显著性和系数均变小，说明对 OFDI 的抑制作用确实有一部分来自于控制变量，但影响方向不变，在一定程度上结果是稳健的。

表 4-10 稳健性检验

	(1)	(2)	(3)	(4)
BTT	-1.22e+04*** (4297.37)	-9129.218 (8074.53)	-4.74e+04 (43410.58)	-1.30e+04 (8437.18)
年份固定效应	Yes	Yes	Yes	Yes
国家固定效应	Yes	Yes	Yes	Yes
签订国与非签订国 OFDI 差异时间趋势项	No	Yes	Yes	Yes
控制变量与时间趋势项交互项	No	Yes	No	No

① T = year - 2002。

续表

	(1)	(2)	(3)	(4)
控制变量与 BTT 交互项	No	No	Yes	No
控制变量与时间固定效应交互项	No	No	No	Yes
样本值	1847	792	792	792
R^2	0.120	0.249	0.195	0.346

4.2.4.2 国家间 OFDI 的差异是否由其他非观测因素引起

除了对以上控制变量带来的估计偏差外，OFDI 的差异也有可能是其他非观测因素引起的，基于此我们进行如下的安慰剂检验。

根据计量模型（1），BTT_{it}系数的估计值$\hat{\beta}$的表达式为：

$$\hat{\beta} = \beta + \eta \frac{cov(BTT_{it}, \in_{it} \mid C)}{var(BTT_{it} \mid C)}$$

式中，C 表示国家控制变量，如果 $\eta = 0$，则不存在非观测的因素影响估计系数，$\hat{\beta}$具有无偏性。此处借鉴周茂等（2017）①、Pei Li 等（2016）② 的做法，让 BTT 的签订选择对于特定国家变得随机（由随机数生成），重复抽样 500 次，这样理论上生成的 500 个随机的$\beta^{random} = 0$，不会对特定国家产生真实影响。同时我们还得到了 500 个随机估计值$\hat{\beta}^{random}$及其分布，如图 4－2 所示，随机估计值$\hat{\beta}^{random}$的均值为－114.58，与表 4－6 第（2）列基准结果－16376 相比非常小，且不显著。从图 4－2 中我们看到β^{random}的分布大多集中于 0 周围且 $\beta^{random} = 0$，以此我们可以反推 $\eta = 0$，即未观测到的国家其他方面的特征不会对估计结果产生影响，证明估计结果是稳健的。此外，基准结果（图 4－2 左边竖线）位于$\hat{\beta}^{random}$的分布之外，这同样表明 BTT 给 OFDI 带来的显著负面效果并没有受到未观测因素的影响。

① 姚星，杜艳，周茂. 中国城镇化、配套产业发展与农村居民消费拉动［J］. 中国人口·资源与环境，2017，27（4）：41－48.

② Pei Li，Lu Yi，Wang Jin. Does flattening government improve economic performance? Evidence from China［J］. Journal of Development Economics，2016，123：16－17.

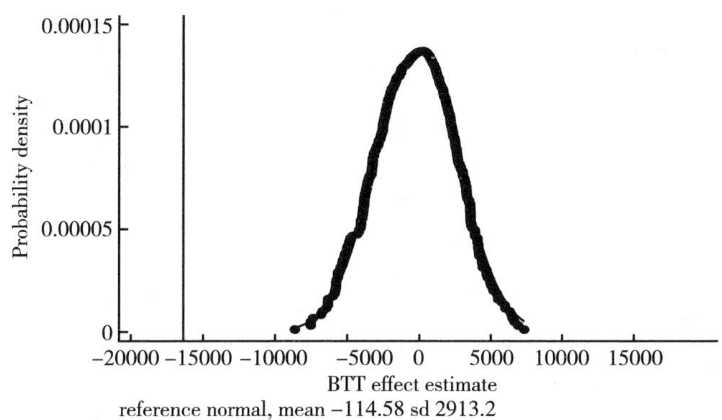

图 4-2 随机处理后 $\hat{\beta}^{random}$ 的分布

4.2.5 税收协定主要条款的影响分析

在剔除各种可能的干扰，得出 BTT 对 OFDI 的真实影响后，下面来分析 BTT 主要条款的影响，具体体现为对前面做出的第二个到第四个假设逐一进行检验。

4.2.5.1 特殊常设机构认定时间标准的影响

我们在表 4-11 第（1）列中引入 BTT 与总税率（TTR）的交互项，借此来考察国家间税负不同对 BTT 政策效应产生的影响，由结果可知，系数为正，说明一国税负越高，签订 BTT 越有利于我国企业加大对外投资力度，这与上文数理模型所得到的结论具有一致性。进一步对已划分的低、高税负水平国家分别进行考察，由第（2）列—第（3）列可知，BTT 签订抑制了我国对低税负东道国的投资，促进了我国对高税负东道国的投资。

表 4-11 不同税负水平国家的 OFDI 效应

	（1）整体	（2）低税负国	（3）高税负国
BTT * 总税率（TTR）	7.30e+03 (9.9e+03)		
BTT	-1.39e+04 (1.3e+04)	-5.51e+03 (1.2e+04)	9.78e+03 (1.4e+04)

续表

	（1）整体	（2）低税负国	（3）高税负国
总税率（TTR）	-6.72e+03 (9.7e+03)		
年份固定效应	Yes	Yes	Yes
国家固定效应	Yes	Yes	Yes
差异时间趋势项	Yes	Yes	Yes
控制变量与时间固定效应交互项	Yes	Yes	Yes
样本值	580	272	308
R^2	0.349	0.590	0.601

进一步引入特定类型的常设机构——工程型常设机构、劳务型常设机构、资源开采型常设机构的认定时间标准与 BTT 的交互项，以此来验证认定时间标准对不同税负水平国家税收协定政策效应的影响。如表 4-12 所示，第（1）列—第（2）列、第（3）列—第（4）列、第（5）列—第（6）列分别表示工程、劳务和资源开采型常设机构三类特殊常设机构的认定时间标准在低税负水平国家［第（1）列、第（3）列、第（5）列］和高税负水平国家［第（2）列、第（4）列、第（6）列］的税收政策效应。我们发现特殊常设机构在低税负水平国家的认定时间标准越长，越抑制我国的 OFDI；而在高税负水平国家的认定时间标准越长，越促进我国的 OFDI。这支持了假设 2。

表 4-12　　工程、劳务、资源型常设机构——分税负高低

	（1）低税负国工程	（2）高税负国工程	（3）低税负国劳务	（4）高税负国劳务	（5）低税负国资源	（6）高税负国资源
Engineering * BTT	-1.01e+04* (5.9e+03)	814.74674 (1.2e+03)				
Service * BTT			-9.03e+02 (2.0e+03)	1.09e+03 (1.6e+03)		
Resources * BTT					-8.02e+02 (2.1e+03)	2.20e+04 (1.5e+04)
BTT	9.33e+04 (5.9e+04)	0.00000 (0.0000)	0.00000 (0.0000)	0.00000 (0.0000)	2.28e+04 (2.3e+04)	-4.41e+04 (3.0e+04)
年份固定效应	Yes	Yes	Yes	Yes	Yes	Yes

续表

	(1) 低税负国工程	(2) 高税负国工程	(3) 低税负国劳务	(4) 高税负国劳务	(5) 低税负国资源	(6) 高税负国资源
国家固定效应	Yes	Yes	Yes	Yes	Yes	Yes
差异时间趋势项	Yes	Yes	Yes	Yes	Yes	Yes
控制变量与时间固定效应交互项	Yes	Yes	Yes	Yes	Yes	Yes
样本值	272	308	272	308	272	308
R^2	0.593	0.601	0.590	0.601	0.501	0.597

由于样本量的限制，有关资源型常设机构的括号内采用的是 Cluster 地区层面上的聚类标准误，其他为 Cluster 国家层面上的聚类标准误。

4.2.5.2 股息、利息、特许权使用费预提税率的影响

同样地，分别引入 BTT 与股息、利息、特许权使用费的税率的交乘项，由表 4-13 中的第（1）列—第（3）列结果可知，签订的 BTT 中股息、利息、特许权使用费预提税税率越高，BTT 的签订越可能抑制我国的 OFDI。

表 4-13 BTT 中股息、利息、特许权使用费预提税税率高低的 OFDI 效应

	(1) 股息	(2) 利息	(3) 特许权使用费
Dividends * BTT	-1.12e+02 (3.7e+03)		
Interest * BTT		-5.35e+03 (7.9e+03)	
Royalties * BTT			-2.03e+03 (7.4e+03)
BTT	-1.28e+04 (3.0e+04)	3.55e+04 (7.1e+04)	5.12e+03 (7.3e+04)
年份固定效应	Yes	Yes	Yes
国家固定效应	Yes	Yes	Yes
差异时间趋势项	Yes	Yes	Yes
控制变量与时间固定效应交互项	Yes	Yes	Yes
样本值	644	644	644
R^2	0.370	0.370	0.370

再进一步对股息预提税是否存在间接抵免给 BTT 的 OFDI 效应带来怎样的影响进行分析。由表 4-14 中第（1）列—第（2）列的结果可知，当不存在间接抵免时［第（1）列的情形］，BTT 抑制 OFDI；当存在间接抵免时［第（2）列的情形］，BTT 促进 OFDI。

以上两部分合在一起支持了假设 3。

表 4-14　　BTT 中存在股息预提税间接抵免的 OFDI 效应

	（1）不存在间接抵免	（2）存在间接抵免
Dividends * BTT	-11.77322 (1.2e+03)	4.73e+03 (5.4e+03)
BTT	0.00000 (0.0000)	-6.12e+04 (4.5e+04)
年份固定效应	Yes	Yes
国家固定效应	Yes	Yes
差异时间趋势项	Yes	Yes
控制变量与时间趋势项交互项	Yes	Yes
控制变量与 did 交互项	Yes	Yes
控制变量与时间固定效应交互项	Yes	Yes
样本值	138	506
R^2	0.866	0.410

注：括号内为 Cluster 地区层面上的聚类标准误。

4.3　结论与建议

本章利用 2003—2017 年中国 OFDI 面板数据，对我国 BTT 的 OFDI 效应进行了实证分析，研究发现：①BTT 对 OFDI 具有时滞的促进效应。这可能是因为去低税负国家的是更多以避税为目的投资，以及样本期间 OFDI 数据存在再投资数据缺失，削弱了 BTT 通过消除双重征税促进 OFDI 增长的作用，在短期内呈现出抑制 OFDI 的效果。②BTT 促进了对低收入国家的 OFDI，抑制了对中高收入国家的 OFDI。③BTT 显著地抑制了非“一带一路”沿线国家的 OFDI，促进了“一带一路”沿线国家的 OFDI。④BTT 抑制了对低税负东道国的 OFDI，促进了对高税负东道国的 OFDI。⑤对于不同税负的东道国，工程、劳务、资源型常设机构认定的时间标准，在低税负国家越长，BTT 越会抑制 OFDI；在高税负国家越长，BTT 越会促进 OFDI。⑥BTT 中股息预提税存在间接抵免，会促进 OFDI 的增长。

当前我国资本已经净输出，同时后 BEPS 时代国际社会也加大了对逃避税的打击力度，清楚了解 BTT 在我国 OFDI 发展过程中所起的具体作用很重要。本章的实证研究为更深入地理解两者之间的关系提供了经验证据，为未来 BTT 的修订、重签、新签提供了有益的启示：①鉴于 BTT 在对低税负国家以避税为目的投资的抑制作用，以及对“一带一路”沿线国家 OFDI 的促进作用，未来应与更多的国家签订 BTT，促进对外投资的健康发展。②根据东道国企业税负水平来修订 BTT 内容，在未来 BTT 的谈签和修订时，尽可能与对方协商以延长高税负国 BTT 中常设机构的时间标准，缩短低税负国 BTT 中常设机构的时间标准，为对外投资企业创造条件享受到更好的税收待遇。③在更多的 BTT 中加入对股息预提税的间接抵免，从整体上减少我国对外直接投资企业的税收成本，以促进我国 OFDI 增长。

5

资本输出税收政策改革与制度安排的国际经验借鉴

5.1 美国对外直接投资与相关的税收政策和制度

5.1.1 美国对外直接投资的三个阶段及特点

5.1.1.1 第一次世界大战之前（1856—1914年）

纵观世界对外直接投资历史，美国一直是世界对外直接投资的第一大国，在第一次世界大战之前，世界投资总额的60%来源于美国的对外直接投资。作为一个后起的资本主义国家，南北战争结束后美国经济进入了新发展阶段，投资规模不断扩大，投资地区主要集中在欧美。

（1）投资规模不断扩大。自1856年起到第一次世界大战初近60年的时间里，美国的对外直接投资规模呈现不断扩大的趋势。1856年，美国在爱丁堡设立了第一家海外企业，从此开始了海外建厂的进程。第二次工业革命后，生产力的提升促使其在海外寻求更广阔的市场和更丰富的资源。1897年，美国对外直接投资额累计为6亿美元，占其对外投资的比重高达90%左右；1908年增长至16亿美元；1914年增长至26.32亿美元，占据了当时发达资本主义国家对外直接投资一半以上的份额。

（2）投资主要集中在欧美地区。在此期间，美国对外直接投资的地区主要以美洲为主、欧洲为辅。如图5－1所示，1914年美国对加拿大和拉丁美洲的投资额，占对外直接投资累计额的72.15%。其中，对拉丁美洲的投资额最多，占全部对外直接投资的近一半；在墨西哥和加拿大的投资都达到了20%以上；对欧洲的投资也较多，占全部对外直接投资额的21.77%。对亚非不发达国家和地区以及大洋洲的投资则很少，只占全部对外直接投资总额的5.7%左右。

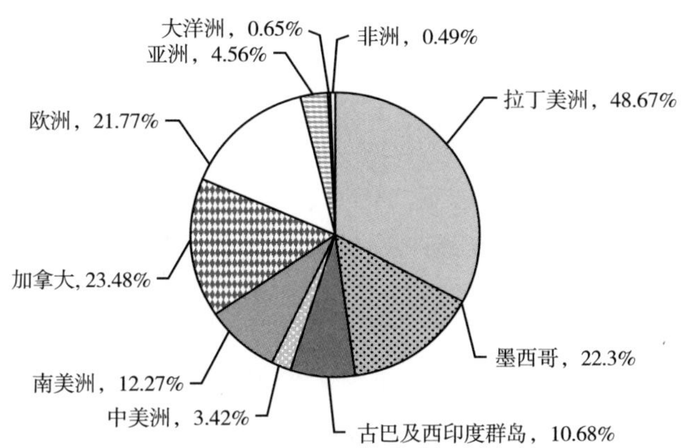

图5－1　1914年美国对外直接投资累计额的地区分布

资料来源：陈继勇（1996）。

（3）投资行业主要集中在矿业、制造业和农业等资源和能源领域。第一次世界大战之前的美国在对外投资的行业选择上呈现以矿业、制造业和农业为主的特点。如表5－1所示，矿业、制造业和农业的比例分别为29.36%、18.16%、13.53%。美国对石油的投资也比较多，占全部对外直接投资额的13.03%，销售业方面的投资则相对较少，只有6.46%。这样的对外直接投资地区和行业分布，是与美国当时的整体实力、对外扩张战略以及全球的基本格局相适应的。第一次世界大战前美国还未成为世界上最强大的资本主义国家，欧洲诸强如英、德、法仍然是世界上的中心强国，因此，美国优先就近向美洲进行对外扩张，主要以获取能源和原材料为主。

表5－1　1914年美国对外直接投资累计额的行业分布　　单位:%

	矿业	制造业	农业	石油	铁路	销售业	公共工程
占比	27.36	18.16	13.53	13.03	9.69	6.46	5.05

资料来源：陈继勇（1996）。

（4）美国在不同类型的国家投资方式差异显著。独立战争后，在欧洲等市场经济发达的国家中，美国对工业制造业投资是通过横向水平一体化收购和对下游营销服务业行业的纵向垂直一体化的兼并实现的。原因是，这样的方式可以迅速进入发达国家市场，节省建厂时间，并利用现成的管理制度、技术人员和生产设备扩大企业的规模，增强垄断资本的实力。由于发展中国家的工业基础薄弱，美国对美洲、亚洲等发展中国家的工业制造业的投资方式主要为绿地投资。其优点在于采取新建企业的方式拓展对外直接投资，可以使美国公司根据有关条件选择适当的地点并按照自己所希望的规模建设新企业，以便充分发挥自己的规模经济效益，并且绿地投资的风险和失败率较收购与兼并方式更低①。

5.1.1.2 第一次世界大战——第二次世界大战（1914—1945 年）

1914—1945 年相继发生了第一次世界大战、大萧条和第二次世界大战，是全球动荡不安的 30 年。在这 30 年中，美国对外直接投资呈持续上升趋势。战争带来的需求增加大大刺激了美国经济发展，从而提升了美国经济实力，使其成为与英国旗鼓相当的投资大国。在主要资本主义国家中，美国的资本输出仅次于英国；而单就对外直接投资来看，美国排第一，对外直接投资是美国资本输出的主要手段。

（1）投资规模在波动中呈上升趋势。第一次世界大战到第二次世界大战期间，美国对外直接投资的规模呈现先上升后下降然后恢复上升的态势。1914—1919 年，美国的对外直接投资总额由 26 亿美元猛增至 39 亿美元；到 1929 年，这一数字变成了 75 亿美元左右。尽管此阶段美国的经济欣欣向荣，美国并没有能逃过资本主义世界的经济大危机，1929 年的“大萧条”重创了美国经济，恢复经济发展成了美国这一阶段的主要任务，以至于在接下来的 10 年中无暇顾及国际投资。受经济大危机影响，此阶段美国对外直接投资总额有所下降，如图 5－2 所示，美国的对外直接投资总额由 1929 年的 75.28 亿美元下降至 1940 年的 70 亿美元。虽然如此，从世界范围来看，此阶段美国在国际直接投资总额中仍然占 50%—55% 的份额。1940 年后美国对外直投资逐渐恢复增长，到 1945 年投资规模累计达 84 亿美元，是 1914 年的 3.23 倍。

（2）投资地区仍以美洲为主，欧洲和亚洲、非洲占比增加。如图 5－3、

---

① 陈继勇．美国对外直接投资研究［M］．武汉：武汉大学出版社，1993：58－60.

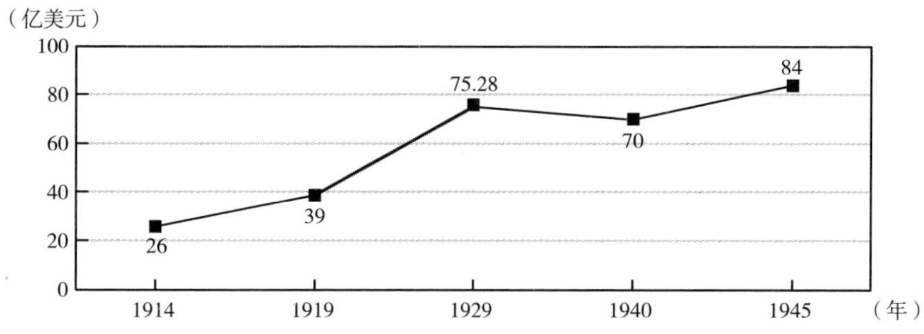

图 5－2 1914—1945 年美国对外直接投资总额

资料来源：陈继勇（1996）。

图 5－4 所示，1929—1940 年，美国的对外直接投资的主要地区集中在拉丁美洲和加拿大。1929 年对拉丁美洲投资额为 35.19 亿美元，将近占全球投资总额的一半；1940 年对拉丁美洲的投资额减少到 27.17 亿美元，全球投资份额下降到 39.59%。期间美国对加拿大的投资总额增加不多，仅仅从 13.53 亿美元增加到 14.2 亿美元；但由于这一时期美国对外投资总额从 75.28 亿美元降至 70 亿美元，对加拿大的投资占比反而提高了两个百分点。美国对欧洲的直接投资也明显增加，从 1929 年的 6.46 亿美元增加到 1940 年的 7.06 亿美元，投资占比从 17.97% 增加到 20.29%。另外，美国对亚洲、非洲、大洋洲等发展中国家的投资也在持续上涨，1929 年对该地区的投资份额仅有 8.58%，到 1940 年这一数据增长到 10.08%。

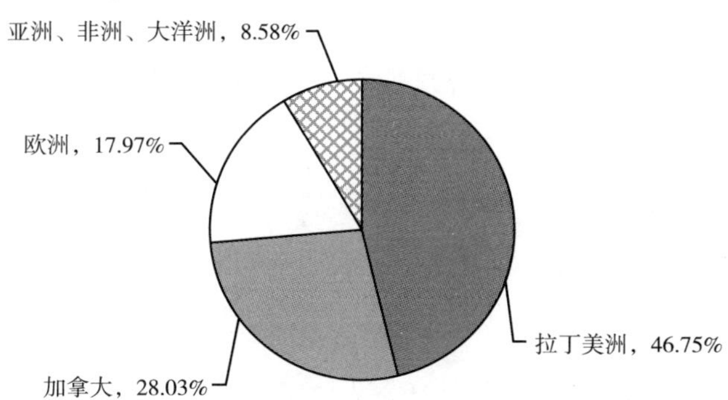

图 5－3 1929 年美国对外直接投资累计额的地区分布占比

（3）美国对外直接投资的行业有了新变化，制造业成为美国重点投资行业。如图 5－5、图 5－6 所示，制造业在美国对外直接投资行业中的投资份

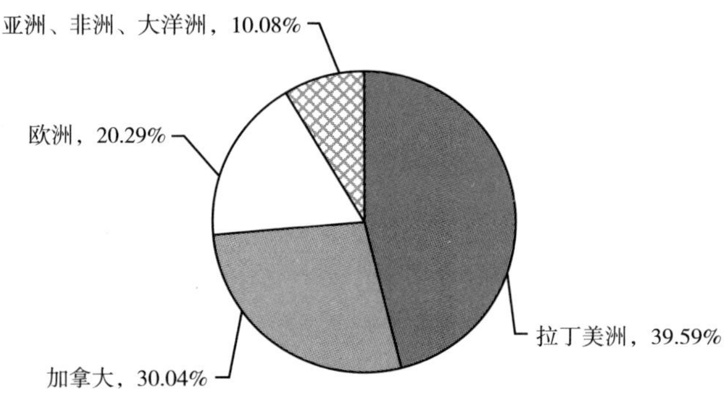

图 5-4　1940 年美国对外直接投资累计额的地区分布占比

额一直居于首位。1929 年美国在制造业上的对外直接投资额达到 36.27 亿美元，在所有行业中的比重高达 24.08%；战后美国更注重对重工业和军工业的投资，到 1940 年美国在制造业上的投资增加到 38.52 亿美元，所占份额增加 5 个百分点。重工业和军工业的发展需要石油资源的支持，因此石油业的比重也在持续上涨。1929 年美国对石油业的投资额为 22.34 亿美元，所占行业投资比例为 14.83%；到 1940 年，石油业的投资额增长到 25.56 亿美元，行业投资比重达到 18.24%。美国对公共工程的对外直接投资变化不大，投资比例基本维持在 21.5% 左右。贸易业的投资份额也在持续增加，1929 年美国对贸易业的投资仅占所有行业的 4.89%，到 1940 年投资总额增长了 6 亿美元，投资份额占 7.53%。另外，美国对采矿业和农业的投资比重在这一阶段处于下降通道，采矿业的投资比例从 1929 年的 15.74% 下降到 1940 年的 11.16%，农业的投资比例也下降接近 5 个百分点。不过，尽管有了这些新的

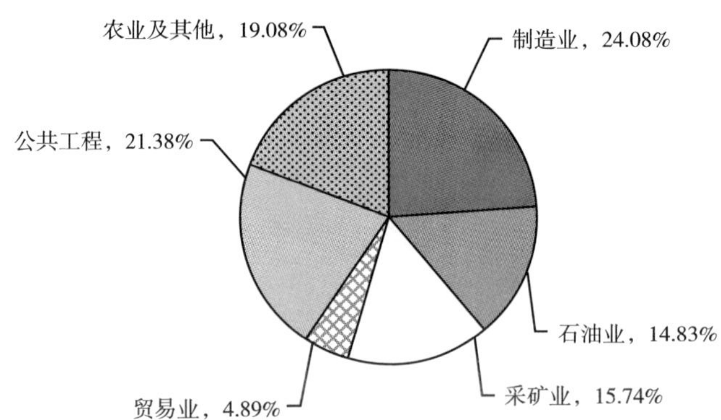

图 5-5　1929 年美国对外直接投资累计额的行业分布占比

变化，美国在此阶段仍然是以生产初级产品的行业和服务初级产品生产行业的行业为主要投资部门，这点与之前的变化不大。

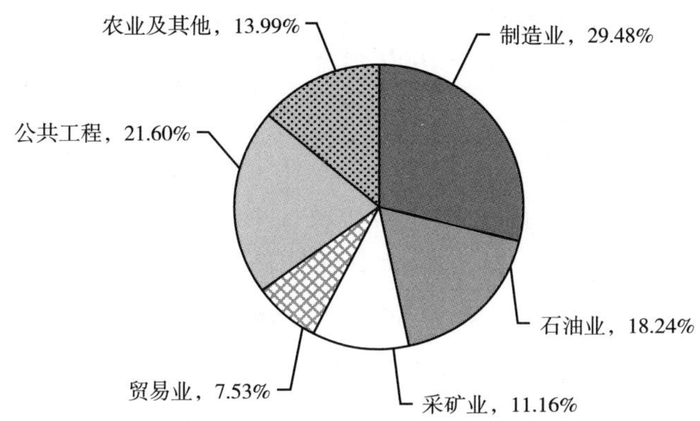

图 5-6 1940 年美国对外直接投资累计额的行业分布占比

资料来源：陈继勇（1996）。

（4）对外直接投资一般采取独资企业的方式。第一次世界大战到第二次世界大战期间，美国对外直接投资一般采取独资企业的方式，合资经营、非股权参与等其他方式很少。这主要是因为，随着国际分工的深化，跨国公司体系内部实行了较细致的分工，组织的各部分存在着有机联系，采用独资企业的方式，母公司对子公司拥有绝对的控制权，可以保证其子公司能按公司战略行事，实现其全球性的经营战略；也可以使自己的技术得到绝对保密，以维护其技术上的垄断地位、技术的经营秘密、商品标准化质量和商标信誉等；母公司还可以从子公司中获得全部利益，免除由于同其他企业合作而引起的种种不稳定因素和利益冲突①。

5.1.1.3 第二次世界大战后（1945—1990 年）

据相关学者研究发现，第二次世界大战过后，美国的对外直接投资迎来了黄金年代，资本输出比重增长至世界总额的 50% 以上，稳居投资大国地位。美国对外直接投资在这一阶段得到了迅猛的发展，资本输出达到了新的高度，成为世界上最大的资本输出国，世界金融中心的雏形渐渐显现。

（1）美国对外直接投资规模急速扩大，增长速度快于战前。第二次世界

① 张为付．国际直接投资（FDI）比较研究［M］．北京：人民出版社，2008：203-205．

大战后，美国的对外直接投资呈现了新的特点：规模成倍扩大，增长速度大大快于战前，并且始终保持世界第一大直接投资国的地位。如图 5－7 所示，美国在 1949 年对外直接投资的存量突破了 100 亿美元，1956 年突破 200 亿美元，1980 年突破 2000 亿美元，1990 年达到 4305.2 亿美元。1990 年与 1945 年相比投资额增长了 52 倍。对外直接投资的规模在急速扩大，投资增长速度呈递增趋势。第二次世界大战之前，美国对外直接投资存量的平均年增长率仅为 3.7%，而在 1945—1990 年，年均增长率达到 9% 左右，是战前增长率的 2.43 倍。1950 年以来，每 5 年的对外直接投资年均增长率都高于 10%。但是从图 5－7 可以看出，20 世纪 80 年代是美国对外直接投资相对萎缩的 10 年，在这 10 年中，美国对外直接投资的年均增长率仅为 5%，尤其是 1980—1985 年，对外直接投资存量仅增长 7.59%，平均年增长速度仅为 1.4%。投资总额也仅比 70 年代增加了 491.6 亿美元，美国在 80 年代末曾一度失去其战后一直保持的直接投资净输出国的地位而成为直接投资净输入国。但是在 80 年代后半期，其对外直接投资的发展速度逐渐恢复，投资存量从 2302.5 亿美元增至 4305.2 亿美元，增长 87%，平均年增速为 17.4%（见表 5－2）。

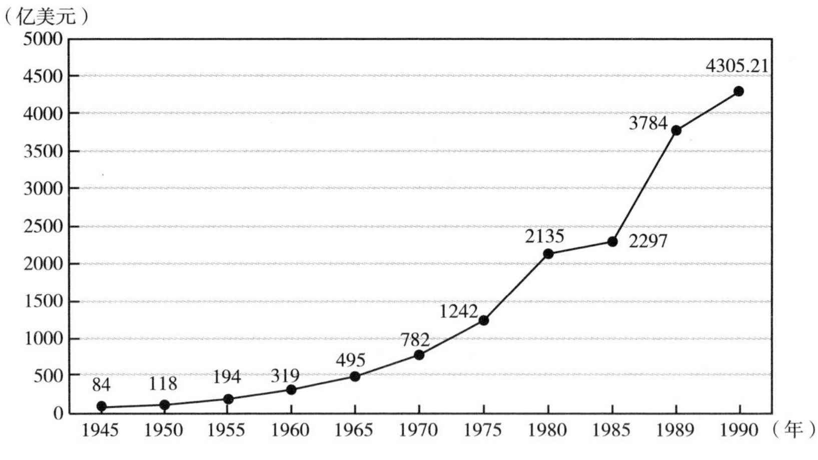

图 5－7　1950—1989 年美国对外直接投资累计余额

资料来源：美国商务部，《现代商业概览》有关各期。

（2）投资的区位选择由发展中国家为主转向发达国家为主。1950—1990 年美国的对外直接投资实现了从落后国家到发达国家的转变。根据以往历史研究可知，早期美国的对外直接投资主要集中在亚非拉落后国家以及加拿大。

表 5－2　　1945—1990 年美国对外直接投资累计余额平均增长率　　单位:%

时期	年增长率	时期	年增长率
1945—1950 年	8.1	1970—1975 年	11.8
1950—1955 年	12.9	1975—1980 年	14.7
1955—1960 年	12.9	1980—1985 年	1.4
1960—1965 年	11.0	1985—1990 年	17.4
1965—1970 年	11.6		

资料来源：美国商务部,《现代商业概览》有关各期。

1950 年，美国投向发达国家和发展中国家的直接投资额在美国对外直接投资总额的占比基本持平，而此后美国对发展中国家地区的投资比重逐渐下降，发达国家成为最主要的投资对象。如图 5－8 所示，1950 年以后，美国在发展中国家的直接投资占其全部对外直接投资的比重不断下降，1960 年降至 1/3，1970 年为 1/4，1975 年进一步降为 1/5，并在以后维持在 23.0% 和 25.0% 之间。相反，对发达国家直接投资累计额比重逐渐上升，从 1955 年 55.1% 升至 1965 年 65.3%，1990 年已达 74.1%。

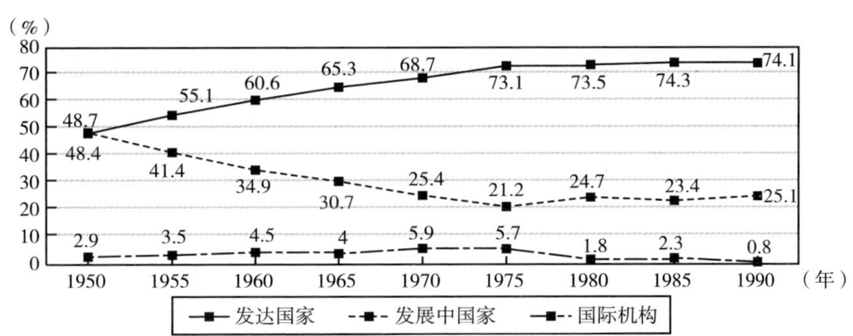

图 5－8　1950—1990 年美国 OFDI 地区发展程度分布

资料来源：美国商务部,《现代商业概览》有关各期。

到了 1990 年，发达国家份额已经达到差不多 3/4，发展中国家的份额只有 1/4 左右，至今美国在发达国家的对外直接投资总额仍然是占比最大的。在对发展中国家的投资中，对拉美的直接投资比率由 80 年代的 37.1% 回升到 44.7%，对亚太其他发展中国家和非洲发展中国家的比重也出现小幅上升。在发达国家对外直接投资方面，美国对欧盟直接投资占主导地位，占美国对发达国家直接投资的 70% 左右；对日本的直接投资占其对外直接投资总额的比重出现下降，从20世纪80年代的6.2%下降至2004年的2.4%。

（3）投资行业结构日益高级化，制造业占比上升并趋向稳定，服务业占比迅速上升。首先，制造业在直接投资中的比重待续上升，20世纪70年代后保持稳定。如图5-9所示，1950年，制造业在美国对外直接投资中约占30%，至1970年则占40%，此后到80年代末一直保持着这种比重。同时，其直接投资的累计额由38.31亿美元增至1557.04亿美元，增长39.6倍。这一阶段，制造业是美国对外直接投资中最多的行业。其次，石油采掘业投资总额有所增加，但增长速度较慢，占比从整体上看呈下降趋势。1950年，美国在矿业和石油业的直接投资累计额占比为38.3%，但到1990年这一比重降至14.2%。最后，服务业增长速度最快，所占比重增长幅度最大。1950年，服务业在美国对外直接投资中所占比重仅有18.6%，到1990年，这一数据增长到40.9%。从对外直接投资累计额来看，1950年美国对服务业的对外直接投资为22亿美元，到1989年增长至1434亿美元，增长了64.2倍。战后美国对服务业的对外直接投资的迅速发展反映了美国对外直接投资行业分布变化的新趋势。

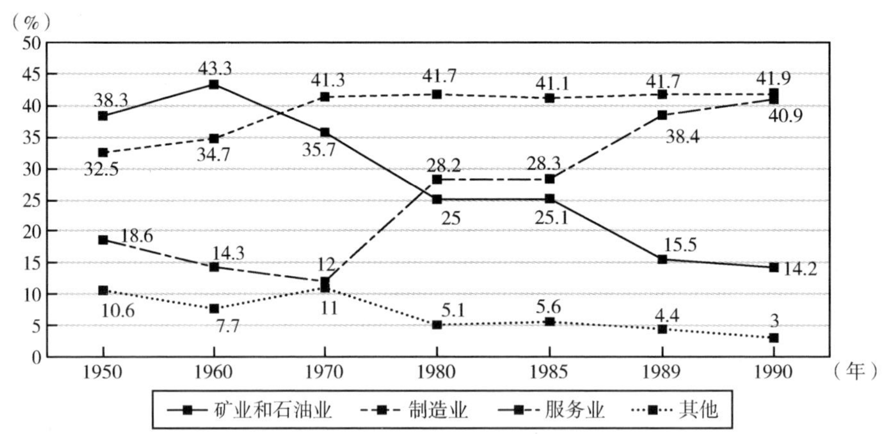

图5-9　1950—2000年美国对外直接投资的行业占比

资料来源：美国商务部，《现代商业概览》有关各期。

（4）投资方式以独资为主，合资企业比重不断攀升。第二次世界大战以前，美国对外直接投资一般采取独资企业的方式，合资经营与非股权参与等其他方式较少。第二次世界大战以后，尤其是1960年以来，随着国际政治形势的发展变化，美国跨国公司对海外直接投资进行了战略调整，美国对对外直接投资的股权方式也做了适当调整，即在坚持以独资方式为主的前提下，采取合资、合营和非股权参与等方式，来促进对外直接投资快速发展。如表5－3所示，自20世纪50年代以来，美国在发展中国家的直接投资中，拥有全部股权的独资企业经营方式所占比重不断下降，多数拥有、少数拥有和对等拥有股权的合资经营方式所占比重逐步上升①。自80年代后半期开始，跨国并购在美国对外直接投资总额中所占的比重出现加速上升的趋势。进入90年代后，特别90年代中期以后，美国跨国公司的跨国兼并活动一浪高过一浪。

表5－3 美国跨国子公司所有权类型分布

所有权类型	1951年以前		1951—1965年		1966—1975年	
	子公司数（家）	所占比重（%）	子公司数（家）	所占比重（%）	子公司数（家）	所占比重（%）
总数	214	100.0	510	100.0	534	100.0
全部拥有	125	58.0	207	40.6	241	45.1
多数拥有	26	12.2	103	20.2	94	17.6
对等拥有	12	5.6	50	9.8	58	10.9
少数拥有	24	11.2	104	20.4	130	24.3
情况不明	27	12.6	46	9.0	11	2.1

资料来源：杨继勇. 美国对外直接投资研究［M］. 武汉：武汉大学出版社，1993.

5.1.1.4 1990年后的美国对外直接投资

20世纪90年代美国经济持续增长，经济强劲回升。伴随着经济全球化的展开，美国的对外直接投资继续保持良好的增长势头，至今依然保持着世界对外直接投资第一大国的霸主地位。但90年代以来美国的对外直接呈现出与以往不同的新特点、新变化。

（1）美国对外直接投资规模空前扩大，但在世界上的投资地位有所下降。1990—2017年，美国对外直接投资流量年均增长率达39.7%，不仅大大高于80年代和70年代10.6%和25.8%的年均水平，也大大高于同期英国、法国、德国、意大利、日本和加拿大等其他主要发达国家对外直接投资流量

① 杨继勇. 美国对外直接投资研究［M］. 武汉：武汉大学出版社，1993：78－82.

的年均增长率。从投资总量看，1990—2017 年，美国对外直接投资额累计达 77990.45 亿美元，是 70 年代和 80 年代这 20 年美国对外直接投资总额的 20 倍，占同期发达国家对外直接投资总额的近 1/4，远远超出同期英国、法国、德国、意大利、日本等发达国家①。

期间美国对外直接投资额以 2000 年和 2007 年为分水岭划分为三个阶段。第一阶段是 1990—2000 年，美国对外直接投资高速增长，美国对外直接投资存量规模也不断扩张，在国际直接投资中的地位迅速回升。美国直接投资净输出额不断扩大，再度成为国际直接投资净输出国。如图 5 - 10 所示，1990—1999 年美国对外直接投资存量从 7317.62 亿美元增长至 28396.39 美元，投资存量增长了 4 倍，年增长率达到 28.8%，在对外直接投资存量中所占比例从 1990 的 32.45% 增长到 39.72%。第二阶段是 2000—2007 年，美国对外直接投资经历了下降再回升的历程。美国经历了 10 年经济高速扩张后，经济陷入周期性波动。2000 年美国出现新经济危机，此次危机导致美国对外直接投资大幅度下降，国际投资影响力也相应减弱。2000—2002 年，美国对外直接投资存量减少 8170.51 亿美元，在国际投资存量中所占比例从 39.72% 降至 27.56%。这次经济危机导致美国对外直接投资萎靡两年，直到 2002 年对外直接投资才恢复以往活力，到 2007 年投资存量达到 52749.91 亿美元，年均增长率高达 32.16%，甚至高于 2000 年以前的年均增长率。不过在此期间，美国投资存量在世界的占比一直维持在 28% 左右，已远远不及 20 世纪 90 年代时在世界的投资占比。第三阶段是 2007—2017 年，美国对外直接投资存量在波动中上升。从总量上来看，2017 年的投资存量是 2007 年的 2.5 倍，年均增长率达到 15.14%。值得一提的是，2007 年由于次级房屋信贷危机的爆发，美国爆发金融危机，此次危机使美国的经济受到重创，美国对外直接投资存量也相应出现下降。2008 年美国对外直接投资存量骤降 21725.73 亿美元，比 2000 年经济危机时的投资存量下降了 3/4 左右，在世界的投资占比也从 28.28% 下降至 19.33%。尽管之后美国经济迅速恢复，对外直接投资的总量也在节节攀升，但是在世界投资总量的占比中一直维持在 25% 左右，比 2000 年经济危机时的占比下降了 3 个百分点。虽然美国的对外直接投资在

---

① 王清平. 20 世纪 90 年代以来美国对外直接投资发展的新特点［J］. 天津市经理学院学报，2005（4）：71 - 72.

20 世纪 90 年代以后经历了两次波折，在国际投资的地位也大不如前，但是目前来看美国依然是世界第一的对外直接投资大国。

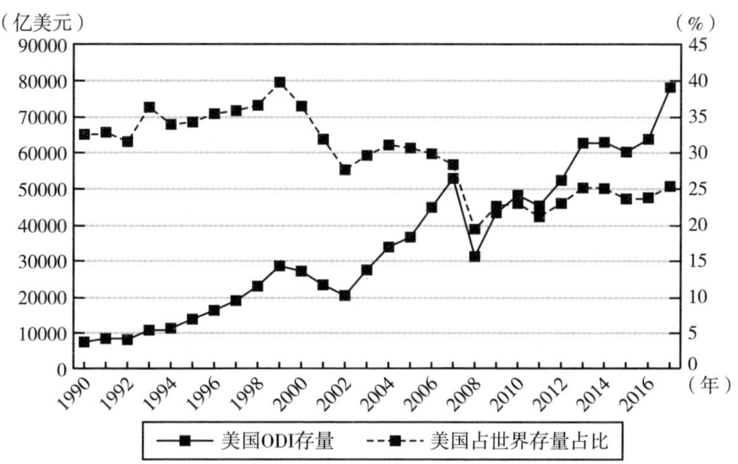

图 5－10　美国对外直接投资存量及其在世界对外直接投资存量中所占比重

资料来源：联合国数据库，www. unctad. org/fdistatistics，经过整理计算所得。

（2）美国对欧洲国家的投资比重持续上升。由图 5－11 可知，当今美国对外直接投资依然以欧洲作为主要投资地区，美洲地区的直接投资排在第二位，然后是亚洲和大洋洲，说明了美国对外直接投资对象始终趋向于发达国家。因为欧洲的发达国家众多，具有较好的投资环境，各国的发展水平比较接近美国，所以美国 FDI 有 50% 以上的份额是流向欧洲地区的。由于地理位置比较近，文化、种族等方面的情况比较类似，经济发展水平也较为接近，加拿大一直是美国对外直接投资的热门地。加拿大作为一个单独的国家，占比相对较大。拉美地区和亚太地区紧随其后，而中东地区和非洲地区的美国跨国投资非常少。美国对发达国家的大量投资证明了“产业内贸易理论”的正确性，在对外投资选择时，经济发展、地理位置等因素显得十分重要。但是这一情况从 20 世纪 90 年代开始逐渐发生了改变，随着全球化的趋势越来越明显，美国在欧洲地区对外直接投资相对稳定的情况下，加大了对其他地区的投资力度。亚太地区拥有众多的发展中国家，经济发展较为缓慢，但是人口数量比较庞大，有着十分巨大的市场潜力，因而自 90 年代以来，美国在亚太地区的对外投资的增长速度很快。到了 2017 年，亚太地区和拉美地区已经并驾齐驱，稳稳保持美国第二、第三大 OFDI 流入地。预计未来美国会继续加大对亚太地区的投资力度，亚太地区有望成为又一大新兴的热门投资地区。

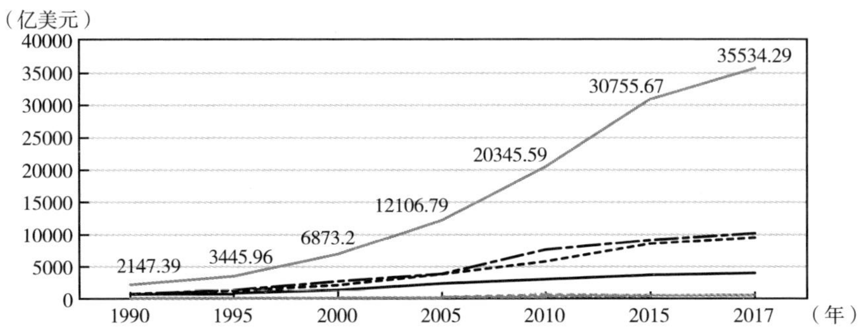

图 5-11　1990—2017 年美国 OFDI 地理区域分布

注：图中走势线，2017 年由上至下依次为欧洲、拉丁美洲、亚洲和大洋洲、加拿大、中东、非洲。

资料来源：联合国数据库，www. unctad. org/fdistatistics，经过整理所得。

（3）服务业成为美国对外直接投资的最大产业。如图 5-12 所示，2000 年以来美国对外直接投资行业中服务业的投资额一直呈高速增长态势，其他行业的投资额增长较慢。服务业投资额从 2000 年的 3424. 51 亿美元增加到 2015 年的 38406. 91 亿美元，然后缓速增长到 2017 年的 42937. 09 亿美元。服务业投资不断挤压其他行业的份额，到 2017 年，占对外直接投资总额的比例达到 75%。排在第二位的制造业投资增长十分缓慢，从 2000 年的 5011. 22 亿

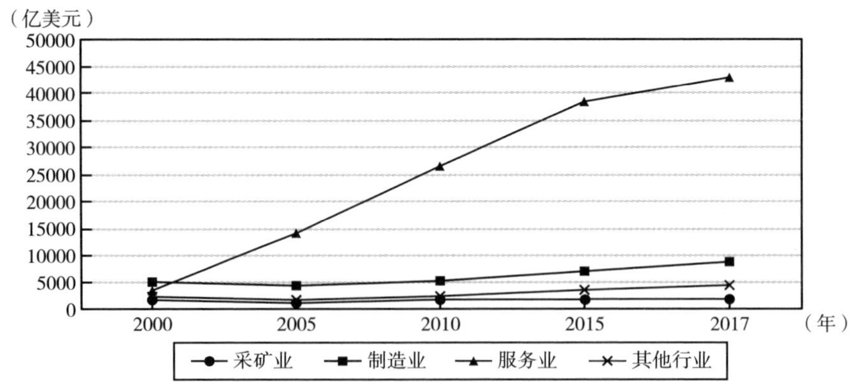

图 5-12　2000—2017 年美国 OFDI 行业分布

资料来源：联合国数据库，www. unctad. org/fdistatistics，经过整理所得。

美元增加至2017年的8700.99亿美元，年均增长速度仅为12.7%。采矿业也增长较慢，2000年采矿业的直接投资额为1656.74亿美元，到2017年投资额不增反降，只有1594.93亿美元。可以说，当前服务业是美国跨国企业偏好投资的行业，预期未来服务业将长期保持第一的地位。

（4）跨国并购成为对外直接投资的主要方式。20世纪90年代以来，跨国并购逐渐成为美国对外直接投资的主要方式，在美国对外直接投资中的地位越来越重要。根据联合国贸易与发展会议的统计，2017年美国对外的并购金额已经达到693962亿美元，1990—2017年的28年间，有18年超过当年对外直接投资总额的50%，有一半的年份超过当年对外直接投资总额的70%。尽管跨国并购案的成交金额存在跨期支付问题，即一个跨国并购案的成交金额可能分几年支付，跨国并购当年的实际支付金额在对外直接投资总额中所占的比重实际上并没有那么高，但这并没有改变跨国并购已成为20世纪90年代以来美国对外直接投资的主要方式的事实。从并购案的数量来看，美国跨国并购也是增长较快的，1990—2017年，美国跨国公司的跨国并购案由2094起增长到6967起，平均每年增长200起（见表5－4）。

表5－4　美国跨国并购在各地区的案例数量　单位：起

	1990年	1995年	2000年	2005年	2010年	2015年	2017年
发达国家	1968	2830	5253	3955	3782	4837	5655
发展中国家	121	547	1138	1120	1286	1349	1172
转型经济体及其他	5	50	106	131	494	178	140
总计	2094	3427	6497	5206	5562	6364	6967

资料来源：www. unctad. org/fdistatistics。

进一步，从跨国并购的投资地区结构来看，美国更倾向于在发达国家用跨国并购的方式进行直接投资。不过近几年美国在发展中国家跨国并购中的比例有所上升，这点无论是从并购案例数量，还是从并购投资总额来看均是如此。如表5－4所示，1990年美国的跨国并购案例为2094起，在发达国家的案例就达到1968起，所占比例高达94%；到2017年，美国在发达国家的跨国并购案例为5655起，所占比例为81%。而表5－5中，1990年美国对发达国家的并购投资额为84688.4亿美元，占当年并购投资总额的86.4%，2017年这个比重仍有81.2%。

表 5-5　　美国跨国并购在各地区的投资总额占比　　单位:%

	1990 年	1995 年	2000 年	2005 年	2010 年	2015 年	2017 年
发达国家	86.37	90.7	93.26	83.43	64.75	78	66.86
发展中国家	8.53	5.45	6.34	13.34	28.92	14.41	29
转型经济体及其他	5.1	3.84	0.4	3.24	8.04	4.58	4.14

资料来源：www.unctad.org/fdistatistics。

5.1.2 美国对外投资的税收政策和制度安排

（1）直接抵免税收政策。第一次世界大战后，全球所得税税率普遍较高，对跨国企业投资的重复征税较为严重。为了减轻跨国纳税人的税收负担，美国于 1918 年率先引入抵免法，允许跨国纳税人在境外所缴纳的所得税税款抵免其在国内的应缴纳税款。此时，美国对外投资的税收政策和制度是以资本输出中性原则为基础的。当然美国也会根据不同阶段制定促进或抑制对外直接投资发展的税收政策和制度，如尽管设置了税收抵免限额维护本国税收利益，但具体抵免方式经历了从综合税收限额抵免到分国限额税收抵免，再到分项不分国的税收抵免的转变。美国在 1918 年实行综合限额抵免法，综合抵免可以减轻投资者在母国税负，达到促进海外直接投资的目的。如图 5-2 所示，该政策的实施加速了美国对外直接投资的增长，1919—1929 年，美国对外直接投资的增长速度明显快于政策实施前。1932 年美国将抵免方式从原来的综合限额抵免改为分国限额抵免，是世界范围内最早开始实行该政策的国家。分国限额抵免法意味着纳税人在不同非居住国的所得不能相加后抵免，会加重企业海外投资税负，从而对跨国企业海外投资发展起制约作用。如图 5-2 所示，19 世纪 30 年代，美国的对外直接投资呈下降趋势，1929 年，对外直接投资额为 75 亿美元，到 1940 年，下降到 70 亿美元。此期间对外直接投资的下降除受经济大危机的影响外，分国限额税收抵免法的实施起了推波助澜的作用。美国从 20 世纪 60 年代初期开始推行不分国别的综合限额税收抵免法，以不同类别[①]所得作为综合限额抵免额的计算基础，在严格分类的

① 根据美国税法，这些不同类别的所得共有 9 个，分别是：被动所得、高预提税利息、金融服务所得、船运所得、非受控第 902 节公司股息、国内的国际销售公司来源于美国境外的股息、对外贸易的应税所得、出口融资利息和其他所得。

基础上，每个类别所得按照规定的相应税率来计算抵免限额。跨国企业可以自行决定是采用原来的分国限额抵免法，还是新的分项不分国的综合限额抵免法，这种状况一直持续到20世纪70年代中期。综合限额抵免法有利于跨国企业全球范围内选择低税地区投资，从而促进对外直接投资。如表5－2所示，60年代到70年代中期，美国对外直接投资累计余额平均增长率一直维持在12%左右，高于50年代的平均增长率。1985年，美国财政部提议重新启用分国限额抵免法，遭到各大型跨国企业的强烈反对。最后，作为对双方争持不下的折中解决方案，美国国会保留了分项不分国的限额抵免方式，但将分项类别从3类扩大到10类，1988年增为11类，2004年《美国创造就业机会法案》又逐步将其缩减为“消极所得”和“普通所得”两类。

（2）间接抵免税收政策。间接抵免是居住国政府对视同本国居民公司间接缴纳的外国所得税所给予的抵免，是一种适用于跨国母子公司之间的税收抵免政策。1958年美国颁布《技术修正法案》，开始实行间接抵免法。具体内容为：某个有下属子、孙两层参股的公司，当孙公司从已纳税所得中支付一部分股息给子公司时，子公司就须将这部分已税股息还原后并入自己所得中纳税，形成一层重复课税；子公司必须从已纳税所得中支付一部分股息给母公司，母公司再将这部分股息还原后并入自己所得中纳税，这就形成了孙公司已税股息部分的二层重复课税。为了避免出现这种状况，美国规定国内母公司拥有海外子公司10%以上的股票表决权时可进行单层间接抵免，海外子公司拥有孙公司10%以上的股票表决权、母公司间接拥有海外孙公司5%以上的股票表决权时可进行多层间接抵免。此外，如果外国所得税税款超过抵免限额，超出的部分可向前结转2年或向后结转5年抵免。这意味着当海外企业在一个年度出现正常的经营亏损时，可以将该亏损抵消前面2年的利润，同时将冲销掉的那部分利润对应以前年度所缴纳的税款退还给企业；向后5年结转则可以抵消以后5年的收入，少收税款，以弥补企业在海外投资所遭受的损失。为了进一步鼓励跨国企业对外直接投资，提高其对未来更长期的投资收益预期，2004年《美国创造就业机会法案》将其改为允许向前1年和向后10年结转，相当于一笔免息的贷款。此举较好地激发了美国企业家对外投资的积极性，这点可通过2004—2007年美国的对外直接投资迅速增长得到部分印证。

(3) 延迟纳税与受控外国公司法规。为了使本国的跨国公司能够在海外与欧洲大陆国家的公司进行公平竞争，美国自1954年起，对跨国企业在海外还未汇回的经营所得不予纳税。这一政策相当于给跨国公司提供了一笔免息贷款，减轻了公司的经营成本，极大地促进了本国的跨国企业在海外的竞争力。然而，该政策在促进对外直接投资的同时也带来了很大的问题，越来越多的跨国企业利用该政策在避税地建立母公司避税。为此，1962年美国开始实行受控外国公司法规，如果一家外国公司各类有表决权的股票总额中，有50%以上属于美国股东，而这些股东每人所拥有的有表决权的股票又在10%以上，那么该外国公司即为受控外国公司。凡是受控外国公司，其利润归属于美国股东的部分，即使当年不分配、不汇回美国，也要视同当年分配的股息，分别计入各股东名下，与其他所得一并缴纳美国所得税。此项利润真正作为股息分配时可以不再缴纳所得税，这一部分当年实际未分配的所得，在外国缴纳的所得税可以按规定获得抵免。延迟纳税提高了本土企业去海外投资的竞争力，CFC给避税意图明显的企业设置了障碍，保全了国家税收收益。这两项政策相互配合，共同促进了美国对外直接投资的健康快速发展。

(4) 关税优惠。1930年，受经济大危机影响，美国提高关税，导致其他国家的报复，使得美国出口锐减。为了扭转不利局面，1934年6月美国通过了贸易协定法案，规定总统有权与外国签订互惠贸易协定，互惠关税由此产生。美国关税优惠政策主要有三种类型：一是美国单边给予的优惠措施。为促进经济增长和发展，美国对发展中国家提供长期单边优惠税率，即惠普制（Generalized System of Prefer - ences，GSP）。GSP是工业发达国家对发展中国家出口的产品给予普遍的、非歧视的、非互惠的关税制度，目前，全球共有154个国家和地区享受美国的GSP待遇。二是美国所签署的双边或区域自由贸易协定。美国现已与20个国家签订了双边自由贸易协定，其中最主要的为北美自由贸易协定（North American Free Trade Agreement，NAFTA）。根据北美自由贸易协定，原产于加拿大或墨西哥的货物可适用广泛的关税优惠，并且进口应税货物可以在保税仓库或美国的外贸区内最多存放5年而无须缴纳关税。北美自贸区是美国所有自贸区中最重要的，来自加拿大和墨西哥的进口额占美国所有自贸协定进口额的91%，美国向加拿大和墨西哥的出口额占其总出口额的77%。通过NAFTA，美国对加拿大和墨西哥的出口支持了美国超过 300 万个就业机会。三是多变优惠政策。2013 年美国达成了跨大西洋贸易和投资伙伴关系协议（Transatlantic Trade and Investment Partnership，T－TIP），这一协议大大扩展了美国与欧盟之间的贸易和投资，帮助美国工人、农民和牧场主进入欧洲市场从而增加获得美国制造商品和服务的机会，这将有助于促进美国的国际竞争力、就业机会和增长。从理论与实践经验来看，关税优惠会从正负两方面影响对外直接投资：首先，理论上，一个国家的对外直接投资和对外贸易之间是具有相互替代性的，蒙代尔的贸易和投资相互替代模型在新古典主义的框架内对此做了严密的逻辑证明。这意味着降低或取消关税会削弱国家间的贸易壁垒，增加的对外贸易会对对外直接投资进行替代。其次，关税优惠促进了美国对外出口贸易，增加了美国与其他国家特别是发展中国家的经济往来，降低了在这些国家进行对外直接投资的风险，从而在一定程度上促进了对外直接投资的发展。总的影响从表 5－4 可以看出，随着关税优惠政策的实施，美国在发展中国家的直接投资比例越来越高，说明了关税优惠整体上促进了美国对外直接投资。

（5）特朗普税改政策。2017 年 11 月中旬以来，美国众参两院相继通过了特朗普的《减税与就业法案》，并达成一致性的税改方案，这是 30 多年来美国政府最大的一次税法调整。此次税改内容为：大幅消减企业所得税，将美国企业所得税税率由 35% 降为 21%；大幅减轻个人所得税，一是削减个人所得，二是提升个税免征额；鼓励境外企业带回利润，新税法对海外企业留存利润实行一次性征税，其中现金利润的税率为 15.5%，固定资产税率为 8.0%；征税体制转变为属地征税，也就是说，美国公司利润只需在利润产生的国家交税，无须在美国国内重新纳税，避免了重复课税，有利于跨国企业汇回利润。与往届政府在对外投资上的传统立场不同，在特朗普本人及其核心政策团队看来，美国企业的对外投资直接或间接地向海外转移了美国的就业岗位，削弱了美国的制造业基础，增加了贸易赤字，并对美国经济增长造成了较大的负面影响。因此，特朗普政府对美国企业的对外直接投资尤其是制造业领域的对外投资持公开抵制立场。特朗普的税改政策对美国的对外直接投资是有抑制作用的，这从税改后大量资金向美国回流可得到印证。

5.2　日本对外直接投资与相关的税收政策与制度

5.2.1　日本的对外直接投资的四个阶段及特点

5.2.1.1　日本对外直接投资的恢复和小规模发展阶段（1951—1968 年）

第二次世界大战对日本的对外直接投资造成了极大的影响，作为战败国日本战后几乎没有了对外直接投资，直到 1951 年日本的对外直接投资才开始逐渐恢复，但由于国际收支赤字和外汇不足等原因，日本发展缓慢。此期间日本对外直接投资的主要特点如下。

（1）日本的对外直接投资有所恢复但规模仍然较小。1951 年日本开始有了对外直接投资，当年的投资额仅为 300 万美元（见图 5－13），原因主要是当时日本为持续的国际收支逆差、失业、通货膨胀所困扰，迫切需要引进外资，并没有大量的“过剩资本”投资到国外。1951—1956 年，日本的对外直接投资合计额仅为 110 万美元；1957 年的对外投资额为 42.7 万美元；1958 年后日本对外直接投资发展迅速，对外直接投资额增长到 1095 万美元，是上一年的 25.6 倍。随后 3 年日本对外直接投资增长迅猛，到 1961 年这一数据达到 9300 万美元。1962 年起日本放缓发展速度，1965 年日本对外直接投资额下降到 7700 万美元。然而，这个阶段（1951—1967 年），日本的对外直接

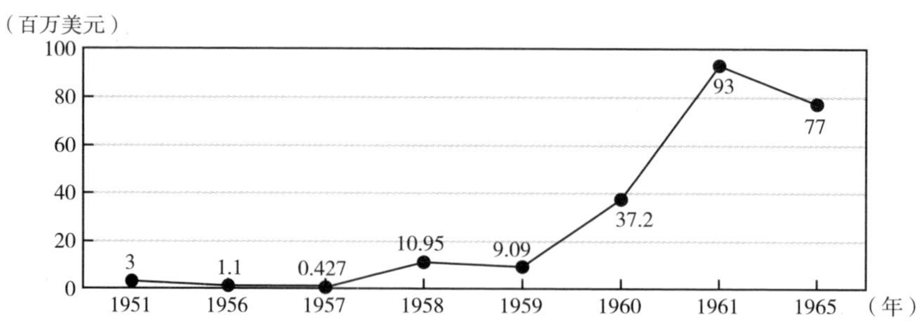

图 5－13　日本对外直接投资规模

资料来源：耿广鸿，王三星．试论战后日本发展对外直接投资特点的演变［J］．财贸研究，2002（2）：107－111．

投资年平均额仅为8500万美元。截止到1967年，日本的OFDI总额占世界OFDI总额的比重为1.31%，同期美国为52.5%，德国为2.63%，英国为15.3%。可见，尽管在60年代后期，日本对外直接投资有所发展，但是与其他国家相比，日本对外直接投资平均规模及总量均较少。

（2）投资地区以南美洲等发展中国家为主。如图5－14所示，1965年，日本对外直接投资存量达到159亿美元，对美洲的投资额占投资总量的70%，其中对北美的投资额达到44亿美元，主要原因是战后特殊的日美关系，加上美国市场广阔，有效需求充足，因而这一时期日本很多大企业纷纷在美国设立销售渠道。对南美的投资占投资总额的38.99%，主要原因是60年代日本经济发展遇到资源短缺问题，南美洲资源丰富，是日本的第一大投资地区。因为亚洲和中东等地有日本发展经济所需的自然资源，此阶段日本对亚洲和中东地区的投资额也在持续增加，到1965年，在这两个地区的投资额占投资总额的比重分别为22.01%和6.92%。

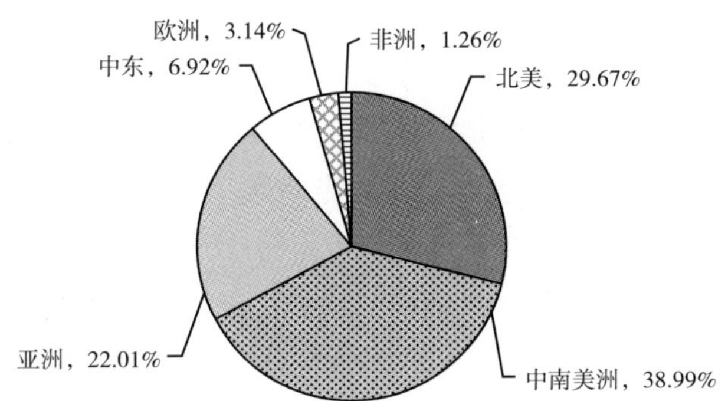

图5－14　1965年日本对外直接投资地区分布

资料来源：日本贸易振兴机构（JETRO）。

（3）投资行业以资源开发型、商业服务型投资为主。第二次世界大战后日本经济逐渐恢复，进入20世纪60年代，日本开始进行全面经济建设，国内建设对各种资源的需求量急剧上升，日本作为资源小国开始放开对外直接投资政策，鼓励国内企业到国外投资设点建厂，从事以开发资源为主的海外生产。60年代日本经济进入高速增长期，重化工业特别是资源消费型产业比重上升，需要获得更充足的原料资源；同时，为了增加商品出口，开拓海外市场，日本在许多国家展开商业服务业投资，以图建立起产品全球销售体系。所以，此阶段日本对外直接投资以资源开发和商业服务为主。

（4）对外直接投资的主要方式为证券投资。日本对外直接投资的方式主要分为四种：以现金、设备或技术投资，取得当地股权的“证券投资”；以设备、专利或长期周转资金借给当地企业的“信贷投资”；直接取得资本输入国的采矿权、土地所有权的“不动产投资”；在外国开设分公司的“海外分公司投资”。到60年代末，日本的各类对外直接投资比重是：证券投资53%，信贷投资36%，不动产投资7%，海外分公司投资4%。各种对外直接投资的比重，因日本国内经济、国际环境以及资本输入国（地区）的情况变化而时有不同。但总的来看，证券投资（包括以企业所有者身份自行经营和同当地民族资本合资经营）是日本对外投资的主要形态。原因主要是随着日元升值，和资本输入国的资本合资办厂比通过贸易途径输出本国商品更为有利，合资办厂既能提高产品的国际竞争能力，又可以减少“贸易摩擦”。

5.2.1.2 日本对外直接投资的高速发展阶段（1968—1980年）

经过战后一段时间的恢复，日本的对外直接投资开始进入一个快速发展的阶段。日本对外直接投资的快速发展得益于日本经济的复苏，日本生产力的发展和资本的积累使得日本越来越有能力对外进行经济扩张。

（1）投资规模以更快的速度扩大。20世纪70年代，日本工业生产高速增长，寻求国外市场和保证资源需求更为迫切，海外直接投资这种对外经济扩张最基本的形式，自1968年开始高速增长。如图5-15所示，仅在1968—1972年，日本对外投资总共只有21.48亿美元。1972年、1973年出现了战后日本对外直接投资的第一个高潮，由1971年投资金额的8.58亿美元，快速增长到1972年、1973年的23.38亿美元和34.97亿美元。仅1973年一年的对外投资额即为1965年前14年累计金额的3.68倍。由于1974—1975年的“石油危机”，日本对外直接投资呈现出暂时的停滞，但随着经济复苏，1976年以后日本的对外直接投资又转为上升趋势，出现了战后对外投资的第二个高潮：1977年为28.06亿美元，1978年为45.98亿美元，以后几年都保持在1978年的水平之上。到1980年日本已累计对外直接投资23953次，累计金额高达364.97亿美元。

（2）对发达国家的投资比重增加。这个时期，日本对其他发达国家的贸易顺差继续增加，而同时日本不愿或限制从国外进口，因而导致了日美贸易摩擦和欧洲国家对日本实施进口限制。为避开贸易壁垒，日本加大对发达国

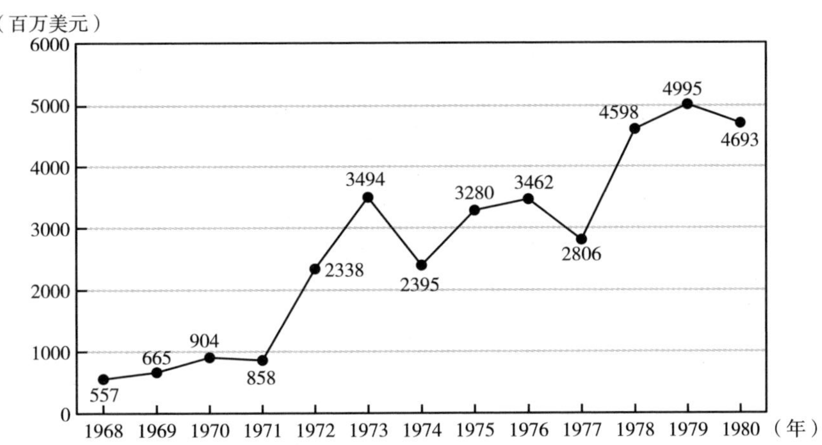

图 5－15　1968—1980 年日本对外直接投资总额规模

资料来源：日本贸易振兴机构（JETRO）。

家的国外直接投资。如图 5－16 和图 5－17 所示，日本对北美的投资额从 1968 年的 1.85 亿美元增加到 1980 年的 15.96 亿美元，增长了 8.6 倍，投资占比从 22.22% 上升到 41.20%。对欧洲的投资额从 1968 年的 1.53 亿美元增加到 1980 年的 5.78 亿美元，投资占比从 10.57% 上升到 14.90%。日本压缩了对亚洲的投资份额，1968 年日本对亚洲的投资接近总量的 50%，然而到 1980 年这一数据降至 26.45%。对其他地区的投资占比变化不大，对中南美洲、中东、大洋洲和非洲的投资份额基本维持在之前的水平。

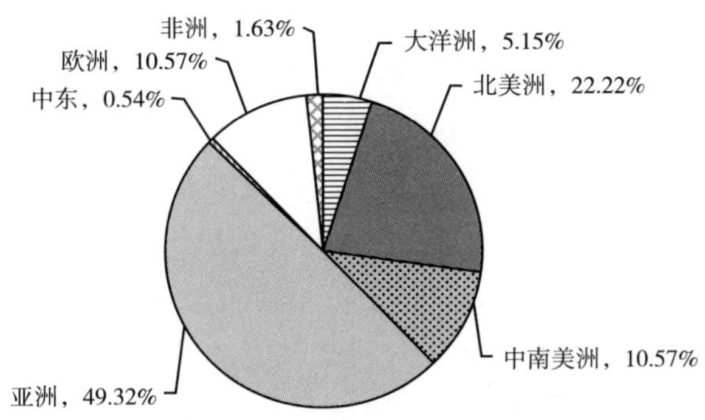

图 5－16　1968 年日本对外直接投资地区分布

（3）投资行业以制造业为主，矿业、商业投资为辅。20 世纪 70 年代以来，随着以重工业、化学工业为重点的大规模技术引进，日本工业技术水平

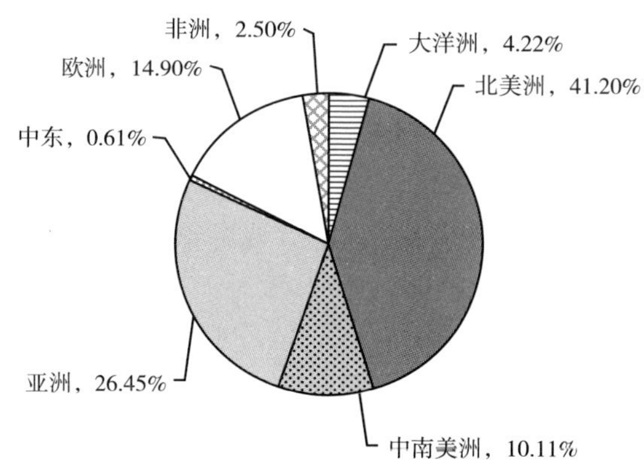

图 5 - 17　1980 年日本对外直接投资地区分布

资料来源：日本贸易振兴机构（JETRO）。

发生质的飞跃，日本对制造业的对外直接投资的国际竞争力不断提高。如图 5 - 18 所示，1971 年日本对制造业的投资额为 2. 9 亿美元，1980 年为 17. 06 亿美元，增长近 5 倍。经历了两次下降：1972—1973 年，投资额度从 5. 25 亿美元增加至 14. 96 亿美元，增长速度是以前年度的 5 倍；1974 年投资额度下降至 8. 74 亿美元，随后三年投资增速缓慢，投资额度维持在 9 亿美元左右。1978 年，日本对制造业的投资额增加至 20. 38 亿美元，投资额度是 1977 年的 2 倍，达到这一阶段最高，1979 年下降到 17 亿美元并一直维持到 80 年代初。日本制造业对外直接投资的两次大幅度下降是 1973 年和 1979 年接踵而至的两次石油危机所导致，因为日本是世界上最大的石油输入国，所有石油几乎百分之百依靠进口，因此这两次石油危机对日本经济造成严重打击，使得日本对外直接投资处于低速增长阶段。由于日本资源匮乏，因此对矿业的对外直接投资也在持续增长。增长幅度不大，但波动较大。1971 年，日本对矿业的投资额为 2. 9 亿美元，1980 年这一数据增长至 5. 65 亿美元，增长 0. 9 倍。1972 年投资额达到 9. 11 亿美元，是上一年度的 3. 14 倍；1974 年下降到 5. 11 亿美元；1976 年的投资达到这一阶段最高，为 9. 95 亿美元；1977 年降至 4. 52 亿美元，下降幅度接近 50%。1978 年日本对矿业的投资下降到 3. 38 亿美元，1979 年增长到 8. 57 亿美元，1980 年维持在 5 亿美元左右。日本是一个资源贫乏的国家，国内资源严重不足，以 1973 年为例，石油的 99. 7%、煤炭的 71. 7%、铁矿石的 99. 5%、铜矿石的 90. 2%、铝矾土的 100%、镍矿石的100%、锌矿石的68.8%、铅矿石的74.6%[①]都依赖进口。为了确保海外原料的来源，过去资源开发型投资在日本的对外直接投资中一直占有重要地位。日本60年代经济高速发展，70年代，日本在化工业、商业、金融保险业等部门的直接投资有了大幅度增长，矿业的投资额虽然仍然有所增长，但投资份额有所下降。日本商业投资的特征是在波动中上升，从1971年的1.87亿美元增长到1980年的7.97亿美元，增长3.3倍，其中在1978年达到这一阶段最高投资额，为8.23亿美元，并首次超过对矿业的投资，成为日本对外直接投资的第二大产业。日本对金融保险业、服务业以及农林业的投资额度不高，增长速度缓慢。

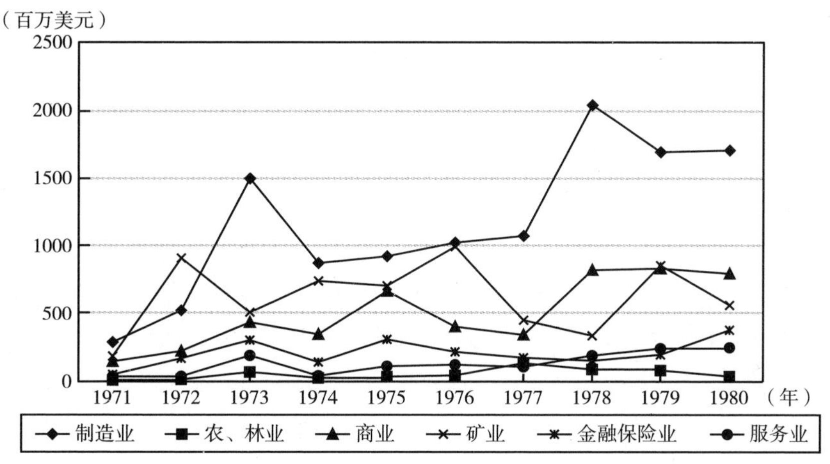

图5-18 1971—1980年日本对外直接投资行业分布

资料来源：日本贸易振兴机构（JETRO）。

（4）主要对外直接投资来自日本大银行的海外扩张。1973年第一次石油危机爆发后，为转移国内剩余资金，配合企业的海外扩张，日本金融机构一改以往谨慎的态度，大步走向海外。1972年建立的“东京国际金融市场”很快站稳了脚跟，公开募集日元建设债券；在世银债、亚洲开发银行债发行之后，在各国发行的国债也在逐渐增多。这些筹措资金的高级形式的顺利实施，标志着金融资本对外扩张步入了正规阶段，也为海外企业扩张提供了便利的

① 张瑞德. 八十年代以来日本对外直接投资的变化及原因［J］. 世界经济文汇，1987（1）：44-48.

融资条件。到1979年末，日本银行在海外已有分行127家、办事处216家、当地金融法人67家，证券公司在海外有分公司10家、办事处39家、当地金融法人40家。此期间日本大银行扩充海外分支银行，设立以向海外投资企业融资为主要业务的国际金融机构，甚至采用向国际投资银行参股的方式（主要为以美国大型银行为中心的国际投资银行），推动海外业务迅速发展。

5.2.1.3 日本对外直接投资的急剧膨胀阶段（1980—1991年）

20世纪80年代初，日本对外直接投资出现第二次快速发展的势头。1985年以后，受日元升值等因素的影响，也由于日本企业已经储积了多国化发展所需的技术、经营资源和市场营销技能，日本的海外投资急剧膨胀，从而使日本1989—1991年连续三年成为世界上最大的对外直接投资国。这一阶段日本对外直接投资的特点如下。

（1）投资规模空前扩大，投资增速过快。20世纪80年代是日本对外直接投资的快速扩张期，如图5-19所示，对外直接投资规模由1980年的46.9亿美元扩大至1985年的122.17亿美元，投资规模扩大了1.6倍。其中，1981年投资额达到89.32亿美元，较1980年增加了90.4%。而在"广场协议"签订之后的1985—1989年，日元经历了加速升值的过程，这直接导致日本国内流动性大大增加。为了实现国内资产的保值升值，转移国内过多的流动性，维护国内金融市场的稳定，日本进一步大规模开展对外直接投资，从而带来了对外直接投资的第三次迅速发展高潮。1986年投资规模突破200亿美元，比上一年增加了近1倍，到1989年投资规模达到675.4亿美元。1982—1991年，日本对外直接投资总额超过2000亿美元，约占这一期间全球对外直接投资总额的17%。随着对外直接投资规模的空前扩大，日本在世界直接投资中的地位迅速提高。1978年日本累计对外直接投资仅相当于美国的16.7%，在英国、德国和瑞士之后，列世界第五；而到1989年日本超过英国位居世界第二，与美国的差距缩小，累计投资额已经相当于美国的66.7%。1989年日本泡沫经济破裂，进入"平成萧条"[①]时期，日本经济出现大倒退。1989年日本对外直接投资规模急剧下降，1991年降至415.84亿

① 随着20世纪90年代初泡沫破裂，日本经济出现大倒退，此后进入了平成大萧条时期。

美元，降幅为38.4%。尽管如此，1989年和1990年，日本仍然连续二年成为世界最大的对外直接投资国。

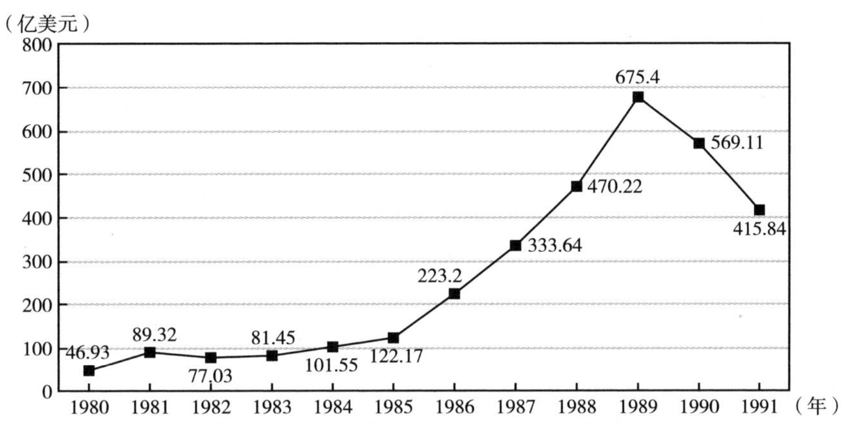

图5－19　1980—1991年日本对外直接投资规模

资料来源：日本贸易振兴机构（JETRO）。

（2）对欧美等发达国家的对外直接投资规模进一步加大。20世纪80年代以前，日本对外直接投资的目的地多以亚洲和北美地区为主。在亚洲的诸多国家中，日本对印度尼西亚进行了大量投资，占亚洲投资的绝大部分；北美地区则是以投向美国为主。随着日本商品在全球竞争力中不断提升，日本对欧美地区的贸易顺差逐渐扩大。为缓解这种国际收支的不平衡，日本加大了对发达国家尤其是欧美地区的投资力度，对亚洲投资的增长速度逐渐放慢。如图5－20所示，日本对欧美地区投资的比重由1980年的43.9%上升至1985

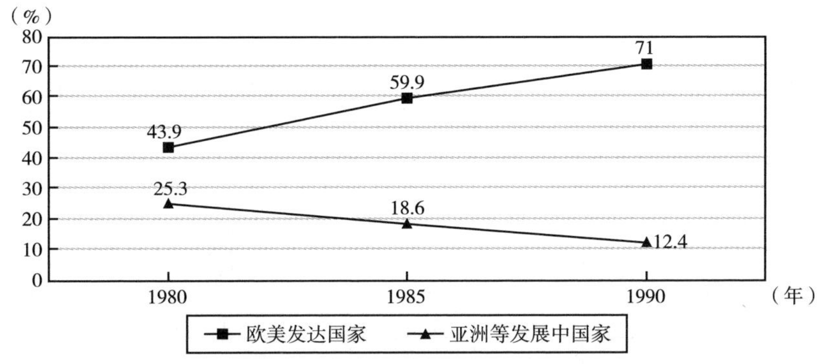

图5－20　1980—1990年日本对外直接投资地区占比

资料来源：日本贸易振兴机构（JETRO）。

年的59.9%，而在“广场协议”签订后，对欧美地区投资的比重进一步攀升，到1990年，对欧美地区的投资比重已达到71%。其中，对美国的投资比重保持在投资总额的40%以上，在1989年对美国的投资更是接近投资总额的一半；对欧洲的投资的比重也由20世纪80年代初的12.3%升至90年代初的25.1%。与此同时，日本在亚洲地区的投资比重却出现明显的下降，由20世纪80年代初的25.3%降至90年代初的12.4%。

（3）对外直接投资过度投向非制造业领域。随着国内劳动力成本上升、日元急剧升值，日本开始调整国内的产业结构，将不再具有比较优势的边际产业①向海外转移，日本经济的重心也由制造业向服务业转移。受此影响，日本对外投资的产业结构开始向非制造业领域倾斜。如表5-6所示，20世纪80年代初制造业和非制造业占对外投资的比重分别为36.35%和59.17%，但到80年代中后期，制造业占对外投资的比重降至24%左右，而非制造业占对外投资的比重则升至75%左右。对非制造业的投资又以房地产和金融行业为主，其中房地产行业占非制造业的比重由1981年的不足2%快速升至1989年的20%，金融行业的占比也由8.1%升至22.8%。虽然传统行业向海

表5-6　1980—1990年日本对外直接投资行业占比　单位:%

年份	制造业	非制造业		
			房地产业	金融业
1980	36.35	59.17	—	8.10
1981	25.81	72.95	1.87	9.44
1982	26.95	71.11	4.60	6.92
1983	31.77	65.77	4.60	14.33
1984	24.67	73.16	4.23	20.53
1985	19.25	78.06	9.88	31.15
1986	17.05	80.42	17.91	32.44
1987	23.47	75.17	16.27	32.00
1988	29.36	69.41	18.38	27.87
1989	24.11	74.80	20.94	22.80

资料来源：日本贸易振兴机构（JETRO）。

① 边际产业：指按照比较优势原则，投资国已经处于或即将处于比较劣势的产业。

外转移为日本国内新兴产业发展腾出了空间，对美国等发达国家投资的增加提高了相关领域的研发能力和技术水平，从而为本国产业结构的优化升级创造了条件；但是非制造业的对外投资迅速发展过程中也存在不少非理性投资行为，这些投资行为并不是基于审慎考虑之后所做出的投资决策，而是出于一种非经济目的，甚至是一种投机行为，因而往往具有较大的失败风险，并会阻碍主导产业①的更替。在制造业大量向海外转移以及对非制造业投资力度增大的同时，国内制造业开始萎缩，新兴产业的发展又不足以弥补制造业转移带来的增长动能缺失，从而为日后本国产业空心化埋下隐患②。

（4）对外直接投资倾向以企业并购方式进入。为缓解日本对欧美国家的贸易摩擦，确保本国产品的海外市场份额并进一步提升本国的技术竞争优势，日本企业的跨国并购行为日益增多，尤其是在后来日元大幅升值以及国内资产价格过高的情况下，并购行为愈发活跃。以日本对美国的投资为例，日本企业对美国跨国并购的规模由 1980 年的 5.2 亿美元猛增至 1989 年的 112 亿美元，绿地投资仅由 0.7 亿美元升至 62 亿美元；而 80 年代中后期对美国企业的并购和绿地投资累积金额分别达到 284.9 亿美元和 186.8 亿美元。尽管日本的并购规模快速增长，但由于企业的并购决策缺乏务实的投资规划和长远的战略考虑，企业对东道国的政治、经济、文化、法律等环境调查研究不足，从而导致并购失败率较高。据统计，日本在 20 世纪 80 年代进行的 15 桩规模最大的并购案中只有 4 桩取得了成功，而其他并购案大多没有收回成本。

5.2.1.4 日本对外直接投资进入停滞调整阶段（1991 年至今）

进入 20 世纪 90 年代后，日本和世界的政治经济形势发生了很大的变化。长期“平成萧条”③，使日本经济运行出现了许多严重问题，如国内生产总值大幅下降，工矿业生产水平持续下降，失业率上升等，对外直接投资因此也受到严重影响；与此同时，受益于北美自由贸易区和欧洲统一大市场的形成，欧美地区经济增长强劲，与日本形成鲜明对比，日本进入了对外直接投资相

① 主导产业，指能够依靠科技进步或创新获得新的生产函数，能够通过快于其他产品的“不合比例增长”的作用有效地带动其他相关产业快速发展的产业或产业群。

② 邬琼．20 世纪 80 年代日本对外直接投资的特征与启示［J］．发展研究，2017（12）：43－45.

③ 平成萧条，平成是明仁天皇继位使用的年号；平成萧条是指从明仁天皇继位初期 1991 年开始的周期性经济不景气。

对下降时期。

（1）日本对外直接投资呈现出从衰退到恢复发展的现象。以 2007 年为分水岭，可将日本对外直接投资划分为两个阶段。

第一阶段是 1990—2007 年，日本对外直接投资呈现衰退趋势，在世界经济危机的大环境下以及泡沫经济的影响下，90 年代初日本对外直接投资大幅度下降。如图 5－21 所示，1990 年日本的对外直接投资额是 507.74 亿美元，到 2007 年，日本对外直接投资规模达到 735.48 亿美元，增速缓慢，年均增速为 1.36%。这期间日本在国际上的对外直接投资大国的地位也发生了动摇，在世界投资所占比例由 1990 年的 8.93% 下降至 2007 年的 2.91%。1992 年，美国重新占据对外直接投资世界第一。1993 年，法国、英国、德国的海外投资额纷纷超越日本。1995 年，日本占世界直接投资的比例比 20 世纪 80 年代顶峰时期少了近 5 个百分点。1999 年，日本的对外直接投资排名已滑落至全球 10 名之外。

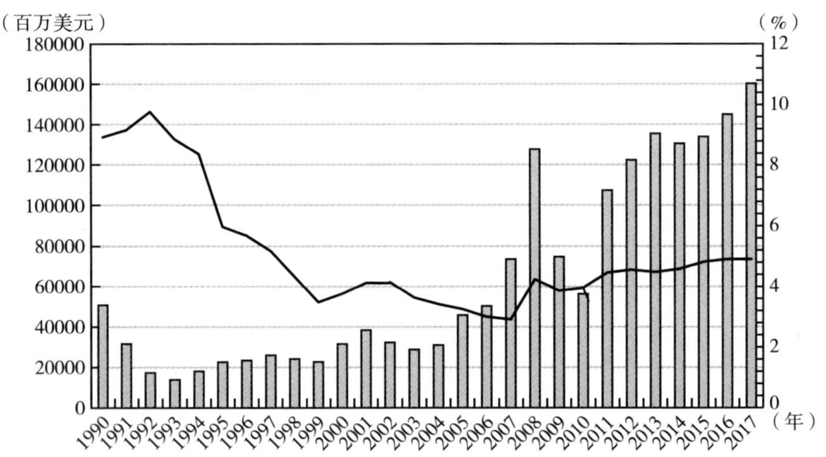

图 5－21　日本对外直接投资流量及其在世界对外直接投资存量中所占比重

资料来源：联合国数据库，www.unctad.org/fdistatistics，经过整理所得。

第二阶段是 2008 年至今。2008 年日本对外直接投资达到新的历史高度，为 1280.19 亿美元，2017 年对外直接投资达到 1604.49 亿美元。这一期间的平均投资规模是 1990—2007 年平均投资规模的 4.2 倍。其中 2008 年由于受到美国金融危机的影响，对外直接投资受到波及，2009 年对外直接投资骤降 533.21 亿美元，仅为上一年的 58.35%，2010 年更是降至 562.63 亿美元。2011 年起经济开始恢复好转，对外直接投资增长至 1075.99 亿美元。到 2012

年已恢复至 2008 年的水平，此后日本对外直接投资呈现健康快速的发展趋势。尽管日本对外直接投资近年来逐渐恢复发展，但是在世界对外直接投资的地位已大不如前，自 1999 年对外直接投资在世界所占比重跌至最低的 3.48% 开始直到如今，这一数据一直维持在 4% 和 5% 之间。

（2）增加对亚洲的投资力度，减少对美国的投资。这一阶段日本对外直接投资地区分布情况以 2007 年为界限分为两个时期。首先，1990—2007 年，美国一直是日本对外直接投资最多的国家，占日本对外投资总额的 31%，但比 1986—1990 年的 46% 大幅下降[①]。其次，欧洲是日本的第二大投资目的地，占 1991—2007 年日本对外投资总额的 29%。1991—2007 年，日本 21% 的投资流向亚洲，比 1986—1990 年的 12% 明显提高。其中，1991 年对中国投资占日本对外投资总额的 1%，1995 年达到 9%，2004—2006 年连续 3 年超过 10%。总体来看，1991—2007 年，日本对美国投资下降，对亚洲特别是对中国的投资迅速增长（见图 5－22、图 5－23）。2008—2018 年，日本进一步加大了对亚洲的投资力度，减少了对美国的投资。如图 5－24 所示，2018 年日本对亚洲的投资占 33.03%，比 2000 年增长了 26.27 个百分点。其中，2018 年对中国的投资占日本总投资的 9%，2010 和 2011 年占比分别为 13% 和 11%。对北美洲的投资比重从 2000 年的 44.95% 降至 2018 年的 15.12%，美国所占比重大幅下降，主要是由于美国经济持续低迷，对国际直接投资的吸引力下降。日本之所以增加对发展中国家的投资，主要原因是发展中国家

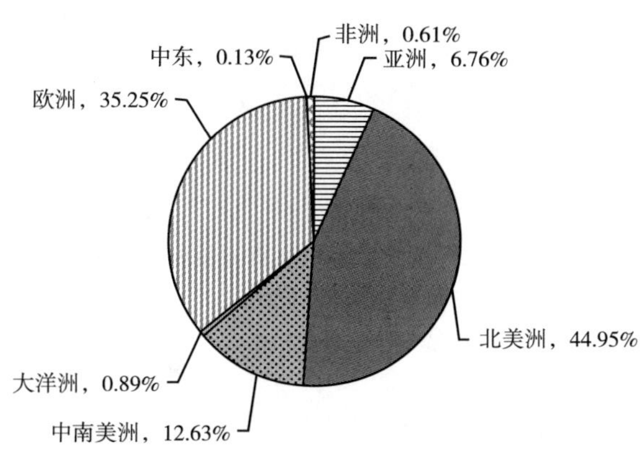

图 5－22　2000 年日本对外直接投资地区分布

① 黄伟. 日本对外直接投资的发展历程及启示［J］. 中国物价，2013（5）：75－77.

投资成本低，利润率大于发达国家。日本通产省在其1993年的《日本海外营业活动的调查报告》中指明，日本的海外投资在主要工业国的获利与发展中国家相比要差许多，1989—1991年，在发展中国家只下降11%，而在主要发达国家下降44%以上。因此，日本加大了对发展中国家的对外直接投资比重。

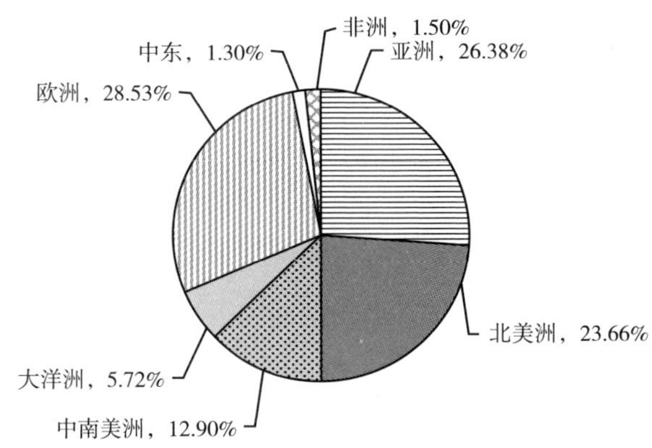

图5-23　2007年日本对外直接投资地区分布

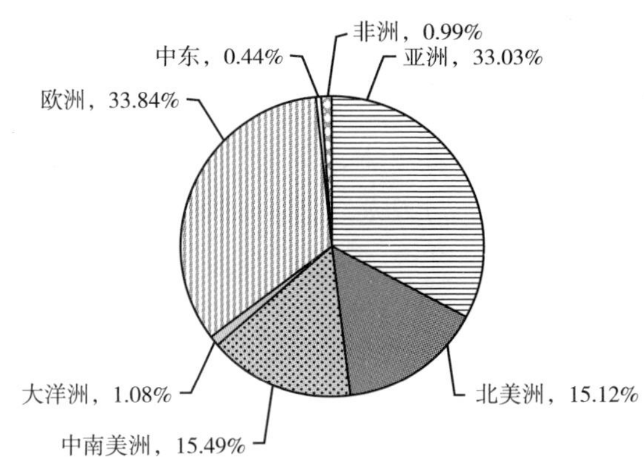

图5-24　2018年日本对外直接投资地区分布

资料来源：日本贸易振兴机构（JETRO）。

（3）对制造业和非制造业的投资呈阶段性特征。如表5-7所示，1991—2017年这一阶段，日本的对外直接投资产业选择显现出多方位、多角度的格局。90年代以来，日本的对外投资仍然以调整国内产业结构为主要目的，对外初级产品等制造业的直接投资比例进一步下调，化学、金融、保险、交通、商贸、电子等非制造业产业的直接投资占比逐步增加。1991—2017

年，日本对外制造业与非制造业直接投资额合计的比率约为 1∶1.32。1999 年，对外制造业的直接投资额第一次超过对外非制造业直接投资额，接近 400 亿美元，占对外直接投资总额的 62.98%。其中，对外制造业直接投资的构成中，运输机器、电气机器、金属三大产业为主要支撑，1999 年分别占当年投资总额的 7.2%、24.5%、2.6%，2017 年分别为 11.1%、12.2%、7.4%。非制造业的海外投资中，首要的四大投资产业是金融保险业、商业、服务业以及不动产业，1999 年分别占当时投资合计的 13.5%、5.8%、6.5%、3.3%，2017 年分别占 25.7%、8.9%、4.5%、2.9%。

表 5－7　日本对外直接投资的产业比重

	1991—2007 年	2007—2017 年
制造业	43%	46%
金属	3%	4%
电器设备	11%	5%
运输设备	9%	4%
非制造业	57%	54%
商业	9%	12%
采矿业	3%	15%
金融保险业	21%	30%
房地产	7%	2%

资料来源：日本贸易振兴机构（JETRO）。

（4）投资方式呈现多样化趋势。20 世纪 80 年代中期以前，日本企业对发达国家多采用独资形式，对发展中国家投资多采用合资经营形式，以避免与东道国产生摩擦和降低投资风险。进入 90 年代，随着发展中国家对外政策的拓宽和发达国家中投资方式的发展，日本企业对发达国家投资多采用股票交易方式；而对发展中国家的直接投资则采用多样化方式，独资、合资、合作等形式共存，甚至还有非股权安排的技术转让、委托加工等多种方式，但还是以合资经营为主要形式。

5.2.2 日本对外投资的税收政策和制度安排

（1）综合限额税收抵免。20 世纪 50—60 年代，日本在几乎丧失全部海外投资的基础上开始恢复对外直接投资。为促进“资源驱动型对外投资”战略实施，日本1962年开始实行抵免外国税额制度，逐步推进综合抵免限额和间接税收抵免。该制度规定日本企业可以在一定的限额内从日本法人税中抵免外国所得税，若母公司拥有海外子公司25%以上的持股比例，并连续持股6个月以上可单层间接抵免，海外子公司拥有孙公司25%以上的持股比例，并连续持股6个月以上方可多层间接抵免。日本实行综合限额抵免法（亏损国除外），当年在外国的纳税额超出抵免限额时，允许向后结转3年继续抵免；在外国的纳税额小于抵免限额时，则允许将超抵免限额的部分转入其后3年用于抵免。与美国采用的分类综合限额抵免制度不同的是，日本采用排除亏损国的综合限额抵免，做法是在计算综合抵免限额时允许将亏损国的亏损额除外，这样可增大抵免限额，减轻境外投资企业税负。该制度的出台极大地促进了日本对外直接投资，20世纪60年代初期，日本对外直接投资额从900万美元增长至9300万美元，短短两年时间增长9倍。

（2）风险准备金制度。日本的亏损准备金制度包括1960年实施的对外直接投资亏损准备金制度、1971年的资源开发对外直接投资亏损准备金制度、1974年的特定海外工程合同的对外直接投资亏损准备金制度以及1980年的大规模经济合作合资事业的对外直接投资亏损准备金制度。其核心内容为：满足一定条件的对外直接投资，将投资的一定比例（如特定海外工程经营管理费用的7%，大规模经济合作和合资事业投资的25%）计入准备金，享受免税待遇。若投资受损，则可从准备金中得到补偿；若未损失，该部分金额积存5年后，从第6年起，分成5份，逐年合并到应税所得中进行纳税。海外投资亏损准备金制度一方面缓和了亏损对企业持续经营的冲击，帮助企业摆脱困境，走出亏损，走向持平或盈余；另一方面可从整体上减轻企业税负，隐性地提升了日本OFDI所得的水平。

（3）延迟纳税与CFC法规。日本的国内税法规定，日本的征税权不涉及外国子公司的所得，而对本国股东取得的股息征税。对在境外已按当地法律注册的子公司采取不分红不纳税、分红纳税的原则。为防止在避税港设立的国外子公司将所得全部留存，不向国内母公司支付股息，造成在本国的实际上的税收逃避，日本于1978年采用了CFC法则，规定对于符合其法律规定条件的国外子公司，将其留存利润按国内股东的持股比例计算，与该股东的所得合并征税，进一步规范了海外子公司留存利润的税收征缴。延迟纳税提高了本土企业去海外投资的竞争力，间接促进了对外投资规模的扩大；CFC给避税意图明显的企业设置了障碍，保全了国家税收收益。这两项政策相互配合，共同促进了日本对外直接投资的健康快速发展。

（4）其他配套优惠措施。20 世纪 80 年代，由于外汇管制的放松、日元升值以及国内所得税的高税率，日本对外投资税收优惠政策虽然没有变化，但是在其他配套措施（“个别许可”制度、外汇贷款、中小企业 OFDI 无息贷款、海外投资保险和海外投资调查费补贴等政策）的共同作用下，日本企业进一步加大了对发达国家的金融、保险和贸易投资。在日本经济泡沫破裂后，日本对外投资所产生的丰厚利润弥补了资产价格快速下跌对日本经济的影响。1971—1979 年，日本 OFDI 合计为 282.4 亿美元；1980—1989 年，日本 OFDI 总额为 2221 亿美元，且 1989—1991 年连续成为世界最大的对外直接投资国；1990—1999 年，日本 OFDI 总额为 4718.3 亿美元，相当于 1981—1989 年的 2.1 倍[①]。日本的一系列财税措施，不仅促进了 OFDI 增长，而且实现了OFDI 增长与经济增长相互促进，充分体现了日本着力发展对外经济的政策意图，推进了日本由“国际贸易为本”向“对外投资为首”的转变。

5.3 应对数字经济税收挑战的国际实践

5.3.1 OCED 的“双支柱”方案

关于数字经济对直接税征管带来的挑战，BEPS 行动计划 1 探讨了三项改革措施：将与来源地征税的关联，拓展至“数字化”或虚拟化常设机构，开征针对数字交易的预提税，或开征均衡税。各国则希望在 BEPS 包容性框架下达成共识，以应对经济数字化产生的税收问题。2019 年 2 月，OECD 发布的《应对经济数字化的税收挑战》公众征询意见草案，基于“双支柱”的政

① 邢天添，于杨. 借鉴日本经验 完善我国对外直接投资税收激励政策［J］. 税务研究，2017（1）：83-86.

策框架，提出了征税权划分和税基侵蚀问题的解决方案①。

5.3.1.1 第一支柱：修订的利润分配与联结度规则

（1）用户参与提案。“用户参与”理论最早于2017年11月由英国财政部提出，该理论认为，用户持续、积极的参与是某些高度数字化经营创造价值的关键组成部分。由于用户的参与活动有助于品牌的创建、有价值数据的生成和有市场势力关键用户群的确立等，可以对社交媒体平台、搜索引擎和在线市场等的用户参与活动征税；由于传统转让定价方法在确定分配给用户管辖区的利润方面存在困难，可以通过非常规或“以销售为基础的剩余利润分配法”来计算用户活动或“用户参与”所应分配给用户管辖区的利润。简化的实施办法是，按全球用户和每个国家用户对企业贡献的近似值来分配利润。

（2）营销型无形资产提案。营销型无形资产是指与市场营销活动相关的无形资产，它有助于产品或服务的商业运作，对产品具有重要的推广价值，包括商标、商号、客户名单、客户关系、专有市场和客户数据等。其中，商标、商号等是反映消费者喜好的、由市场管辖区创造出来的无形资产，客户名单、客户关系、专有市场和客户数据等是企业在市场管辖区的客户和用户的活动中衍生出来的、由市场管辖区内创造的无形资产。

营销型无形资产提案由美国提出，旨在建立它与市场管辖区之间存在的“内存功能联系”，确保利润在（实质）经济活动发生地和价值创造地征税。提案把跨国企业因营销型无形资产而产生的非常规或剩余所得和相伴随的风险分配给市场管辖区，其他由研发所形成的同技术有关的无形资产所得及常规营销和分销所产生的常规所得按原利润分配原则进行分配。具体措施有二：一是先用常规交易性转让定价原则，按现行规则和分配给市场管辖区的规则分别计算营销型无形资产后，再按照各案事实和营销型无形资产对利润的经济贡献来对利润进行分配；二是使用近似修订后的“以销售为基础的剩余利润分配法”进行利润分配，按照不同商业模式下无形资产不同的贡献比例来进行剩余利润划分。提案建议对广告收入做出特别调整，以确保利润分配给

---

① 中国国际税收研究会.“数字经济影响全球税收征管体系问题研究”课题综合报告［A］. 载中国国际税收研究会. 数字经济影响全球税收征管体系问题研究论文集［C］. 2019：2-10.

广告投放目标的税收管辖区，而非广告购买者所在地。

（3）显著经济存在提案。显著经济存在提案由以印度为首的24个发展中国家共同提出，旨在运用定量或定性指标，建立一个科学、合理化的数字化门槛。这些指标包括：存在一个用户基础和相关的数据输入，从本区域产生的数字内容的数量，以当地货币或当地支付方式记账、征缴的金额，为吸引客户而进行持续的网上营销活动等。提案主张采用部分分配法对利润进行分配，显著经济存在的税基可按跨国企业的全球利润率乘以特定管辖区产生的收入（或销售额）来确定；在确定税基时，不仅要考虑销售额、资产规模、雇员人数等，还要考虑用户的价值贡献度。

5.3.1.2　第二支柱：全球反税基侵蚀提案

全球反税基侵蚀提案是德国、法国于2018年12月提出的全球最低税方案的集成版。

（1）所得包含规则。所得包含规则是指“如果一项外国分支受控实体的所得在其设立地或住所地的税收管辖区适用低实际税率，则该笔所得将被征税”。它是一项以BEPS行动计划3为基础，以美国的全球无形低课各所得政策为蓝本的补充性受控外国公司规则。作为一项最低税政策，它意味着：第一，适用于该公司拥有显著直接或间接所有者权益的任何股东；第二，应含所得数额按国内法计算，股东有权要求抵免归属于所得而缴纳的任何基础税款；第三，在豁免外国分支机构时，该所得在外国管辖区缴纳的实际税率很低，这时就会用抵免法取代免税法，以应对避税行为。该规则的落地还要考虑受控测试或确定受控企业范围、安全港范围、收入归属方法、适用门槛等技术性细节。

（2）对税基侵蚀付款的课税规则。对税基侵蚀付款的课税规则是在2017年德国修订的《德国所得税法案》第4节中“特许权使用费扣除壁垒”、导管规则，及美国的税基侵蚀与反滥用税等基础上形成的，是对所得包含规则的补充。

对税基侵蚀付款的课税规则是指“除非该付款按不低于最低税率的实际税率征收，否则（税收管辖区）将拒绝对某些付款给予扣除或协定待遇”，具体包括未足额征税的支付规则和受税收协定约束的征税规则两项内容。未足额征税的支付规则是指如果该付款未按最低税率缴纳税款，则税收管辖区拒绝扣除支付给关联方的付款项；受税收协定约束的征税规则是指只有另一国家对所得项目充分征税，税收管辖区才会给予该笔付款某些协定待遇。政策设计上要求：一是最低税率测试，如对付款征收一定的预提税，并且对付款方是否属于关联方进行测试；二是适用的付款范围较广，包括“导管”或“进口”安排，如营业利润、股息利息特许权使用费、财产收益等。

5.3.2 欧盟的思路转型与总体方案设计

传统所得课税规则的变革。欧盟尝试对传统所得税进行改良来寻求经济数字化课税规则的解决之道。2017 年 10 月 26 日，欧盟委员会提出短期和长期方案，分两步来应对经济数字化课税问题。短期方案包括对特定在线服务或货物的非居民供应商课征预提税，对在本国拥有显著经济存在的非居民企业提供数字服务或广告收入征税等。长期方案建议：引入新的常设机构定义和利润归属方式；将目的地引入企业所得税，由消费者所在地国家课税；企业就其利润采用居民国税基和目的地税率（营业额产生地税率加权平均）的方式在居民国申报纳税等。

5.3.3 部分国家（地区）的单边行动

为应对数字经济带来的所得税问题，部分国家（地区）完善了无形资产价值创造、商业联系等规定，也有部分国家规定征收预提税、转移利润税等所得税。

中国香港关于无形资产价值创造的征税。香港 2018 年 7 月通过了转让定价法规，采用了 BEPS 行动计划提出的最低标准；关于无形资产价值创造，任何人在香港对无形资产进行开发、改良、维持、保护或利用等活动，就此类活动为价值创造做出贡献，须就此贡献在香港产生的收入缴纳利得税。

印度关于常设机构的界定。印度近期出台了针对企业所得税国内联结度规则的修正案，并于 2019 年 4 月起实行。根据该修正案，非居民在印度只要满足两种情况，即构成显著经济存在，从而会被印度认定为与其具有商业联系（与常设机构类似），需要就其来源于印度境内的收入在印度纳税。这两种情况：一是非居民在印度进行的任何货物、服务或财产的交易，包括提供数据或软件下载，只要这些交易支付的款项或之前年度的交易总额超过规定限额；二是通过数字化媒介在印度系统化、持续地开展商业活动，或者与超过规定数量的用户发生关联。

英国针对利润转移的征税。2015 年 4 月，英国正式实施针对利润的转移税，即针对大型跨国企业人为规避英国常设机构制度，或通过不具有经济实质的安排或架构，人为地将利润转移出英国（如无形资产支付），在收入汇出英国时按收入的 25% 征收预提税。2017 年 12 月，英国发布关于特许权使用费预提税改革的征询意见稿，针对大型跨国公司通过在低税率的离岸实体中持有无形资产，来获取更低税率的税收筹划，扩大了特许权使用费的来源地认定。只要关联方在英国使用该无形资产并获得相关收入，即使关联方都不是英国居民，且都不符合常设机构的规定，英国也有权对关联方之间针对无形资产的支付征税。此举措为在英国市场运营的企业提供了一个更为公平的竞争环境[①]。

美国税改针对税基侵蚀的 BEAT 和 GILTI 两项制度。2017 年底美国税改实施了税基侵蚀与反滥用税制度（BEAT）和全球无形资产低税所得税制度（GILTI），它们为数字经济下的 BEPS 问题提供了解决思路。BEAT 的适用对象是美国的居民企业和其他需要缴纳美国所得税的非居民企业分支机构的特定内部交易。当美国企业因向境外关联方支付费用过大而使应纳税额低于最低税额时，要补缴差额部分的税款。GILTI 是一项针对美国企业在低税率司法管辖区内通过无形资产（如专利或其他知识产权）所获得的收入征收全球最低税的制度，当美国受控外国企业取得的所得超过有形经营资产常规回报收入的 10% 时，就要被征一道类似于 F 部分所得计税方式的税[②]。

5.4　对外直接投资的税收政策与制度国际经验借鉴

5.4.1　建立较为完备的消除国际双重征税的制度

一般来说，跨国企业的对外直接投资境外所得会面临国际双重征税问题：

① 江苏省南通市国际税收研究会．数字经济带来的国际税收征管挑战以及中国的应对方案［A］．载中国国际税收研究会．数字经济影响全球税收征管体系问题研究论文集［C］．2019：89.

② 重庆市国际税收研究会．经济数字化背景下的税收挑战及我国应对的思考［A］．载中国国际税收研究会．数字经济影响全球税收征管体系问题研究论文集［C］．2019：16.

一是收入来源国政府依据来源地税收管辖权对在本国境内的外国公司所赚取的利润征税；二是居住国政府依据居民（公民）税收管辖权对本国企业来自海外投资公司的收入征税。国际双重征税势必增加跨国公司的经营成本，降低跨国企业的投资积极性，对境外投资造成打击。因此，建立完备的消除国际双重征税的制度，促进跨国企业在对外投资中税负公平目标的实现，保持对资本输出的中性，是各国对外直接投资税收政策的首要内容。国际上对于采用何种消除国际双重征税的方法暂未达成共识，但通常通过以下三种方法来消除双重征税，对我国税收政策的完善具有启示作用。

5.4.1.1 免税法可完全消除双重征税，有利于提高一国税制的国际竞争力

居民国只对本国居民的本国来源所得征税，对于外国来源所得不再征税，即来源国拥有唯一征税权。由于只有来源国可以征税，因此免税法可以完全消除国际双重征税。目前世界上采用免税法的代表国家为法国，根据1990年欧共体部长理事会通过的“关于不同成员国母子公司适用共同税制的指令”，成员国对合格子公司分配给母公司的利润必须予以免税，但成员国可拒绝扣除与公司在子公司持股有关的费用，按母公司所收股息的一定百分比来确定，通常不得超过所收股息的5%。因此，法国仅对来自合格子公司的95%的股息实行免税，而将其余的5%征税，这就取代了确定国外来源所得的费用分摊。这使得以资本输入中性为原则的免税法在增强资本输出国企业国际竞争力、涵养税源以及提升行政效率等方面具有优势。

美国新税改中推行的“属地制”，是指以纳税人的所得来源地或其业务发生地为标准来确定一国实施税收管辖权的范围。这意味着，美国将行使单一来源地税收管辖权，未来美国企业的海外利润将只需要在利润产生的国家缴税，而无需向美国政府缴税。在消除国际重复征税方面，这种方法相当于全额免税法。美国新税改推行“属地制”所实现的免税法从表面上看，在一定期限内会减少美国政府的财政收入，形成财政赤字；但是免税法有利于国外资本的回流，尤其是美国在此阶段需要振兴本土制造业。海外资本的回流是促进国内经济增长的重要动力，而减少资本流动的税收障碍将会大大提高资本的中性，也就是资本的流动以资本的回报为主要驱动力。因此，从世界各国的实践看，“属地制”的免税法在提高税制国际竞争力方面值得我国借鉴。

5.4.1.2 进一步完善我国抵免法相关规定，以更好地消除双重征税

根据抵免法，居民纳税人就外国来源所得缴纳的外国税收可以冲抵本国应纳税额。在抵免法下，居住国不仅承认来源国的税收管辖权的优先地位，也保证自己行使居民税收管辖权，兼顾了居住国与收入来源国双方的合法权益；因此，从完善税收政策的角度来说，抵免法公认是最好的消除国际双重征税的方法。按照适用的对象和税种不同，可以分为直接抵免法和间接抵免法；按照是否允许全部抵免国外已纳税额，可以分为全额抵免和限额抵免；根据抵免限额的范围和计算方法不同，可分为分国限额法与综合限额法、分项限额法与不分项限额法。

美国是曾经实施抵免法的代表性国家，其所得税体系详细，规定了抵免对象、抵免权利人、分类综合限额抵免、抵免限额计算等内容，不仅维护了本国的税收管辖权，也实现了税收在对外直接投资活动中的中性原则。同美国相比，我国对抵免对象的规定相对简单，抵免权利人的范围较窄（不包括非居民个人），抵免方法近年才可在分国与不分国之间进行选择，在亏损的处理上没有类似美国的“境外亏损冲抵顺序”规则、“境外亏损追补”规则和“境外所得重新定性”规则。经济全球化的发展促使我国企业“走出去”的步伐越来越快，对外直接投资发展迅猛，我国税收抵免政策制度急需完善，美国较为完善的外国税收抵免制度为我国提供了借鉴。但是，考虑到中美国情的差别，在改革我国外国税收抵免制度时，应注意税收规则的确定性和可操作性，以确保我国的外国税收抵免制度在消除国际双重征税的同时，最大程度地维护我国税收权益。

5.4.2 充分利用国际反避税条款维护国家税收权益

跨国经济活动给企业避税提供了机会，跨国企业往往为了最大限度地减少税收负担而做出一系列交易或安排，但企业因此也很难把握好避税的度。为了给跨国企业更明确的指引，许多国家制定了司法上的反避税原则或者法定的反避税条例，以便从所得税角度否定某些交易的合法性，维护了本国政府的税收利益。这给我国如何利用反避税条款维护税收权益带来了启示。

5.4.2.1 特别避税港条款可以有效抵制跨国公司滥用离岸公司避税

这是一些国家针对特别的滥用避税港行为制定的具体规定，使用该条款的代表性国家有德国和法国。德国法律规定，纳税人必须保证交易的真实性，否则无法抵扣向避税港实体支付的利息和特许权使用费或者劳务费。对于仍是发展中国家的中国来说，现阶段税收政策更多倾向于引进外资，在防止偷税漏税、维护国家税收权益方面的规定还不够完善。因此，如何尽可能地有效地防范企业利用避税港进行避税，发达国家的特别避税港条款给我国提供了值得借鉴的经验。

5.4.2.2 受控外国公司法可限制纳税人在避税地的延迟纳税行为

许多国家制定了详细的法令以防止或限制利用受控外国公司来推迟或避免国内税收。根据这些法令，受控外国公司本身不适用居民国税收，而受控外国公司的居民股东按照其在受控外国公司部分或全部所得中所占的比例份额来缴纳当期的税收，该所得必须按照国内税法条例和国内货币来确定。如前文提到的，美国是世界上最早采用受控外国公司法的国家，其国内法案规定：凡是受控外国公司，其利润归属于美国股东的部分，即使当年不分配、不汇回美国，也要视同当年分配的股息，分别计入各股东名下，与其他所得一并缴纳美国所得税；同时，该法案对 CFC 及其适用地域等都做了严格规定，极大地限制了纳税人在避税地建立子公司累积利润的延迟纳税行为。自美国采用受控外国公司法以来，德国、加拿大、日本、法国、英国、新西兰等国也先后制定了 CFC 法。我国此前也参照了多数国家的做法，在《中华人民共和国企业所得税法》中引入了受控外国公司制度，但现有法规比较简单，需要在“受控”判定标准、避税地和应税所得认定方法等方面进一步完善。

5.4.2.3 反协定滥用条款能有效地防止“协定滥用”，打击 BEPS 行为

“协定滥用”是指根据税收协定，协定待遇只允许缔约国一方的居民和国民享受，非缔约国一方居民和国民的纳税人采取在缔约国一方或另一方设立导管公司的形式来获取协定约定的优惠。纳税人通过协定滥用获取本不可能得到的任何协定利益，如纳税人企图获取按限制税率对股息、利息和特许权使用费征收预提税的好处。在打击协定滥用的国家中，美国一直领先。在

美国近年签署的税收协定中，都包括“利益限制”条款来防止对协定的滥用，“利益限制”条款的基本原理是对于实际上作为第三国居民导管存在的、缔约国双方的居民公司，拒绝给予其协定待遇。目前，我国也制定了一些反滥用措施，如受益所有人规则、主要目的测试规则（Principal purpose test，以下简称 PPT 规则）和利益限制规则（Limitation on benefits，以下简称 LOB 规则）。其中，受益所有人条款和 LOB 条款作为特殊反滥用规则确定性较强，打击目标明确；而 PPT 条款作为一般反滥用条款依赖主观判断，不确定性强，但能够应对各种形式的协定滥用。未来应明确在规则确定性上的具体偏好，以符合我国反避税政策上的松紧状况，有效推动经济发展。

5.4.3 采取目标明确、形式多样的税收优惠措施

长期以来，我国税收优惠形式单一且缺乏导向性，基本采用的是降低税率、税款抵免、定期减免等直接优惠措施；而世界各国对促进对外直接投资的税收优惠政策形式比较多样，除直接优惠措施外，还有关税优惠政策、海外投资风险准备金以及延期纳税等间接优惠措施，并且实施效果良好，值得我国学习借鉴。

5.4.3.1 关税优惠可促进向劳动力成本低的发展中国家的对外投资

关税优惠可减少跨国公司向本国母公司返销商品的实际应纳税额，促进向劳动力成本低的发展中国家对外投资。美国是实施关税优惠政策的代表性国家，美国关税规定：凡飞机部件、内燃机部件、办公用机器、无线电装备及零件、照相器材等，如果是用美国产品运往国外加工、制造或装配的，在重新进口时可享受减免关税的待遇。美国实施关税优惠的主要目的在于鼓励美国跨国公司出口某些原材料或零部件，利用发展中国家廉价的劳动力进行加工制造或组装，再部分向美国返销。由于发展中国家的劳动力成本低廉，产品在海外的增加值在产品总价值中所占比例很小，关税优惠极大地减少了跨国企业的子公司向母公司返销产品的实际应纳税额，促进了本国企业以追求廉价劳工成本为动机的海外直接投资的发展。美国政府利用自身庞大的国内市场，强大的经济科技实力，使多个缔约国做出妥协，实现了以本国利益为核心的关税优惠政策，如在墨西哥、加勒比海地区、韩国、我国台湾地区

建立了大量生产或装配公司。因此我国应该在不违反国际税收规则的前提下建立以中国利益为核心的关税减让制度，从我国与几个亚太国家或团体建立的几个自贸区来看，我国的经济实力虽然有了大大的提高，但还无法像美国那样具有绝对领导地位。未来中国要争取成为规则的主导者，围绕中国利益进行关税减让的制定与谈判。

5.4.3.2 海外投资风险准备金制度可降低境外投资风险

海外投资风险准备金制度可为本国企业对外投资提供资金保障，降低境外投资风险。日本为鼓励外直接投资，制定了海外投资风险准备金制度。根据日本1971年、1974年通过的两项海外投资损失准备金政策，特定海外工程、大规模经济合作和合资事业投资等一系列满足规定条件的企业，可以将其进行对外投资过程中可能损失的金额按照一定比例计提准备金，享受免税待遇。除日本之外，法国也是推行风险准备金制度的代表性国家。法国国内税收法典第39条规定，进行海外投资的企业每年（一般不超过5年）可在应税收入中免税提取准备金，金额原则上不超过企业在此期间对外投资的总额，期满后将准备金按比例计入每年的利润中纳税。可见，建立海外投资风险准备金制度，由企业和政府共担跨国经济活动的风险，缓和了亏损对企业持续经营的冲击，帮助企业摆脱困境，走出亏损，走向持平或盈余，从而刺激企业开展对外直接投资，值得我国借鉴。

5.4.3.3 延期纳税制度可鼓励境外利润再投资

延期纳税制度相当于为居民企业提供了一笔无息贷款，可鼓励境外利润再投资。延期纳税制度的主要原则是投资母国对本国海外公司的投资收入，在汇回本国之前不予征税。这意味着从事海外直接投资的企业实际上从本国政府那里取得了一部分无息贷款，从而有利于刺激公司境外利润再投资。为支持本国跨国企业与东道国企业或实行免税法的欧洲国家的公司能进行公平竞争，美国和日本都实行了延期纳税制度。美日两国税法规定只有在境外子公司分红或利润汇回国内时才需纳税，在这之前都无须纳税，以鼓励企业海外再投资。我国现有法律规定利润只要做了分配，不管是否汇回，都要纳税。由于延期纳税不利于税收保持资本输出中性，且容易使跨国企业找到机会将利润囤积在海外低税地避税，因此，我国不宜采用延期纳税制度。

5.4.4 修改国内法应对数字经济税收问题

5.4.4.1 拓展常设机构认定范围

数字经济下在一国没有实体也能开展跨国业务获取利润，并且许多辅助性或准备业务日渐成为核心业务，对跨国公司的利润产生具有重要的价值，传统的常设机构定义均无法将这些情形涵盖在内，从而引发一系列 BEPS 问题。有必要借鉴印度的做法，引入“显著经济存在”的联结度判定规则，取消原有定义中关于固定场所的规定，从收入、交易额和用户数量等方面设置一些常设机构的定量判断标准。对于没有在中国设立常设机构但在中国有无形资产和活跃用户的非居民，还可以借鉴英国的做法，对其来自我国的利润征收一定比例的所得税。

5.4.4.2 完善转让定价规则

可比交易是判定跨国企业的关联企业间交易是否符合独立交易原则的关键步骤。由于数字经济下数字产品更新换代更加频繁，再加上同类企业的商业机密和各国很难高效、充分地进行税收情报带来的信息不对称，企业产品类似的可比交易比在传统经济下更难寻找，从而使得税务当局在企业的转让定价中难以应用独立交易原则。不妨借鉴英国、德国等国的做法，从企业整体税负角度对企业转让规则进行调整。如英国依据有效税收错配标准，对企业可能存在的利润转移征收 25% 的利润转移税；德国引入特许权使用费壁垒规则，对集团有效税率低于 25% 的特许权使用费不允许做税前扣除。这在一定程度上避免了数字经济下跨国企业转让定价带来的税收流失[①]。

5.5 本章小结

通过对美国和日本两个国家在不同时期对外直接投资发展历程的回顾，

① 李香菊，刘硕，姚琴．应对数字经济的国际税收征管问题研究［A］．载中国国际税收研究会．数字经济影响全球税收征管体系问题研究论文集［C］．2019：161－163．

梳理了两国就对外直接投资所制定的税收政策和税收制度，分析了这些税收政策和制度的对外直接投资效应，同时，对数字经济下各国和国际组织应对挑战的实践进行了总结，从而为我国资本输出的税收政策和制度改革提供借鉴。

美国的对外直接投资发展早，投资规模大，投资行业和区域分布广泛，投资方式多样。美国针对其对外投资制定了很多税收政策和制度，例如税收抵免政策、延迟纳税与受控外国公司法规、关税优惠和近年来特朗普实施的税改政策。这些政策的实施大大保护了本国投资者在对外直接投资时的利益，提升了外资企业对外投资的热情，提高了本国企业对外投资时的竞争力，促进了美国对外直接投资；同时特朗普税改减税政策和属地税制的实施，提升了美国税制的竞争力，保护了美国本土经济利益。这些对中国都具有很好的借鉴意义。

日本的对外直接投资相较于美国起步较晚，第二次世界大战后才开始逐步复苏和发展，于20世纪70—80年代进入对外直接投资发展的黄金时期，对外投资规模开始急剧膨胀，这其中就有税收政策和制度的助力，因而对我国具有非常重要的借鉴意义。例如综合限额税收抵免制度、风险准备金制度、延迟纳税与CFC法规结合等，共同促进了日本对外直接投资的健康快速发展。

为应对数字经济带来的跨境所得征税问题，OECD、欧盟等进行了许多探索并努力寻找多边解决方案，不少国家已经采取单边行动，维护数字经济发展过程中本国的税收权益。OECD提出的“双支柱”方案包括对利润分配与联结度规则进行的修订、全球反税基侵蚀提案。欧盟尝试对传统所得税进行改良来寻求经济数字化课税规则的解决之道，提出短期和长期方案来应对经济数字化课税问题。部分国家（地区）提出并实施了相关政策，来维护自身的数字税收权益，如中国香港对无形资产创造的价值征税，印度修改常设机构的界定规则，英国开征对利润转移的专门税，美国税改实行针对税基侵蚀的BEAT和GILTI制度。

美国和日本对外直接投资的税收政策和制度，给我国许多启示：建立较为完备的消除国际双重征税的制度；充分利用国际反避税条款，维护国家税收权益；采取目标明确、多种方式的税收优惠措施；拓展常设机构认定范围，完善转让定价规则，应对数字经济税收问题。

6

资本输出视角下我国税收政策与制度改革的建议

6.1 税收政策改革和制度优化的思路

6.1.1 面临的机遇和挑战

在经济全球化的浪潮中，国际政治经济形势更加复杂多变。我国未来的国际合作，要高举和平发展、合作共赢的旗帜，推动建设相互尊重、公平正义、合作共赢的新型国际关系（十九大报告)。《新时代的中国与世界》白皮书倡议：各国应携起手来，总结历史经验与教训，加强协调、完善治理，要推动形成开放、包容、普惠、平衡、共赢的新经济全球化。

在资本的双向流动体量大且资本输出超过资本输入的新形势下，我国过去以吸引外资为主要目的的税收政策与制度已不能适应新形势的要求。国际政治生态呈现多极化发展，加上 2008 年全球金融危机后各国财政吃紧，跨国企业的恶性税收筹划和国际税收规则的漏洞受到关注；数字经济也给国际税收规则带来许多挑战；G20 推动的以《多边税收征管互助公约》《金融账户涉税信息交换》和《BEPS15 项行动计划》为主要内容的国际税改，使得百年国际税收规则正悄然发生改变。作为经济大国、人口大国的中国，处于国际税收制度变革的中心地带。国际税收规则的变革对中国影响巨大，同时中国也可以在国际税收规则重塑中贡献自己的力量。未来我国会从积极参与建设税基和利润转移包容性框架、积极推进落实国际公认的税收透明度标准、积极践行帮助发展中国家进行税务能力建设三个方面（《二十国集团领导人杭州峰会公报》）入手，为全球应对数字经济的税收挑战，贡献中国智慧，推广中国经验。经济全球化和数字化、政治多极化给中国国际税收政策与制度的改革带来了机遇和挑战。

6.1.1.1 机遇

（1）顺应国际形势调整税收政策与制度，提高我国税制竞争力。经济全球化使各国间政治经济联系更为紧密，各国国内经济下行压力导致国际市场竞争日趋激烈，以争夺税源为基础的国家间税收竞争也进入白热化阶段；然而，“一降到底”的所得税率优惠和其他纯粹为吸引外来资本的单边税收优惠措施容易引发有害税收竞争，不利于国际经济秩序的健康发展。一国国际税收政策与制度改革的主要目的有二：一是维护本国的税收权益；二是更好地促进本国经济发展。一定的税收优惠政策不但可以吸引外资，扩大税基，还可以促进过剩资本输出，提升国内资本全球配置效率；过度的税收优惠不但减少本国税基，还为恶意避税提供机会，引起国际社会的不满与敌视，甚至招致经济方面的制裁与报复。显然，实行过度的税收优惠政策不符合中国利益，不是我国国际税收政策改革的方向。未来我国要实行更科学、系统的国际税收政策，设计更合适的税收优惠政策，这些政策既要有利于吸引外资，又要有利于我国企业走出去参与国际市场竞争，从税制的整体优化来提升我国的国际竞争力。

（2）把握机遇积极参与国际事务，提升我国国际税收影响力。随着经济全球化、数字化和政治多极化发展，国际上出现了激烈的国家间税收竞争，各国也在 OECD 和联合国等国际组织的推动下开展了诸多国际税收合作。纳税人跨境经营行为无国界限制，但跨境经济行为的税收管理却是有国界的。经济全球化、数字化下跨境生产要素（如人员、资本、技术、服务和货物等）流动加快，税收管理需要更多的境外涉税信息，以有效地打击逃避税，维护国家权益；因此，国家间有必要开展税收合作，进行税收信息交换，加强国家间税收协调，减少重复征税，提高税收确定性，共同应对数字经济带来的全球税收征管问题。现阶段已经开展并取得一定成果的税收合作有《多边税收征管互助公约》《金融账户涉税信息交换》和《BEPS15 项行动计划》。我国 2015 年加入《多边税收征管互助公约》，通过开展国际税收征管协助打击跨境逃避税，为维护国际税收秩序的公平做出积极努力。中国分别于 2015

年、2017 年加入 CRS 和 BEPS 行动计划，积极参与纳税人信息交换；还深度参与了 BEPS 行动计划的讨论和报告形成过程，代表发展中国家提出了自己的立场和相应的观点，为国际税收规则重塑贡献了智慧。所有这些都改善了中国在国际税收领域的形象，提升了中国在国际税收规则形成过程中的话语权，使我国的国际税收影响力日渐增强。

6.1.1.2 挑战

（1）过去以吸引外资为主要目的的税收政策和制度不再适应新时代要求。在我国市场经济发展初期，税收政策和税收制度的主要目的是吸引外资，外来资本在创造就业、贸易扩张、技术升级以及推动经济增长等方面对我国经济的发展确实起了积极的推动作用[①]。但过多的外资输入也会带来一些问题，如凭借其本身的一些优势在东道国建立行业壁垒，以获取更多利润甚至形成垄断，再加上我国在税收政策中给予外资企业超国民的税收优惠待遇，使得我国内资企业既难以获得外资带来的先进技术和资金注入，又没有税收优势，发展明显处于弱势，导致内外资企业的税收不公。随着经济的高速增长，我国也积累了大量的富余资本，需要去国际市场寻找投资机会；部分行业积压了大量的剩余产能，需要对外输出寻求市场缺口。近些年资本输出迅速增长，甚至于 2014 年超过了资本输入，未来在较长的时期内我国都将有大量的资本输入、输出，目前主要以吸引外资为主的税收政策与制度不再适应净资本输出的要求。

（2）更好地服务“走出去”企业将成为我国国际税收领域的重要任务。对输入外资，未来我国的税收制度需要确保内外资的税收公平对待；对“走出去”的企业，有必要实施一系列支持政策。“走出去”企业在跨境经营活动过程中可能会因不了解别国的税收制度、惯例而受到税收歧视，也可能会因国家间不同的税收管辖权而产生重复征税的问题。为了降低“走出去”企业的税务风险，增强其税收确定性，提高其生存力和竞争力，未来需要朝“税收合作长效机制全覆盖、税收协定网络全覆盖、税收服务全覆盖”[②] 的方

---

① 黄焱. 财税博士论文文库：国际税收竞争与最优资本课税研究［M］. 北京：中国税务出版社，2009：185 - 186.

② 廖体忠. 高质量推进国际税收现代化　助推全面开放新格局［J］. 国际税收，2018（12）：13 - 15.

向努力，为“走出去”企业提供更积极稳定的国际税收环境，减轻其税收负担，提高其纳税遵从度。还需要加强境外税源监控，健全境外税收管理机制，防止税源的流失。

（3）国际税收局势复杂多变需要构建新型国际税收关系。现在跨国企业国际避税方法和形式总体上呈现出多样化和复杂化的趋势，加上数字经济发展，在高度数字化的商业模式下，无实体跨境经营，数据、无形资产依赖和用户参与等特征会加剧 BEPS 问题，国家税基安全受到挑战。为了防止税基侵蚀和利润转移，需要根据国际税收规则对我国税收制度进行调整，同时加强国家间的税收合作，联合打击国际避税，致力于达成以促进公平竞争和税收利益公平分配为目标的全球一致性税收解决方案。有些国家为了自身的利益，出台单边税收政策以吸引资本流入，征收数字服务税，或者过度加强税收征管，使国际税收争议变得越来越频发、激烈。为此，我国需要完善国际税收争端解决机制，在增强国际税收竞争力的同时，与各国共同探求国际税收治理新路径，构建合作共赢的新型国际税收关系。

（4）数字经济的兴起给现行税制和国际税收规带来新挑战。基于工业经济的现行税制受到数字经济发展的挑战。现行税制是建立在工业经济的生产组织方式、生产要素的空间布局和生产与消费的联结方式基础上，数字经济的发展使得以生产要素在地理空间上集聚并采用科层制管理为特征的传统企业，正在逐步被没有显著实体存在却能广泛参与不同税收管辖区经济活动的大型网络平台所替代；生产、批发、零售各环节以及产业、行业间的边界日渐模糊，消费者与货物服务的提供者之间的空间距离可以越来越大。这使得以实体方式存在的企业及其分支机构所征的、按行业和区域划分的现行间接税、所得税，以及进行的国家间税收利益分配规则已经无法适应新形势要求。

税收利益与经济活动发生地和价值创造地的背离是数字经济给现代国际税收规则带来的基本挑战。数字经济的发展使得跨国公司能对其全球价值链布局进行重新调整，如大型科技公司可以利用知识产权等无形资产在低税地设立利润中心，没有显著实体存在的企业直接跨境提供数字化产品和服务，大型网络平台在全球范围内提供免费服务并通过搜集和利用用户信息获取在线广告收入。这些做法会使跨国企业的利润实现地与经济活动发生地和价值创造地发生背离，从而引起国家间税收利益分配的极大不公，国际税收规则需要进行变革[①]。我国既是全球数字经济的生产大国，也是全球数字经济的消费大国。腾讯、阿里等大型数字企业的业务主要在国内，并且国内数字经济市场也主要由中国的居民企业垄断，境外市场主要集中在东南亚国家，近期经济数字化对税收管理的挑战主要来自转让定价方面，即数字化使企业很容易通过不合理配置功能和资产来实现逃避税。数字化也使转让定价的调整变得更难，因为数字化下可比信息更难获取，个体差异难以量化。长远来看，境内数字企业势必走出去争夺国际市场，国外数字企业也将随着我国互联网的准入制度放开而进入国内市场，数字经济将会在国际税收管辖权和利润归属等方面带来挑战。如何分析和评价数字经济对我国经济税收的影响，结合国家的经济发展战略，制定出更符合我国利益的数字经济税收政策[②]，是一个较大的挑战。

6.1.2 改革的目标

财税政策是调控经济的重要手段，国际、国内经济形势的变化呼吁中国国际税收政策与制度的变革。中国国际税收政策与制度改革的总目标是形成一套科学的国际税收政策体系，构建一个具有国际竞争力的税制，有利于“走出去”企业国际竞争力的提升，有利于我国国际竞争力的提升。其中，近期目标：建立适应目前经济发展和政府规划需求的导向型税收政策，加强纳税服务，提升纳税人税收遵从度，加强跨境税源管理，防止税源流失。长期目标：从长期税收制度建设来看，要立足于我国国情，完善税收法律体系，积极参与国际事务，提升我国在国际税收规则制定中的话语权。

6.1.2.1 近期目标

建立适应目前经济发展和政府规划需求的导向性税收政策。现阶段我国肩负着工业化和数字化两重任务。首先，税收政策设计应保持中立性原则，确保税收对传统经济和数字经济的中性对待。其次，在传统经济领域，对国

① 张斌. 新技术应用对国家税收的影响——论工业经济向数字经济过渡期的税收制度转型 [A]. 载中国国际税收研究会. 数字经济影响全球税收征管体系问题研究论文集 [C]. 2019: 166 - 167.

② 中国国际税收研究会. 数字经济影响全球税收征管体系问题研究论文集 [C]. 2019: 20.

家鼓励类产业或行为进行税收优惠，对国家打击类产业或行为加重课税。我国现行税收激励政策缺乏核心、有力、高效的税收优惠政策[①]，未来有必要在不构成“有害税收竞争”的前提下，出台一些能体现政府对境外投资的不同产业、不同地区以及不同投资方式的政策导向的税收优惠政策，并且争取做到精准施策。在数字经济领域，暂时不用开征数字服务税，主要是通过修改国内法对于机构场所的认定条款，解决数字经济下的税收管辖权问题，把部分 BEPS 成果和数字经济下的税收应对措施逐步引入反避税法律框架。我国现阶段数字经济市场居民企业有明显的垄断优势，外来品牌较少，跨境数字交易带来的税款流失问题还不太严重；开征数字服务税、征收针对非居民企业新的预提税会增加用户使用成本，与我国“减税降费”、为企业发展轻税减负的政策主旋律相违背；要积极参与数字经济的国际税收规则制定，修订国内税法中对常设机构的界定，完善数字经济下的反避税框架。

为“走出去”的企业提供更全面的税收服务，以帮助企业解决跨国经营的普遍性难题，提升其竞争力和生存能力。首先，税务部门要进行实际调查，在此基础上为跨国企业提供东道国或地区的相应税制信息，还可以通过培养并派驻税收专业型人才，对企业提供相关的宣讲与咨询辅导[②]。其次，应扩大税收协定签订范围，同时根据经济发展的不同阶段，修订和完善旧税收协定的条款内容，以更好地适应当前国际税收形势，为跨国企业提供更多的税收确定性，降低跨国税务风险，提升跨国企业的国际竞争力。

加强跨境税源的管理监控，维护国家税收利益，防止税源流失。在企业走出国门后，国家难以获取企业在另一国的实际盈利状况，无法对其进行有效稽查。为此，需要各国政府加强税收征管合作，加大税收信息交换力度。建立健全完善的国际税收情报交换机制，与各国分享非居民企业在本国的信息，同时也获得更多的本国居民企业在国外的信息，提升跨国税收透明度。跨境税源的高效管理可通过提升纳税人的纳税申报主动性来实现，包括设计申报表格强制要求纳税人披露，加强对纳税人的纳税义务宣讲，建立诚信纳税的奖惩机制，提高纳税人的税收遵从度；另外，还可以通过运用区块链技

---

① 李香菊，贺娜．激励企业研发创新的税制研究：国际经验借鉴［J］．中国科技论坛，2019（4）：174－180．

② 李香菊，王雄飞．我国与中亚、东南亚国家进行国际税收协调的改革建议［J］．经济研究参考，2017（54）：40－41．

术，突破跨境税收征管的信息瓶颈，提高对跨境所得的税收征管能力。

6.1.2.2 长期目标

加快推进税收法治化进程，完善税收法律体系，增加税收权威性。依法治国是我国国家治理的基本方略，税收制度作为体现国家治理理念的基础性制度安排，更应该实现全面法制化。对此，对于未立法的税收政策与税收制度，应把握机会健全税收体系，逐步将其上升为法律级次①。由此，可以减少税务机关的自由裁量权，增加税收制度的确定性和可执行性，让纳税人得到更公平的待遇。

顺应全球治理的大背景，积极参与国际事务，提升我国话语权。作为世界上最大的发展中国家，我国有权利也有义务参与国际税收规则的制定，从制度源头捍卫我国税收权益，也为促进全球经济平衡发展做出贡献，与各国一起努力建立起长效稳定的国际税收新秩序。尤其是在反避税和数字经济带来的挑战背景下，我国有必要在 BEPS 包容性框架下积极参与推进国际税收体系现代化工作，在尊重各国按照本国国情行使税收主权的同时，致力于达成“促进公平竞争和税收利益公平分配为目标的”全球一致性税收解决方案。在数字经济领域，随着国内数字经济市场的开放以及国内数字企业走向国际市场，开征非居民数字企业相关所得或支付的预提税，加强对数字经济企业跨境所得的税收征管。为此，我国要借助已有的国际税务合作机制，提升我国参与国际税收征收管理合作的深度，寻求新的合作平台和合作渠道，以满足新的国际政治格局②。

6.1.3 与其他政策的协调

资本净输出后，要提升“走出去”企业和国家的国际竞争力，除了税收政策与制度需要进行调整外，其他相关的宏观政策也需要变革，以更好地发挥合力。

---

① 李香菊，杨欢．助推我国经济高质量发展的税收优化研究［J］．税务研究，2019（5）：18－24．

② 张泽平．全球治理背景下国际税收秩序的挑战与变革［J］．中国法学，2017（3）：184－201．

6.1.3.1 金融政策

金融政策中与资本输出密切相关的有汇率和资本的外汇管制。关于汇率制度是选择双边固定汇率还是浮动汇率，人民币汇率波动对不同收入水平国家、不同行业以及不同投资方式的对外直接投资的影响都不一样。汇率波动对投资中低收入国主要起抑制作用，这是因为，我国对中低收入国的投资主要是以基础设施建设、资源开采类行业为主，投资方式以绿地投资为主，投资的这些行业沉没成本较高，投资的固定资产所需周期较长，企业面对汇率波动风险会持谨慎态度。反之，对高收入国家的投资主要集中在金融、科技等行业，投资方式以跨国并购为主，这些投资行业不仅沉没成本较低，还可能具有风险偏好性，汇率波动会有促进作用①。我国企业对外投资目前主要还是对中低收入国的投资，汇率波动总体上还是起着抑制作用。为了更好地帮助企业提升“走出去”的竞争力，我们要选择相对稳定的双边固定汇率。

至于外汇管制，一国选择严格的还是宽松的外汇管制，应当与国家经济发展的不同需求相适应。一国经济处于发展初期，自身资本存在不足，一般采取鼓励资本输入的措施，吸引外国资本进入本国市场。一国经济发展成熟后，会放松对资本输出的外汇管制，拓宽海外市场，提升资源在全球的配置效率。我国资本已经净输出，资本输入和资本输出体量都较大。要把两者都放在重要的位置，既要提高利用外资的能力，又要加快走出去的步伐。为此，在过去吸引外资的政策体系基础上，我国应简化外汇管制的程序，提高外汇管理效率，促进外汇投资的多样化，为“走出去”的企业扩宽发展平台，扩大金融市场，双向开放融合国际资源，努力营造宽松的外汇政策环境，支持企业走出去②。

6.1.3.2 产业政策

不同的产业处于不同的发展阶段，所实行的产业政策是不同的。一国经济发展到一定水平后，必然地积累大量的资本，需要到国外寻求机会。该国政府可以利用产业政策手段，推动本国企业和资本走出去，在全球范围内实

---

① 陈琳，袁志刚，朱一帆．人民币汇率波动如何影响中国企业的对外直接投资？［J］．金融研究，2020（3）：21－38．

② 李学武．外汇管理服务开放新格局［J］．中国金融，2018（4）：92－94．

现符合本国利益的产业布局。因此，现阶段我国产业政策需要明确引进部分产业以弥补自身产业缺口、发展优势产业以及对弱势产业进行扶持和保护的目标，并进一步判断哪些产业需要资本输入，哪些产业需要资本输出。我国目前和发达国家在高精尖技术型产业上还存在差距，需要资本输入带来先进技术，促进我国传统产业的技术升级与改造，发展具有核心技术的技术密集型产业，摆脱因技术受控而引起的一系列产业发展受限。至于我国具有国际竞争力的工业制成品等优势产业，自然要鼓励其走出去，在全球范围内展开产业布局，参与全球资源竞争。另外，对于自身难以发展的农业类产业，需要政府进行财政扶持；对于缺乏国际竞争能力的产业，要限制资本输入，防止外来产业对资源的掠夺，减轻本土产业的竞争压力。

6.1.3.3 贸易政策

贸易政策作为政府干预经济活动、调节贸易活动的特定政策，具有控制国内外商品对流、调整对外经济关系、调节外贸活动等作用。对不同商品进出口程度的控制，能凸显政府的主导方向，有效实现产业升级。在出口方面，继续鼓励深加工的工业制成品出口，提高商品品质，满足国际市场需求，带动经济增长；对于国内供给不足的商品，要在满足国民基本需求后，再视具体情况进行出口；对于国内稀缺的产品，则需要禁止出口。在进口方面，鼓励关系到民生的初级产品及其他国内紧缺物品进口，进一步满足国民生活生产需求；合理安排引进国外先进技术，促进技术成果转化，助力国内核心高科技发展。

6.2 税收政策改革和税制优化的具体建议

6.2.1 税收政策改革的具体建议

6.2.1.1 建立资本输出战略政策支持体系

要站在国家战略高度建立对资本输出的税收政策支持体系。围绕“走出去”战略实施背景，制定体现国家对外投资产业导向、区位导向的税收政策，引导企业投资于那些能优化我国产业结构和有利于我国经济发展的区域、领域，以提高我国对外投资的质量和效益①。

根据前文分析可知，我国非金融类对外直接投资流量一直是全行业对外直接投资流量的主体，实体经济的投资是我国对外直接投资的主体。鉴于对外直接投资有助于解决我国钢铁、煤炭等行业产能过剩问题，建议有针对性地出台一些税收优惠政策，以促进这些过剩资本的对外投资。另外，从对外直接投资的国家和地区分布情况来看，相较于亚洲和拉丁美洲，我国对欧洲和北美洲投资量比较小，而对发达经济体的直接投资有利于中国经济的转型升级，因此，还可以针对投资于欧洲、北美洲的高新企业投资所得给予税收政策倾斜。

6.2.1.2 建立多层次的税收优惠体系

采取目标明确、多种方式的税收优惠措施。世界各国对促进对外直接投资的税收优惠政策形式多样，除直接优惠措施外，还有关税优惠政策以及海外投资风险准备金等间接优惠措施，较好地推动了本国对外直接投资的良性发展。相比之下，我国的税收优惠形式单一且缺乏导向性，基本采用的是降低税率、税款抵免、定期减免等直接优惠措施，因此需要在借鉴国际经验的基础上建立多层次的税收优惠体系。

关税优惠可减少跨国公司向本国母公司返销商品的实际应纳税额，促进向劳动力成本低的发展中国家的对外投资。我国应该建立以中国利益为核心的关税减让制度。从我国与几个亚太国家建立的几个自贸区来看，我国仍不具有绝对领导地位。未来中国要争取成为规则的主导者，围绕中国利益进行关税减让的制定与谈判。同时，随着我国劳动力价格的上升，劳动密集型产业会向劳动成本更低的国家转移，我国在传统制造业方面的优势将被进一步弱化，因此关税优惠政策应当围绕我国经济转型的具体国情，给予某些新兴产业一定的扶持和保护。

海外投资风险准备金制度可为本国企业对外投资提供资金保障，降低境外投资风险。借鉴日本、法国等推行风险准备金制度具有代表性国家的经验，中国可以对满足一定条件的对外直接投资，按投资收入的一定比例计入准备

① 袁光华．促进我国对外直接投资的税收政策研究［D］．昆明：云南财经大学，2016．

金，给予免税待遇；同时设置一定的提取年限，提取年限内准备金无须纳税，超过年限后，若风险准备金存在剩余，就将剩余部分纳入对外投资所得中纳税。当我国企业在境外投资遭遇亏损时，此政策可以从该企业应缴纳的税额中将亏损扣除，再加上国内的亏损结转制度，可以抵消或者部分抵消我国企业对外直接投资所遭受的损失，帮助企业摆脱困境。虽然建立海外投资风险准备金制度，可以由企业和政府共担跨国经济活动的风险，降低了亏损对企业持续经营的冲击，但投资风险准备金的计提比例以及提取年限等具体的政策内容，仍需要根据我国对外投资企业的税负以及对外直接投资现状做进一步研究得出，不能一味地照搬国外政策。

出台专门针对"一带一路"投资的和对外集中投资行业的全面税收优惠政策。对"一带一路"沿线国家的投资有利于我国过剩产能的消化和经济稳定，是今后较长时期内我国对外直接投资的重点区域，我国有必要专门出台一些与"一带一路"投资有关的税收优惠政策。沿线国家经济发展水平不一、税制复杂，会给投资的企业带来诸多不确定性，建议对其特定期限内的收益实行免税政策①。另外，由于我国对外直接投资行业主要分布在租赁和商务服务业、金融类、批发和零售业、采矿业、制造业五个领域，需要针对这五个行业出台全方位税收规范性文件，既要防止国际双重征税打击企业投资的积极性，又要对其进行税收规范以防止税收的外流。近年来制造业成为继租赁和商务服务业之后又一个热门投资业，对于这种正在发展中的热门行业，应该出台相应的税收优惠措施助推其进一步发展。

制定鼓励境外投资企业再投资的税收优惠政策。境外投资企业再投资可以在一定程度上减少企业刻意转移利润以降低应纳税额的避税安排，减少企业在我国的利润进一步外流，保护我国的税收收益。可以按企业海外投资资本的一定百分比退还对其国内所得课征的所得税额，或对以机器设备、商品等实物进行境外投资的，实行投资扣除，以投资额的一定比例冲抵其国内应税所得额，从而鼓励企业以实体进行投资，推动出口联动效应的发挥②。

6.2.1.3 优化对外投资纳税服务

建立对外投资企业全方位税务管理服务系统。这种全方位的税务管理服

① 杨志勇. 税收合理发力助推"一带一路"倡议落实［J］. 国际税收，2017（5）：19－22.

② 张国平. 我国境外投资所得税制度评析［J］. 江海学刊，2010（6）：145－150.

务包括税务登记备案、海外投资企业信息采集、档案管理和信息服务四个方面。税务登记是税收管理的基础环节，应尽快建立和规范对外投资企业的税务登记、备案制度。对海外投资企业信息进行全面采集，了解企业的基本情况和投资动态。借鉴韩国税务机关做法，建立详细的海外投资企业档案，时刻掌握海外投资企业信息和动态，以便提高税务管理和服务效率。信息服务有利于改善海外投资企业信息不对称状况，推动企业做出更科学的投资决策；税务机关应建立完善的网络信息服务系统，为海外投资企业更加及时地提供权威、全面的税务信息，同时做好税收政策的解读和宣传、网上纳税服务，利用网络为企业提供便捷、高效的信息服务①。

提升税务机关的服务能力。税务机关应尽快建立专门负责海外投资税收政策咨询的专业机构，扩充现有国际税收领域人员和职能，使有投资意愿的企业能便捷了解目标投资地的税收政策和管理规范，使潜在和现实的对外投资企业能得到必要帮助，使对外投资企业在海外发生的税务纠纷在国内有有效的途径、渠道和机制得到帮助和解决②。

目前，我国各级税务部门开设的“走出去”企业服务专栏网站信息更新缓慢，不能及时公布相关税收政策信息，且不能随着世界各国税制的变化及时更新国别投资税收指南。建议各级税务机关将对税务网站信息专栏的维护和更新作为工作常态，及时更新信息，也可以将税收政策、国际税收协定的内容向企业做出尽可能详细和深入的解读，使企业对海外投资环境有更为清晰的认识③。截至 2019 年 11 月底，我国国税总局对外提供了 99 个国别投资税收指南，而我国有对外直接投资的国家和地区已经近 200 个，还有 1/2 的国家没有国别投资税收指南，因此税务部门应加快提供国别投资税收指南的步伐，满足纳税人对外投资的服务需求。

由于许多企业进行境外投资时对东道国的税制和政策并不了解，容易遭遇国际税务纠纷，同时在海外遭遇税务纠纷时，往往缺乏税务维权意识或找不到维权渠道，加大了企业对外投资的风险。建议充分利用已有的相互协商程序，同时建立专门的税务争端协商机构，建立完善可行的企业境外投资税

---

① 袁光华. 促进我国对外直接投资的税收政策研究［D］. 昆明：云南财经大学，2016.

② 侯宝珍. “一带一路” 和 BEPS 视角下我国对外直接投资税收政策建议［J］. 会计之友，2017（18）：69 – 72.

③ 袁光华. 促进我国对外直接投资的税收政策研究［D］. 昆明：云南财经大学，2016.

收维权机制，维护企业的合法权益[①]。

给予企业自主研发税收抵免优惠。企业的自主创新能力对我国经济的长期增长具有重要意义，我国应把握企业研发活动国际化机会，对于企业的研发活动给予更大的税收激励，如对企业研发活动实行税收抵免政策，即研发费用支出的一定比例直接扣减应纳税额。现阶段我国对企业研发费用实行加计扣除政策，企业最终的获益程度取决于其适用的税率，税率不同，加计扣除带来的优惠不一样。可见，税收抵免对企业研发的激励更直接[②]。

6.2.1.4 优化跨国税源监控管理

跨境经济活动远离本土，使得其相关涉税行为在税务当局和纳税人之间存在严重的信息不对称，加上数字经济的高度流动性、多变性、复杂化和隐蔽性强等特点，税务当局对跨境经济活动涉税信息的获取变得更加困难，从而对跨境所得确认、成本管控提出了更高的要求。区块链技术是近年来出现的一种新的分布记账技术，它具有强大的记录和防修改功能，具有去中心化的特性。市场上的“一对一”直接交易，交易信息全部以时间戳的方式存储，可以为税务机关提供真实可靠的跨境交易、金融交易的税务信息。还可以将区块链技术承载的交易信息与大数据技术的信息综合处理能力融合，开发税收风险人工智能分析系统，为税收风险管理和跨境交易、关联交易的稽查和特别纳税调整提供精确的信息指引[③]。因此，税务机关有必要重视区块链技术在税收征管中的应用，使每一笔交易透明化，实时监控线上数据，从而为跨国税源监控、反避税、国家间税收信息交换和税收征管合作提供信息基础。

6.2.2 税制优化的具体建议

6.2.2.1 完善税收抵免和亏损结转弥补制度，降低企业税收负担

（1）实行排除亏损国在外的综合限额抵免法。我国目前实行所有类型的企业自行选择“分国不分项”或“不分国不分项”的抵免方式。自行选择有

---

① 袁光华．促进我国对外直接投资的税收政策研究［D］．昆明：云南财经大学，2016.

② 黄焱．国际税收竞争与最优资本课税研究．北京：中国税务出版社，2009：198－200.

③ 江苏省南通市国际税收研究会．数字经济带来的国际税收征管挑战以及中国的应对方案［A］．载中国国际税收研究会．数字经济影响全球税收征管体系问题研究论文集［C］．2019：96.

利于纳税人根据自身不同的盈亏模式做出选择，较好地保障了跨国居民企业纳税人的利益。然而，由于综合限额抵免在不同条件下对跨国纳税人和居住国利益的影响不同，如果跨国纳税人对外投资所在国全是高税国或全是低税国，且跨国纳税人在国外经营出现亏损，综合限额抵免对跨国纳税人不利。可以借鉴日本的做法，采用排除亏损国的综合限额抵免，在计算抵免限额时允许将亏损国的亏损额减除，具体还要根据我国国情以及税收政策的可操作性来进行选择，以实现消除国际双重征税的同时兼顾我国的税收权益。在限额抵免期限上，可以适当延长抵补期限，增加时间维度的灵活性。如允许超限抵免额在更长的时间段里进行弥补，甚至可以采取向前结转 3 年或向后结转 5 年的前转与后转相结合的方式，以更好地消除跨国投资的重复征税问题，减轻境外投资企业税负①。

（2）适当降低间接抵免持股比例条件。我国《企业所得税法》规定的间接抵免持股条件为居民企业持有的外国企业股份达到 20% 以上（美国除外，税收协定中约定为 10%）。与世界上其他国家的间接抵免持股条件相比，20% 是比较高的持股要求，这就导致许多对外投资无法获得间接抵免优惠，从而在一定程度上抑制了对外投资的发展。可以借鉴美国的做法，将间接抵免的持股条件降为 10%，同时把母公司间接持有的外国子公司（从第二层到第六层）股权最低比例调低到 5%，规定允许办理间接抵免的连续持股时间，以防止纳税人从事投机性活动来规避税收②，激励中国企业对外直接投资，增强我国企业的海外竞争力。

（3）借鉴美国的做法，境外亏损抵补实行“追补课税”制度。目前我国对企业境外投资的亏损弥补要求比较严格，税法中明确规定境外一国投资的亏损不得抵减在其他国家境外所得或是本国境内所得。该规定虽然有利于保护我国国内的税基，但会让境外发生的亏损有可能得不到弥补（境外机构在后 5 年的盈利不足以弥补当年的亏损），会加重“走出去”企业的纳税负担，严重影响企业在境外的竞争力。为了减少企业“走出去”参与某些风险较大地区的投资，可以考虑借鉴同为实行抵免法的美国的“追补课税”制度，即

---

① 崔晓静，张涵．美国国际税改法案对中国的冲击及应对［J］．河南师范大学学报（哲学社会科学版），2018，45（1）：55－61．

② 张云华，任言和．完善税收抵免制度　助推企业“走出去”［J］．国际税收，2015（6）：72－76．

境外亏损可暂时抵减境内盈利，待以后年度境外盈利时再转回。这样既保证了本国的税基不被侵蚀，又提高了企业对外直接投资的积极性，促进了国家对外直接投资的发展。

（4）借鉴日本的做法，亏损向前结转 1 年，向后结转 7 年。对于亏损结转的年度，我国允许对外投资企业的亏损可向后结转，并且结转的期限最长为 5 年。这种情况下很可能发生企业的亏损不能全部弥补的情况，会打击企业投资的积极性。建议允许企业的亏损既可以向前结转也可以向后结转。在结转的年度上，可以参照日本的做法，向后结转 7 年，并允许向前结转 1 年，这样能够降低对外投资企业的整体税负，促进对外投资，增强对外投资企业的国际竞争力。同时，参与“一带一路”建设的开发自然资源和基础设施建设的企业，初期固定资产投入较大，要经历一段较长的时期才能获得盈利，可规定更长（比如 10 年）的亏损弥补时间①。

6.2.2.2　拓展税收协定签订面，修订完善税收协定内容

（1）扩大双边税收协定谈签范围。根据前文的实证结果可知，税收协定对对外直接投资的促进作用不明显，但仍需扩大税收协定的谈签范围，因为税收协定不但能消除重复征税，还有利于防止逃避税，减少税务争议，降低企业税务风险等。未来我国应继续扩大税收协定谈签范围，特别是推进与“一带一路”沿线国家税收协定的签订，主动将税收协定融入国家“一带一路”倡议，为走出去的企业提供更好的税收环境，使对外投资企业可以更加充分地享受税收优惠。

（2）修订和完善双边税收协定内容。我国约 60% 的双边税收协定在 2000 年以前签订，随着经济的快速发展和国际政治经济形势的变化，我国已然由一个资本输入国变成资本净输出国，过去以吸引外资流入为主的税收优惠政策已经不适应现阶段需求，加上“一带一路”倡议的实施、G20 税改的逐步推进和数字经济的发展等，对 BTT 的重签修订提出新要求。鉴于双边税收协定在对低税负国家以避税为目的投资的抑制作用，以及对“一带一路”沿线国家对外直接投资的促进作用，未来应与更多的国家签订双边税收协定，促

① 应涛．“一带一路”背景下加强我国“走出去”企业税务管理问题研究［D］．北京：中央财经大学，2017．

进对外投资的健康发展。根据东道国企业税负水平来修订双边税收内容，在未来的谈签和修订时，尽可能与对方协商以延长高税负国双边税收协定中常设机构的时间标准，缩短低税负国双边税收协定中常设机构的时间标准，为对外投资企业创造条件享受更好的税收待遇。同时，在更多的双边税收协定中加入对股息预提税的间接抵免，从整体上减少我国对外直接投资企业的税收成本，以促进我国对外直接投资的增长。针对经济数字化，在双边税收协定的签订、修订中，将“显著经济存在”列入常设机构的判定标准，对数字经济下收入来源地享有优先征税权的理念在税收协定中予以明确，充分考虑“用户参与”、特殊市场因素等对价值形成的重大贡献，并将其体现在常设机构的利润分配方案上。

（3）多种方法消除双重征税。在企业境外所得的确认方面，应针对境外捐赠所得、金融衍生品损益等特殊企业的所得制定计税规则，弥补我国目前法律法规的不足。建议在企业所得税中对跨国所得课税引入“参与免税法”，以消除境外所得的双重征税。借鉴目前多数发达国家的做法，区分不同类型、不同来源的所得分别使用免税法和抵免法来消除对跨国所得的重复征税。对我国的居民公司从外国公司取得的积极所得予以免税，以提高我国对外直接投资的居民公司在东道国市场中的竞争力，同时也有利于吸引跨国公司总部；对股票债券等消极所得继续行使居民税收管辖权，采用抵免法消除双重征税。使税制更具有灵活性，从而更好地服务于多重税收政策的目标。

6.2.2.3 降低企业所得税税率，统一股息免税制

尽管2008年《企业所得税法》实施时，我国企业所得税税率（25%）基本上是以当时国际上企业所得税税率平均水平来确定的，但随着国际减税浪潮的进一步发展，25%的税率已经处于偏高的水平。2018年中国对外直接投资存量排名前10的国家和地区中，中国的企业所得税税率，超过中国香港、开曼群岛、英属维尔京群岛、美国、新加坡、卢森堡、俄罗斯七个国家和地区。如果不考虑税收饶让和国际重复征税的问题，中国现行税收法律制度决定了企业在所得税税率不高于中国的国家或地区投资，其最终承担的税负就是中国的企业所得税税负。中国较高的企业所得税税率使得企业进行对外直接投资时，相较于东道国的居民企业，承担了更高的税负，这会抑制对外投资。建议合理降低企业所得税一般税率，使其等于甚至低于2017年

OECD 国家企业所得税一般税率（在全国统一适用）的均值 22.73%，尽可能地减少国与国之间因税率差异所引起的制造业企业的逃税避税行为。有学者指出，一般税率可以考虑降低到 20%[①]。在企业消除对资本的经济性重复征税方面，我国企业所得税制对外国投资者（个人）从外商投资企业获得的股息红利暂免征收企业所得税，即实行股息免税制，而本国投资者没有此项优惠，这不利于税制的公平。建议将给予外国股东的股息免税制扩大到中国所有的投资者，以消除对中国投资者资本所得的经济性重复征税，同时配合税收协定有利于减轻外国公司的税负，对促进我国对外投资的发展更加有效[②]。

此外，还要完善税收立法制度。把所有与对外投资相关的政策，如所得确认、税收抵免、税收优惠、避免双重征税、反国际避税以及投资征管等系列内容都用法律的形式确定下来，为跨境投资提供最大的税收确定性。

6.2.2.4 修订国内税法，维护经济数字化过程中的国际税收权益

（1）关于常设机构的判定。修订非居民机构场所的认定规则，将显著经济存在列入常设机构的认定标准，对纳税年度内来源于境内的数字产品、服务收入超过一定数额，或活跃用户超过一定数量的单位，认定其在中国境内形成了显著经济存在，即构成常设机构，其来源于境内的所得按照积极经营所得在中国纳税[③]。

（2）关于所得来源地的判定标准。数字经济下无实体存在也能在辖区内开展活动获取利润，物理存在不再是价值与经济活动发生地的唯一联结度，国内税法应对此类活动征税。未来可参照股息、利息、特许权使用费的所得来源地标准，以对外实际支付人所在地为所得发生地；同时对所得性质进行限制，仅限于在中国境内未构成机构场所的非居民纳税人通过数字化形式的跨境交易从我国取得的所得。具体可按照不同交易标的的属性，设置不同的核定利润率，将各类所得乘以核定利润率确定应税所得，再按照消极所得适

---

① 蚁佳纯．OECD 降税改革与中国制造业企业所得税税率结构的完善［J］．华南师范大学学报（社会科学版），2018（1）：155－160.

② 黄焱．国际税收竞争与最优资本课税研究［M］．北京：中国税务出版社，2009：198－200.

③ 江苏省南通市国际税收研究会．数字经济带来的国际税收征管挑战以及中国的应对方案［A］．中国国际税收研究会．数字经济影响全球税收征管体系问题研究论文集［C］．2019：89.

用的税率计算应纳税额[①]。

（3）关于利润归属。由于我国是数字经济的消费大国，税制设计必须充分考虑本土化（尤其是地域性、特殊性优势）对价值的贡献，从市场创造价值的角度来对超额利润做出合理划分。营销型无形资产对价值有重要作用，公司的市场研究成果运用、品牌创建与维护、促销服务 、售后等活动要获得合理回报。市场在价值创造中的作用不能忽视，尤其是在经济数字化过程中，产品将会根据市场差异定制生产，更贴近最终消费市场，市场在全球价值链中的作用越来越大，未来有必要从市场规模、发展阶段、发展空间、消费力、消费结构等方面分析市场溢价对价值实现的贡献，从而确保我国作为市场一方获得的税收权益[②]。

（4）关于特定企业的税基侵蚀与利润转移。出台针对特定企业的 BEPS 管理方案，以应对中国居民企业及中国境内构成常设机构的企业间的关联交易问题；引入税基侵蚀测试机制，当经过测试的税基侵蚀扣除金额占当期可税前扣除总金额的比例超过预定的风险值时，就需要按照所得税税率补征企业所得税；引入类似境外关联费用支付的“避税港”制度对部分费用支付进行调整，以限制向境外关联方支付劳务、特许权使用费比例，限制以服务外包等形式将与市场联结度较高的本地化研究、市场营销等核心职能转移到境外的避税行为，减少合同形式与经济实际、职能定位与利润回报、价值实现与税收征收的错配问题，引导相关职能向境内的理性回归[③]。

（5）关于无形资产的 BEPS 问题。数字经济下无形资产是企业最核心的资产之一，无形资产将成为企业价值形成的引擎。为了防止跨国企业向避税地、低税地以及具有“专利盒”等无形资产税收优惠的国家或地区转移无形资产相关权利来避税，未来要从以下两个方面进行完善：一是完善税收管理中的无形资产定义，深入挖掘对数字经济形态下的利润形成有重大贡献的潜在性、隐含性的类似无形资产的资源因素，确保其在无形资产的关联转让时获得合理的对价支付，并将其作为超额利润分配的参考因素；二是借鉴

---

① 重庆市国际税收研究会．经济数字化背景下的税收挑战及我国应对的思考［A］．载中国国际税收研究会．数字经济影响全球税收征管体系问题研究论文集［C］．2019：20.

② 重庆市国际税收研究会．经济数字化背景下的税收挑战及我国应对的思考［A］．载中国国际税收研究会．数字经济影响全球税收征管体系问题研究论文集［C］．2019：21.

③ 江苏省南通市国际税收研究会．数字经济带来的国际税收征管挑战以及中国的应对方案［A］．载中国国际税收研究会．数字经济影响全球税收征管体系问题研究论文集［C］．2019：93.

OECD《难以估值的无形资产税务管理指引》和美国相关做法，引入无形资产交易的事后税务审核机制，当无形资产的关联交易难以估值或缺乏可比分析时，可以通过对转让后的经济效益开展持续跟踪分析，以实际经济效益为基础对转让定价的合理性进行评估和做相应的税务处理，以有效防止企业通过无形资产所有权的错配来转移利润①。

6.2.2.5　理性面对国际税收竞争，加强国家间税收协调

（1）制定符合我国基本国情的反有害税收竞争措施，维护国际税收的秩序。首先，我国要配合有害税收实践论坛的工作，同时主动审议我国改革开放以来先后对各重点开发区域实施的税收优惠政策是否属于有害税收优惠制度，重点关注与税收优惠制度有关的实质性活动。其次，加大情报交换的力度，提高税收透明度。我国应加快修订《国际税收情报交换工作规程》，开展提质增效的税收情报交换工作，携手各国共同打击国际逃避税行为，可以借鉴英属维尔京群岛、开曼群岛等制定的经济实质法案中提出的报告制度和惩罚制度来对我国的政策进行完善。最后，要进一步扩大国际税收合作的范围，积极参与国际税收规则的制定，在世界上发出中国声音，提出中国方案，增强我国的发言权。

（2）加强国家间税收协调，共同应对数字经济、有害税收竞争和日益严重的 BEPS 问题。从我国目前的具体情况来看，由于我国还是发展中国家，在基础设施、投资环境等方面和发达国家相比还有一定的差距，所以需要通过税收激励手段来吸引外国资本。因此，对于像欧盟那样设定最低公司所得税税率、统一税基和取消税收优惠政策的税制协调，我国应持反对的立场，要构建更有国际竞争力的税制来参与国际税收竞争。作为大国，我国应避免采用避税港税制来争夺外国的资本和税基。避税港税制的税收优惠政策可以吸引大量外资流入，也会加剧跨国公司实施转让定价进行避税活动，会严重侵蚀我国的税基。因此，我国应积极参与以税收管辖权和税收征管合作为基础的反避税和税收情报交换，尤其重视与“避税港”之间的税收协调，以此来规避国际税收方面的风险和竞争，维护我国的税收利益。

---

① 江苏省南通市国际税收研究会．数字经济带来的国际税收征管挑战以及中国的应对方案［A］．载中国国际税收研究会．数字经济影响全球税收征管体系问题研究论文集［C］．2019：93.

6.2.2.6 辅以其他扶持措施，助力企业“走出去”战略实现

（1）加强国家间税收征管合作。随着经济全球化的深入和我国对外投资的发展，国家间的税收合作必将越来越广泛和深化。税务当局应进一步加强全球税收合作，与国际接轨，积极主动参与国际合作，与各国一起应对国际税收征管问题，为“走出去”企业提供更公平的国际税收环境，减少企业在海外投资所面临的税收环境和税收政策的不确定性，降低企业海外投资风险。多边合作方面，积极参与 OECD 和 G20 关于国际税收规则的制定，深入参与并积极落实 BEPS 计划；双边合作方面，要积极保持与投资东道国的情报交换，寻求税务争议处理新方式，并主动帮助其他发展中国家和低收入国家提高税收征管能力，充分展现我国在“走出去”过程中的大国担当①。加强多边征管合作也是数字经济下各国应对 BEPS 问题和协调分配各国利润的必然选择。

（2）加强国际税务人才培养。全球经济一体化、数字化方兴未艾，跨国企业避税手段复杂多变，国际税收人才需求空间巨大。然而，国际税收在我国出现或者说被重视的时间并不长，真正从事国际税收实务工作和政策研究工作的人并不太多，既懂数字经济业态、又懂国际税收政策和税收信息化管理的人更少。国际税务管理工作综合性强，不但要求税务管理人员具备专业的国际税收、国际政治、国际经济与贸易等领域的知识，还需要较强的外语能力、谈判能力和独立思考能力，国际税收专业化人才质量要求极高。而现阶段高校的国际税收专业化人才培养时间不长，师资力量有限，国际税收人才的供给远远满足不了需求。因此，未来要联合教育、科研、税务、事务所和大企业等相关部门的力量，加大国际税务人才的培养力度。

6.3 本章小结

经济全球化与数字化、政治多极化给我国对外投资的税收政策和制度优化带来了机遇和挑战。我国应顺应国际形势，实行更科学、系统的国际税收

---

① 黄焱．国际税收竞争与最优资本课税研究［M］．北京：中国税务出版社，2009：105．

政策，提升税制的国际竞争力；积极参与国际事务和国际合作事项，改善我国在国际税收领域的形象，提升在国际税收规则形成过程中的话语权。过去以吸引外资为主的税收政策已经不再适合我国目前的经济发展阶段，更好地管理和服务“走出去”企业，有效应对经济数字化，将成为我国税收政策和制度改革的方向。此外，面对复杂多变的国际局势以及数字经济等国际税收新问题，我国需要完善国际税收争端解决机制，与各国共同探求国际税收治理新路径，构建合作共赢的新型国际税收关系和多边合作机制；修改和完善税收制度，以应对国际税收中产生的新问题。

我国需要在近期内建立适应目前经济发展和政府规划需求的导向性税收政策；加强纳税服务，提升纳税人税收遵从度；加强跨境税源管理，防止税源流失。从长期税收制度建设来看，要做到立足于我国国情完善税收法律体系，积极参与国际事务，提升我国在国际税收规则制定中的话语权。在税收政策方面，我国要建立资本输出战略政策支持体系，明确政策导向；建立目标明确、多层次的税收优惠体系，推动本国对外直接投资的良性发展；建立对外投资企业全方位税务管理服务系统，提高税务机关能力，优化纳税服务，增强“走出去”企业的市场活力；应用区块链技术优化跨国税源监控管理。在税制的优化中，要进一步完善税收抵免和亏损结转弥补制度，降低对外投资企业的税收负担；拓展税收协定签订面，修订完善税收协定内容；降低企业所得税税率，统一股息免税制，降低企业税负，促进对外投资；修订国内法的相关规定，维护经济数字化过程中的国际税收权益；理性面对国际税收竞争，加强国家间税收协调；加强国际税收合作，加大国际税务人才培养力度，助力企业“走出去”战略的实现。另外，还要完善金融、产业、贸易等其他政策，与税收政策协同起来，助力提升“走出去”企业和国家的国际竞争力。

参考文献

[1] 白俊红，刘宇英. 对外直接投资能否改善中国的资源错配 [J]. 中国工业经济，2018 (1).

[2] 毕吉耀，唐寅. 资本输出的风险点 [J]. 中国金融，2015 (4).

[3] 布莱恩·阿诺德，迈克尔·麦金太尔. 国际税收基础（第二版）[M]. 北京：中国税务出版社，2005.

[4] 常世旺，韩仁月. 公众主导还是国家主导：1952—2006 年中国财政支出增长影响因素研究 [J]. 经济评论，2008 (6).

[5] 陈灿銮，邢锋. 鼓励企业资本输出的税收对策借鉴研究 [J]. 亚太经济，2005 (6).

[6] 陈高，刘锋，胡迎东. "一带一路"倡议下中国对外投资的出口效应影响研究 [J]. 统计与决策，2020 (8).

[7] 陈继勇. 美国对外直接投资研究 [M]. 湖北：武汉大学出版社，1993.

[8] 陈健，陈收. 资本结构理论的发展 [J]. 金融经济，2006 (1).

[9] 陈琳，袁志刚，朱一帆. 人民币汇率波动如何影响中国企业的对外直接投资？[J]. 金融研究，2020 (3).

[10] 陈胜蓝，刘晓玲. 公司投资如何响应"一带一路"倡议？——基于准自然实验的经验研究 [J]. 财经研究，2018，44 (4).

[11] 陈展，徐海荣，兰永红，等. 税收服务"一带一路"战略的有关问题探析 [J]. 税务研究，2016 (3).

[12] 程惠芳，阮翔. 用引力模型分析中国对外直接投资的区位选择 [J]. 世界经济，2004，27 (11).

[13] 崔晓静，张涵. 美国国际税改法案对中国的冲击及应对 [J]. 河南师范大学学报（哲学社会科学版），2018，45 (1).

[14] 邓力平，陈斌，王智烜. 当前国际经济政治与国际税收关系的七

个问题［J］. 国际税收，2017（3）.

［15］杜莉. 国际税收［M］. 上海：复旦大学出版社，2019.

［16］段从军. 国际税收实务与案例［M］. 北京：中国市场出版社，2016.

［17］对外投资税收政策研究课题组. 对外投资税收服务与管理的国际借鉴［J］. 国际税收，2016（3）.

［18］范爱军，王辉. 资本输出对商品输出的“海冲作用”［J］. 国际商务（对外经济贸易大学学报），2010（3）.

［19］高敏雪. 对外直接投资统计基础读本［M］. 北京：经济科学出版社，2005.

［20］高薇. 国际直接投资理论的演变及其对中国的启示［D］. 长春：吉林大学，2011.

［21］谷平，曹媛媛. 关于资本输出的若干问题的分析研究［J］. 东方企业文化，2012（2）.

［22］广东省国际税收研究会课题组，黄炎光，钟文锋，等. 完善资本输出中的税收支持政策［J］. 涉外税务，2010（12）.

［23］广西壮族自治区国际税收研究会. 数字经济下跨境征税的思考［A］. 数字经济影响全球税收征管体系问题论文集［C］. 50.

［24］郭飞. 马克思、列宁的资本输出理论与当代国际投资［J］. 马克思主义研究，2007（6）.

［25］郭卫军，黄繁华. 东道国外商投资壁垒与中国对外直接投资［J］. 世界经济研究，2020（5）.

［26］郭心洁，张博，高立群. 数字经济时代国际税收面临的挑战与对策［J］. 国际税收，2015（3）.

［27］国家税务总局江西省税务局. 数字经济背景下关于国际税收征管问题的研究［A］. 数字经济影响全球税收征管体系问题论文集［C］.

［28］郝昭成. 百年重塑国际税收新体系［J］. 国际税收，2016（11）.

［29］侯宝珍. “一带一路”和 BEPS 视角下我国对外直接投资税收政策建议［J］. 会计之友，2017（18）.

［30］黄伟. 日本对外直接投资的发展历程及启示［J］. 中国物价，2013（5）.

［31］黄焱. 财税博士论文库：国际税收竞争与最优资本课税研究［M］.

背景：中国税务出版社，2009.

[32] 黄宇峰. 试论 FDI 对资本输入国和资本输出国经济的影响 [J]. 西南民族学院学报（哲学社会科学版），2001，22（10）.

[33] 姬倩. 关于有害国际税收竞争规制的研究 [J]. 河北企业，2019（1）.

[34] 江苏省南通市国际税收研究会. 数字经济带来的国际税收征管挑战以及中国的应对方案 [A]. 中国国际税收研究会. 数字经济影响全球税收征管体系问题研究论文集 [C]. 2019.

[35] 姜建刚，张建红. 东道国政党换届对中国对外直接投资的影响研究 [J]. 世界经济研究，2019（8）.

[36] 蒋冠宏. 制度差异、文化距离与中国企业对外直接投资风险 [J]. 世界经济研究，2015（8）.

[37] 金亚萍. 国际税收协调助推"一带一路"战略实施 [J]. 国际税收，2016（10）.

[38] 李琮. 关于当代资本输出的若干理论问题 [J]. 北京大学学报（哲学社会科学版），1982（1）.

[39] 李敏. 美国、法国、日本鼓励对外投资的税收政策比较 [J]. 涉外税务，2006（5）.

[40] 李香菊，贺娜. 激励企业研发创新的税制研究：国际经验借鉴 [J]. 中国科技论坛，2019（4）.

[41] 李香菊，王雄飞. 促进"一带一路"区域经济合作与发展的国际税收协调政策建议 [J]. 经济研究参考，2017（36）.

[42] 李香菊，王雄飞. 我国与中亚、东南亚国家进行国际税收协调的改革建议 [J]. 经济研究参考，2017（54）.

[43] 李香菊，杨欢. 助推我国经济高质量发展的税收优化研究 [J]. 税务研究，2019（5）.

[44] 李香菊，刘硕，姚琴. 应对数字经济的国际税收征管问题研究 [A]. 中国国际税收研究会. 数字经济影响全球税收征管体系问题研究论文集 [C]. 2019.

[45] 李学武. 外汇管理服务开放新格局 [J]. 中国金融，2018（4）.

[46] 李雪阳. 对西方两类资本输出观的批判性考察——兼析列宁资本

输出理论的当代适用性［J］. 经济纵横，2018（4）.

［47］廖体忠. 高质量推进国际税收现代化　助推全面开放新格局［J］. 国际税收，2018（12）.

［48］刘盘根. 我国对外直接投资的发展趋势分析［J］. 特区经济，2010（6）.

［49］刘耘. 论开放环境下我国境外投资的税收政策选择［J］. 财政研究，2008（8）.

［50］刘志阔，陈钊，吴辉航，等. 中国企业的税基侵蚀和利润转移——国际税收治理体系重构下的中国经验［J］. 经济研究，2019，54（2）.

［51］吕越，陆毅，吴嵩博，等. "一带一路"倡议的对外投资促进效应——基于2005—2016年中国企业绿地投资的双重差分检验［J］. 经济研究，2019，54（9）.

［52］马全军. 我国对外直接投资的国家风险及其防范［J］. 决策借鉴，1996（6）.

［53］马衍伟. 鼓励对外投资的税收政策建议［J］. 涉外税务，2007（6）.

［54］马智伟，张巍，杨景. 新形势下中国资本输出的重要意义及措施［J］. 经济导刊，2009（10）.

［55］潘素昆，杨雅琳. "一带一路"国家基础设施和中国对外直接投资区位选择［J］. 统计与决策，2020.

［56］漆彤. "一带一路"战略的国际税法思考［J］. 税务研究，2015（6）.

［57］秦艳艳. 关于国际税收中性原则的探讨［J］. 内蒙古科技与经济，2009（3）.

［58］邵宇佳，卫平东，何珊珊，等. 投资动机、制度调节与OFDI逆向技术溢出对中国对外投资区位选择的影响［J］. 国际经济合作，2020（3）.

［59］沈小平，邓远军. 新《企业所得税法》下完善对外投资合作中的税收问题研究［J］. 税务研究，2009（2）.

［60］史锦华，谢运，管莉莉. 国际资本流动风险及有效监管［J］. 财经科学，2008（3）.

［61］宋川川. 经济全球化背景下对马克思资本输出理论评析［J］. 改革与开放，2010（20）.

［62］王桂军，卢潇潇. "一带一路"倡议与中国企业升级［J］. 中国工

业经济，2019 (3).

[63] 王华. 中国 GDP 数据修订与资本存量估算：1952—2015 [J]. 经济科学，2017 (6).

[64] 王惠. 论税法与税收、税收制度和税收政策的联系与区别 [J]. 浙江省政法管理干部学院学报，2000 (4).

[65] 王建军. 当前宏观经济形势及财政政策分析 [J]. 内蒙古科技与经济，2002 (2).

[66] 王清平. 20 世纪 90 年代以来美国对外直接投资发展的新特点 [J]. 天津市经理学院学报，2005 (4).

[67] 王伟. 中国企业对外直接投资 (ODI) 的税收环境研究 [D]. 成都：西南财经大学，2009.

[68] 王文静，赖泓宇. 助力"一带一路"战略实施的国际税收建议 [J]. 经济研究参考，2016 (42).

[69] 王羽涵. 中国对外直接投资的结构、驱动因素与宏观影响因子研究 [D]. 北京：北京交通大学，2016.

[70] 魏志梅. 中国企业对外投资合作的税收政策研究 [J]. 涉外税务，2007 (6).

[71] 邬琼. 20 世纪 80 年代日本对外直接投资的特征与启示 [J]. 发展研究，2017 (12).

[72] 邢天添，于杨. 借鉴日本经验 完善我国对外直接投资税收激励政策 [J]. 税务研究，2017 (1).

[73] 徐滇庆，耿健. 中国的资本输出 [J]. 中国投资，2000 (11).

[74] 徐思，何晓怡，钟凯. "一带一路"倡议与中国企业融资约束 [J]. 中国工业经济，2019 (7).

[75] 杨继勇. 美国对外直接投资研究 [M]. 武汉：武汉大学出版社，1993.

[76] 杨肖. BEPS 行动计划 5、成果 3 考虑透明度和实质性因素 有效打击有害税收实践 [J]. 国际税收，2014 (10).

[77] 杨志勇. 实施"一带一路"战略的财税政策研究 [J]. 税务研究，2015 (6).

[78] 杨志勇. 税收合理发力助推"一带一路"倡议落实 [J]. 国际税

收，2017（5）.

[79] 姚凯，张萍. 中国企业对外投资的政治风险及量化评估模型[J]. 经济理论与经济管理，2012（5）.

[80] 姚星，杜艳，周茂. 中国城镇化、配套产业发展与农村居民消费拉动[J]. 中国人口·资源与环境，2017，27（4）.

[81] 蚁佳纯. OECD降税改革与中国制造业企业所得税税率结构的完善[J]. 华南师范大学学报（社会科学版），2018（1）.

[82] 易丹丹，陆雅琴. 中国资本输出研究[J]. 企业导报，2010（10）.

[83] 尹音频，张昆明. 国际间接投资课税的挑战与国际协调研究[J]. 国际商务（对外经济贸易大学学报），2003（1）.

[84] 应涛. "一带一路"背景下加强我国"走出去"企业税务管理问题研究[D]. 北京：中央财经大学，2017.

[85] 于永达. 国际间接投资超前发展论析[J]. 世界经济，2000，23（6）.

[86] 余泳泽，刘凤娟，张少辉. 中国工业分行业资本存量测算：1985—2014[J]. 产业经济评论，2017（6）.

[87] 袁光华. 促进我国对外直接投资的税收政策研究[D]. 昆明：云南财经大学，2016.

[88] 张斌. 新技术应用对国家税收的影响——论工业经济向数字经济过渡期的税收制度转型[A]. 见：中国国际税收研究会. 数字经济影响全球税收征管体系问题研究论文集[C]. 2019.

[89] 张国平. 我国境外投资所得税制度评析[J]. 江海学刊，2010（6）.

[90] 张京萍，李敏. 对外投资税收政策的国际比较[J]. 税务研究，2006（4）.

[91] 张瑞德. 八十年代以来日本对外直接投资的变化及原因[J]. 世界经济文汇，1987（1）.

[92] 张为付. 国际直接投资（FDI）比较研究[M]. 北京：人民出版社，2008.

[93] 张云华，任言和. 完善税收抵免制度 助推企业"走出去"[J]. 国际税收，2015（6）.

[94] 张蕴如. 中国与美、日对外直接投资的国际比较[J]. 上海统计，2002（9）.

[95] 张泽平. 全球治理背景下国际税收秩序的挑战与变革 [J]. 中国法学, 2017 (3).

[96] 张志勇. 近期国际税收规则的演化——回顾、分析与展望 [J]. 国际税收, 2020 (1).

[97] 赵洲, 张丽. 论"一带一路"跨境利息所得的税收协调 [J]. 国际税收, 2018 (1).

[98] 曾文革, 白玉. 论"一带一路"战略下我国对外投资的税收制度安排 [J]. 江西社会科学, 2017, 37 (5).

[99] 郑蕾, 刘志高. 中国对"一带一路"沿线直接投资空间格局 [J]. 地理科学进展, 2015, 34 (5).

[100] 中国国际税收研究会. "数字经济影响全球税收征管体系问题研究"课题综合报告 [A]. 中国国际税收研究会. 数字经济影响全球税收征管体系问题研究论文集 [C]. 2019.

[101] 重庆市国际税收研究会. 经济数字化背景下的税收挑战及我国应对的思考 [A]. 见: 中国国际税收研究会. 数字经济影响全球税收征管体系问题研究论文集 [C]. 2019.

[102] 周经, 张利敏. 跨国企业对外投资模式选择的策略性分析 [J]. 石家庄经济学院学报, 2014, 37 (6).

[103] 朱富强. 马克思经济学制度研究的基本路线——从本质到现象的五层次分析及其阐释 [J]. 人文杂志, 2016 (12).

[104] 朱青. 国际税收 [M]. 北京: 中国人民大学出版社, 2016.

[105] 朱莹, 张永梅. "一带一路"背景下河南省 OFDI 对产业结构优化的影响研究 [J]. 对外经贸, 2018 (7).

[106] Ahsan Kibria, Oladi Reza, Akhundjanov Sherzod - B. FDI and Civil Violence in Sublogaharan Africa [J]. World Economy, 2019 (1).

[107] Alejandro Esteller - Moré, Leonzio Rizzo, Riccardo Secomandi. The heterogenous impact of axation on FDI: A note on Djankov et al. (2010). 2020.

[108] Amadu Ly, Esperanca Jose, Davcik Nebojsa - S. What drives foreign direct investment: The role of language, geographical distance, information flows and technological similarity [J]. Journal of Business Research, 2018, 88 (jul.).

[109] Amy Farah Weiss. From Traditional to Client - Based Nonprofit Man-

agement Course Design: Reflections on a Recent Course Conversion. 2013, 19 (4).

[110] Bénassy - Quéré, et al. , Institutional determinants of foreign direct investment, The World Economy, 2007, 30 (5).

[111] Bond, Eric W & Samuelson, Larry. "Tax Holidays as Signals," American Economic Review, American Economic Association, vol. 1986, 76 (4).

[112] BROOKS B. HULL, Brandy B. Hull, JODY LIPFORD. FREE RIDING, MARKET STRUCTURE, AND CHURCH MEMBER DONATIONS IN SOUTH CAROLINA. 2010, 52 (2).

[113] Caves, R. E. International Corporations: The Industrial Economics of Foreign Investments. Economics, 1971, 38.

[114] Celine Azemar, Dharmapala Dhammika. Tax sparing agreements, territorial tax reforms, and foreign direct investment [J]. Journal of public economics, 2019, 169 (JAN.).

[115] Christian Leuz, Lins Karl - V, Warnock Francis - E. Do Foreigners Invest Less in Poorly Governed Firms? (Reprinted from The Review of Financial Studies, vol 22, pg 3245 - 3285, 2009) [J]. Review of Financial Studies, 2010, 23 (3).

[116] David - G Hartman. TAX POLICY AND FOREIGN DIRECT INVESTMENT IN THE UNITED STATES [J]. National Tax Journal, 1984, 37 (4).

[117] Davies, Ronald B. Tax Treaties and Foreign Direct Investment: Potential versus Performance [J]. International Tax & Public Finance, 2004, 11 (6).

[118] Diamond - Philip - HDybvig. Bank Runs, Deposit Insurance, and Liquidity [J]. Journal of Political Economy, 1983, 91 (3).

[119] Dw Jorgenson, Jorgenson D. Capital theory and investment behaviour [J]. 1963.

[120] Eiji Tajika, Masaki Hotei Hiroyuki Yashio & Yuichi Hasegawa Takashi Ohshio & Shinp. January 2009, 181.

[121] Emmanuel Cleeve. How Effective Are Fiscal Incentives to Attract FDI to Sub - Saharan Africa? [J]. The Journal of Developing Areas, 2008, 42 (1).

[122] F T, Knickerbocker. Oligopolistic Reaction and the Multinational Enterprise [M]. Cambridge: Harvard University Press, 1973.

[123] Florence Hubert, Pain Nigel. Fiscal Incentives, European Integration and the Location of Foreign Direct Investment [J]. Manchester School, 2002, 70.

[124] Gary - A - S Cook, Pandit Naresh - R, L F Hans, et al. Geographic clustering and outward foreign direct investment [J]. International Business Review, 2012, 21 (6).

[125] Gilpin Robert. Power and the Multinational Corporation: The Political Economy of oreign Direct Investment [M]. New York: basic Books, inc, Publishers, 1975.

[126] Goldberg L. S. , Kolstad C. D. Foreign Direct Investment, Exchange Rat Variability and Demand Uncertainty [J]. International Economic Review, 1995, Vol. 36, 4.

[127] Goldberg, L. S. and M. W. Klein. Foreign Direct Investment, Trade and Real Exchange Rate inkages in Southeast Asia and Latin America [J]. NBER Working, 1997, Pap [1] er, 6344. [M].

[128] Hsu, Lee, Leon - Gonzalez, et al. Tax incentives and foreign direct investment in China. 2019, 26 (9).

[129] Hymer, H S. The international operation of national firms: a study of direct foreign investment [M]. Cambridge, MA: MIT Press, 1960.

[130] Isabel Faeth. Determinants Of Foreign Direct Investment - A Tale Of Nine Theoretical Models [J]. Journal of Economic Surveys, 2009, 23.

[131] James Ike Ugwu. Tax incentives and foreign direct investment (FDI): Implication for export promotion innigeria, Ghana and South Africa, Post IFRS Adoption. 2018, 6 (9).

[132] James - RHines. Treasure Islands [J]. Journal of Economic Perspectives, 2010, 24 (4).

[133] Jian Peng, Lawrence Allan, Koo Tony. Customer knowledge management in international project: a case study [J]. Journal of Technology Management in China, 2009, 4 (2).

[134] John - H Dunning, Lundan Sarianna - M. Multinational Enterprises

and the Global Economy, Second Edition [J]. Books, 2008.

[135] John – H Dunning. Trade, Location of Economic Activity and the MNE: A Search for an Eclectic Approach [J]. International Allocation of Economic Activity, 1977.

[136] John – P Tuman, Erlingsson Hafthor. The Determinants of Chinese Foreign Direct Investment Flows in Mexican States, 2004—2014 [J]. Latin American Policy, 2020, 11 (1).

[137] Julan Du, Zhang Yifei. Does One Belt One Road initiative promote Chinese overseas direct investment? [J]. China Economic Review, 2017, S1043951X – S17300743X.

[138] Kindleberger, C. P. The Theory of Direct Investment. In: Kindleberger, C., Ed., American Business Abroad, Yale University Press, New Haven. 1969.

[139] Mhlanga, N., Blalock, et al. Understanding foreign direct investment in the southern African development community: an analysis based on project – level data [J]. AGRICULTURAL ECONOMICS – AMSTERDAM –, 2010.

[140] Michael Devereux, Freeman Harold. The impact of tax on foreign direct investment: Empirical evidence and the implications for tax integration schemes [J]. International Tax & Public Finance, 1995, 2 (1).

[141] Michael J. Boskin, William G. Gale. New Results on the effects of tax policy on the international location of investment. University of Chicago Press. 1987.

[142] Morten Bennedsen, Zeume Stefan. Corporate Tax Havens and Transparency [J]. The Review of Financial Studies, 2018, 31 (4).

[143] Mundell. International Trade with Factor Mobility [J]. American Economic Review, 1957, 47: 321 – 335.

[144] Nir Dagan, Volij Oscar. Formation of Nations in a Welfare – State Minded World [J]. 2000, 2 (2).

[145] OECD. BEPS ACTION 1—Tax Challenges Arising from Digitalisation [N/OL]. http: //www. oecd. org/tax/beps/beps – actions/, 1, 83 – 84, 84 – 86, 87 – 89.

[146] Paul Krugman. Fire – Sale FDI [J]. Nber Chapters, 2000, 27 (2).

[147] Pei Li, Lu Yi, Wang Jin. Does flattening government improve economic performance? Evidence from China [J]. Journal of Development Economics, 2016, 123: 16 - 17.

[148] Peter Egger, Larch Mario, Pfaffermayr Michael, et al. The impact of endogenous tax treaties on foreign direct investment: theory and evidence [J]. Canadian Journal of Economics/revue Canadienne Déconomique, 2006, 39 (3).

[149] Peter Egger, Winner Hannes. How Corruption Influences Foreign Direct Investment: A Panel Data Study [J]. Economic Development and Cultural Change, 2006, 54 (2).

[150] Peter - A - Diamond - And Mirrlees. Optimal Taxation and Public Production I: Production Efficiency [J]. The American Economic Review, 1971, 61 (1).

[151] P - J Buckley, Casson M - C. The Future of the Multinational Enterprise [M]. London: Homes and Meier Press, 1976.

[152] R. Z. , Aliber. A Theory of Direct Foreign Investment, in C. P. Kindlebergered, the International Corporation: Symposium, Chapter I. Cambridge [M]. MA: MIT, press, 1970.

[153] Romita, Biswas. Determinants of Foreign Direct Investment [J]. Review of Development Economics, 2002.

[154] Ronald - Paul Hill, Ainscough Thomas, Shank Todd, et al. Corporate Social Responsibility and Socially Responsible Investing: A Global Perspective [J]. Journal of Business Ethics, 2007, 70 (2).

[155] Ruud - A De Mooij, Ederveen Sjef. Taxation and Foreign Direct Investment: A Synthesis of Empirical Research [J]. International Tax & Public Finance, 2003, 10 (6).

[156] Salvador Barrios, Huizinga Harry, Laeven Luc, et al. International taxation and multinational firm location decisions [J]. Journal of Public Economics, 2012, 96 (11 - 12).

[157] Steven Globerman, Shapiro Daniel. Global Foreign Direct Investment Flows: The Role of Governance Infrastructure [J]. World Development, 2002, 30 (11).

[158] Sung Hongmo, Lapan Harvey E.. Strategic Foreign Direct Investment and Exchange - rate Uncertainty [J]. International Economic Review, 2000, Vol41, 2: 411 -423.

[159] Thorsten Beck, Levine Ross, Levkov Alexey. Big Bad Banks? The Winners and Losers from Bank Deregulation in the United States [J]. Journal of Finance, 2010, 65 (5).

[160] Valerija Botric, Suncana Slijepcevic. Economic growth in South - eastern Europe: the role of the banking sector [J]. Post - Communist Economies, 2008, 20 (2).

[161] Vernon Raymond. International Investment and International Trade in the Product Cycle* [J]. The Quarterly Journal of Economics, 1966 (2).

[162] Vijayakumar, A. Effect of Financial Performance on Share Prices in the Indian Corporate Sector: An Empirical Study [J]. Management & Labour Studies, 2010, 35 (3).

[163] Yibo Bi, Ren Zhiyi, Bao Kun. Does distance matter in foreign direct investment sub - national ocation choice? Evidence from China [J]. Frontiers of Business Research in China, 2020, 14 (1).